I0786100

CUANDO LOS MEDIOS SON NOTICIA

Los ataques a la prensa en el régimen de Hugo Chávez

ISBN: 978-1718965522
ISBN: 1718965524
Depósito Legal: MI2018000638
Diseño gráfico y diagramación: Emmanuel Medina
Investigación y redacción: Marisela Castillo Apitz y Daniel Palacios Ybarra

Sobre los autores

Marisela Castillo Apitz

Periodista egresada de la Universidad Santa María en Caracas, Venezuela. Cursó una maestría en Periodismo Político en la Escuela de Periodismo Carlos Septién García en Ciudad de México. Trabajó en el Diario TalCual cubriendo la fuente política y Asamblea Nacional. Por cuatro años condujo el programa "Hoy No Es Un Día Cualquiera" transmitido por Radio Caracas Radio 750 am.

Actualmente es la directora de la ONG Acción Humanitaria por Venezuela desde donde dirige programas de atención integral para los habitantes de zonas rurales y de alta criminalidad en el país.

En el año 2018 fue galardonada por el think tank Global Americans en Estados Unidos, al incluirla en la lista anual de la Nueva Generación de Intelectuales Públicos de la Región por ayudar a reformar la política, repensar la relación de la región con el mundo y a crear lazos transparentes y duraderos entre comunidades, la sociedad civil, el público y el gobierno.

Daniel Palacios Ybarra

Periodista egresado de la Universidad Santa María en Caracas, Venezuela. Con estudios de postgrado de Responsabilidad Social Empresarial en la Universidad Metropolitana, Caracas. Diplomado en Desarrollo Social en el Tecnológico de Monterrey en Ciudad de México. Egresado del diplomado de Liderazgo y Políticas Públicas "Lidera", del Instituto de Estudios Superiores de Administración (IESA), Caracas. Reportero de las fuentes Ciudad y Política en los diarios TalCual y El Nacional durante cinco años.

Premio interno TalCual como periodista del año 2011. Premio Clarke, Modet & Cº- a la Ciencia, Tecnología e Innovación por el reportaje "Wifi para educar y mitigar la violencia" en El Nacional en el año 2013. Autor del libro Bodegas Verdes, para el Banco de Desarrollo de América Latina (CAF), ONU Mujeres y la ONG Por la Caracas Posible. Coautor del libro Fervor Religioso, de la empresa venezolana Farmatodo. Profesor de Redacción y Estilo en la Universidad Monteávila, Caracas.

Índice

Dedicatoria

A las voces censuradas que no callan. Al verbo de denuncia que habita en ustedes, que se levantan ante la infamia y la indignidad. Son ustedes, colegas comunicadores, la memoria de un país que no la tiene; los protagonistas de esta obra, que los convierte en su propia noticia.

A las nuevas generaciones que tienen el deber moral de reconstruir Venezuela. A los que insisten y creen en que sí es posible tener un país libre, justo y de oportunidades.

A nuestra amada alma máter donde nació esta investigación: la Universidad Santa María. Y a usted también, gracias. Pase la página: ¡adelante!

Los autores

Agradecimientos

A todos los que creyeron en este proyecto. A todos los que nos ayudaron a denunciar los ataques que recibieron los periodistas venezolanos que nunca renunciaron al derecho de informar sobre uno de los capítulos más oscuros de nuestra historia: la revolución de Hugo Chávez.

A mi familia por su infinito amor y a Daniel, mi compañero y amigo, quien amablemente me invitó a formar parte de este proyecto. ¡Gracias!

Marisela Castillo Apitz

A todos los periodistas que ayudaron a un veinteañero estudiante de la Santa María contestando la entrevista para un reportaje que "sin querer queriendo" terminó en libro. A mi profe, Jennifer López, por añadir valor a la carrera de su alumno. Lo que parecía ser una tarea más trascendió hasta convertirse en un libro.

Al diario TalCual, mi casa, donde me formé como profesional. Marisela, mi cómplice y amiga, lo logramos juntos. Pastora de almas, mi Divina Pastora, recibe esta ofrenda. Y a ustedes, seres de luz, abuelos Francisco y Carmen. ¡Sí hay esperanza!

Daniel Palacios Ybarra

Prólogo

Por Víctor Amaya

Ocurrió lo inesperado: cambiaron las reglas del juego y del poder, en la relación entre el Gobierno y los medios de comunicación. No lo pudieron advertir los medios ni los periodistas que "vistieron" a Hugo Chávez para que gobernara. Quienes lo advirtieron no fueron escuchados, y quizá tampoco imaginaron la magnitud de lo que vendría.

No fue casualidad, y dos momentos históricos -al menos- así lo revelan. El 27 de junio de 2001, con motivo del Día del Periodista, en el Palacio de Miraflores se entregó el Premio Nacional de Periodismo. Allí, el entonces presidente Hugo Chávez delineó esa metamorfosis. Fue, quizá, la última vez que el *status quo* hasta ese momento conocido se mantuvo. Y vino el quiebre, porque, como dijo Chávez: "Es un movimiento estructural lo que está en Venezuela y eso impacta, no hay ningún ámbito que no sea impactado cuando ocurren estos movimientos estructurales de transformación".

En aquella oportunidad el mandatario habló sobre el periodismo de investigación, que escudriñaba el caso Montesinos, como parte de una conspiración, un ejercicio de "especulación". A Chávez nunca le gustaron los *checks and balances* que en un sistema democrático son válidos, necesarios y urgentes. Por eso la prensa crítica le hizo ruido. Apenas días antes, el 23 de junio de ese año, había sostenido que entre la prensa y el poder había un "histórico choque de fuerzas".

Chávez entregó premios de periodismo en 2001 a medios que luego amenazó, persiguió y condenó. Recibieron galardones periodistas y equipos de Radio Caracas Televisión, Venevisión, Globovisión, El Nacional, El Universal, TalCual, Radio Caracas Radio 750 am. Tres lustros más tarde apenas, esas empresas han caído víctimas de la censura, el cierre, la compra forzada, la asfixia y las continuadas sanciones, incluso judiciales.

Es parte de la consecuencia de la visión que asumió el Gobierno sobre la prensa: "Los medios de comunicación son enemigos de la revolución", clamó Chávez el 4 de octubre del mismo año 2001. Los acontecimientos y mutaciones en las visiones desde el poder se sucedían a un ritmo trepidante, en medio de una conflictividad social creciente que las pantallas, páginas y ondas no dejaban de registrar y, también, azuzar.

La historia de esos días condujo a lo ocurrido en abril de 2002, cuyos acontecimientos tuvieron entre sus protagonistas a los medios de comunicación, a periodistas, a editores, a empresarios. Pero el asunto no terminó allí. Sus consecuencias históricas se han desparramado por casi dos décadas, hasta un 2018 gobernado por Nicolás Maduro donde la "hegemonía comunicacional" que propugnó el exministro Andrés Izarra se ha impuesto en el quehacer mediático, no en cantidad sino en contenido.

Porque el Gobierno entendió, como ninguno que le antecedió, que los medios de comunicación podían ser convertidos en armas. La vieja concepción de que la prensa debía ser controlada, silenciada o agraciada a través de pautas publicitarias onerosas, de agasajos continuados, de amenazas veladas que hubo en Miraflores por décadas, cambió a la certeza de que una guerra podía configurarse desde las redacciones.

Por eso el Estado venezolano aumentó su presencia en el ecosistema de medios nacionales, constituyendo y ampliando sus propias plataformas hasta convertirlas en correa única de transmisión de sus informaciones. Comenzó la era de los periodistas reseñando lo que veían en pantallas ajenas, manejadas por el mismo declarante; se acabaron los accesos libres a las fuentes gubernamentales, llegaron los tiempos de las restricciones al ejercicio. Pero también, la sequía de las pautas publicitarias, la intensificación de la puja con propietarios y editores de medios, la concepción de que una cámara no refleja lo que ocurre sino que siempre manipula la verdad.

En *La revolución como espectáculo* (2006), Colette Capriles apunta que uno de los rasgos más obvios del Gobierno de Hugo Chávez fue la creación de infinitos espacios de enunciación. Aquiles Esté llegó a escribir que ningún régimen como el chavista entendió "el asunto de la propaganda". Y Alberto Barrera Tyszka ha escrito que en lo único que el Gobierno venezolano no es incapaz es justamente en el manejo de sus medios de comunicación. Y ese "sus" vaya que tiene un peso.

"Venezuela es un país que se quedó sin verdad", apuntó el también autor de *Patria o muerte* (2016) más tarde durante una conferencia en Medellín en el marco del Festival Gabriel García Márquez de Periodismo, en 2017.

"El chavista es el primer Gobierno del país que comprende la importancia capital de las comunicaciones para modelar sociedades, y es una lástima que haya aplicado esa comprensión a la causa equivocada". El epígrafe le corresponde al investigador y profesor venezolano Antonio Pasquali, citado por el académico Marcelino Bisbal - toda una autoridad para quienes aprendimos de él en las aulas ucevistas - en el discurso que debía dar el 27 de junio de 2017 como orador de orden de la sesión especial de la Asamblea Nacional con motivo del Día del Periodista.

Tal cita no ocurrió pues la violencia impulsada por la Guardia Nacional y el asedio de grupos oficialistas obligaron a suspender el evento. No hubo ANTV disponible para transmitir ni la sesión ni su suspensión, como tampoco hubo transmisión en directo por otras pantallas de señal abierta, tan sólo la cobertura en digital a través de redes sociales de medios con influencia pública limitada. Un triunfo para las intenciones del poder que impide transmisiones vía microondas de eventos como este, bien sea por orden expresa o velada a través de la autocensura.

Bisbal también hubiese dicho, según el texto que no pudo leer, que "la operación que se puso en marcha desde los sucesos de 2002 se conecta con la idea expuesta en el Brasil de 1934, plena dictadura de Getulio Vargas, cuando un grupo de intelectuales cobijados en el Gobierno le dijeron a éste que 'los medios de comunicación no deben pensarse como simples medios de diversión, sino como armas políticas sometidas al control de la razón del Estado'. Lo que ha venido ocurriendo en el tiempo es la pérdida de un Periodismo crítico, plural e independiente; las restricciones a la libertad de expresión y de información; el escandaloso secuestro de la radio-televisión pública; el asalto a Conatel para convertirlo en una entidad más política que técnica; la creación de leyes que controlan contenidos incómodos para el Gobierno; la discriminación publicitaria hacia los medios que son críticos; el caso de RCTV; la concepción de las telecomunicaciones para la construcción de una sociedad socialista; el intento sostenido de querer imponer un modelo cultural distinto de corte personalista, autoritario y militarista...".

Sus palabras condensan una historia cuya temperatura ha variado sin que muchos periodistas se hayan dado cuenta, inmersos en la cotidianidad y en los retos del aquí y el ahora. La ingenuidad también ha jugado un rol importante, el "yo no creo", el "no se atreverán".

Venezuela, como sociedad, y sus periodistas no estaban preparados para el autoritarismo, mucho menos para responder a vocaciones totalitarias. Se supuso un virus superado, se confió en anticuerpos institucionales que fallaron, se creyó que la prudencia se impondría. Pero el chavismo no atiende recatos.

Lo que recoge este libro *Cuando los medios son noticia* es una compilación de eventos que desgranan esta historia de dominación, pugna, acoso y sustitución que ha habido en Venezuela sobre el ecosistema de medios, uno que cambió para siempre al convertirse en un archipiélago de opciones digitales, sin papel prensa, con comunidades desconectadas y con la desaparición de las herramientas tradicionales de estimulación del tejido social.

Parte del "legado del comandante" que se ha mantenido y profundizado más allá de su muerte en 2013, cuando el "sujeto noticioso" Hugo Chávez - como lo caracteriza este trabajo- desaparece de la escena. Durante su último año en el poder, se contabilizaron 248 denuncias de violaciones al derecho a la libertad de expresión e información, además de 51 ataques informáticos, que mayoritariamente constituyeron violaciones a la privacidad y usurpación de cuentas en redes sociales, según el Informe 2012 de la ONG Espacio Público.

El informe afirma que en 2012 hubo un incremento de 21.6 % en el número de casos con respecto al año anterior, cuando se registraron 139, constituyéndose entonces en el de mayor cantidad de violaciones registradas en una década, desde 2002, tan sólo superado por el año 2009.

A partir de testimonios y recuentos, los periodistas Marisela Castillo Apitz y Daniel Palacios Ybarra reconstruyen las ocasiones en que quedó patente el afán del Gobierno por controlar la comunicación, dando razón a Pasquali.

Desde aquellas primeras entrevistas al candidato Chávez convertidas en lienzo de contradicciones con su acción posterior al frente del poder, pasando por los sucesos de abril de 2002, la actuación de varios medios como actores políticos, el rol que jugó y aprendió el sistema de medios públicos, el cierre de RCTV y la primera pantalla que se apagó, lo ocurrido posteriormente con emisoras de radio, la disminución de espacios informativos y de opinión en las transmisiones radioeléctricas así como la "psuvización de los medios del Estado", como citan al periodista Vladimir Villegas, dando cuenta de cierta constricción de quien estuvo al frente de la pantalla de VTV y, en otros tiempos, defendió a programas como *La Hojilla* y la difusión de conversaciones telefónicas ilegalmente registradas por "interés público".

En las aulas de las escuelas de comunicación social, así como en la literatura académica, se insiste siempre en que el periodista no es la noticia. Las maneras en que Venezuela ha afrontado su historia reciente han quebrantado todas las concepciones, las normas, las reglas tácitas de la democracia. Por eso este libro tiene como protagonistas a periodistas, reporteros, personal técnico y demás; un termómetro del desbarajuste y a la vez unas voces que asumen un rol que nunca esperaron, para el que no había preparación posible.

El Periodismo, como las demás aristas de la sociedad, tienen la tarea de reconstituir (se). Y hay discusión sobre si tal cosa ocurrirá luego de superado el chavismo como forma de gobernar o si hace falta comenzar ese proceso justamente como vía para superar la vocación totalitaria vestida de rojo.

En cualquier caso, y este libro así lo deja patente, queda claro que la prensa ha sufrido los embates del autoritarismo en pleno siglo XXI, parte de lo que ha sido "el chavismo como problema", citando al amigo Teodoro Petkoff.

Inicios

Aquel 4 de febrero de 1992 asistieron todos los medios de comunicación. Una intentona de golpe de Estado sacudió a Venezuela ese día. Las calles caraqueñas olían a pólvora. En las esquinas había barricadas y cuerpos de decenas de venezolanos empezaron a caer sin vida producto de un grupo de militares que intentaba derrocar al Gobierno de Carlos Andrés Pérez.

Periodistas y medios de comunicación salieron a las calles a hacer su trabajo. Algunos amarraron sábanas blancas a palos de escobas y los metieron en sus carros como señal de paz mientras se les permitía recorrer la ciudad para registrar lo que ocurría. Los más audaces salieron con su libreta, bolígrafo y grabadora sin ningún tipo de protección.

Así fue como se dieron a conocer las imágenes del combate entre los militares golpistas y las fuerzas leales al sistema democrático que se mantuvo por varias horas. Ese 4 de febrero Venezuela amaneció entre angustia e incertidumbre.

Las cámaras de World Wide Television News (WWTN), a través del trabajo de los periodistas Fernando Jáuregui y Carlos Martell, registraron el momento exacto en que el Palacio de Miraflores fue rodeado, en horas de la madrugada, por tanquetas que intentaban derribar la entrada. Horas más tarde el equipo del noticiero *El Observador*, que transmitía para el canal Radio Caracas Televisión (RCTV), de manera exclusiva registró cuando ya en horas de la mañana uno de los integrantes del grupo insurgente le pedía al resto de sus compañeros que salieran de donde estaban refugiados para rendirse ante las fuerzas leales.

Por estas mismas cámaras y gracias a la narración de la periodista Anna Vaccarella, que transmitía desde la ciudad de Valencia, se describió cómo los guardias nacionales con una tira blanca en sus brazos, sometieron a los rebeldes después de varias horas de enfrentamiento.

"Ya el estado Carabobo afortunadamente ha vuelto a la normalidad. En estos momentos los guardias nacionales, con una tira blanca en el brazo, sinónimo de lealtad al Gobierno y a nuestra democracia han controlado todos los puntos neurálgicos. El aeropuerto internacional Arturo Michelena, al cual no se nos permitió acceso ni tampoco realizar tomas cercanas ni lejanas, estuvo controlado por los rebeldes", narró desde el estado Carabobo la corresponsal de RCTV Anna Vaccarella dando un mensaje de respaldo a la institucionalidad, que intentó ser quebrantada durante el golpe de Estado.

Fueron horas tensas. Todo grabado gracias al trabajo de los periodistas quienes transmitieron las imágenes de la sangrienta asonada con el audio de los disparos, los gritos de la gente, el ruido de los sables y el rugir de las tanquetas.

Los golpistas se identificaron como el Movimiento Bolivariano Revolucionario 200 (MBR-200), logia conspirativa organizada en las Fuerzas Armadas en 1983.

"El paso está cerrado. Si transita por aquí lo hará a riesgo de su propia vida porque están disparando a todo aquello que se mueve". La advertencia que provenía de un guardia nacional tenía el mismo impacto que el sonido de los proyectiles que no cesaban de retumbar", recoge la página 6 de El Diario de Caracas en una nota firmada por la periodista María Yolanda García en la edición vespertina del propio 4 de febrero.

García recuerda que en aquellas horas de tensión mientras hacía la cobertura –al ras del suelo por la cantidad de disparos- habló con militares de bajo rango. Ellos no tenían claro qué pasaba, ni a quién defendían.

"Estaban muy consternados, sobre todo los jóvenes. No sabían si sus compañeros habían muerto o no. Algunos soldados rasos no sabían si eran leales o insurgentes. Fue un momento de mucha confusión. Vi a algunos llorar. Se me rompió el corazón porque uno de ellos era un muchacho como de 23 ó 24 años y que a pesar de tener un uniforme (militar) estaba tan desvalido como yo", recuerda la reportera de El Diario de Caracas.

Para María Yolanda esto fue un momento impactante, "porque como periodistas no estamos preparados para imaginarnos un uniformado llorar. Como moraleja esto nos debe hacer reflexionar, porque como medios cuestionamos mucho un sistema democrático que no era perfecto, pero sí el más apropiado para el país", reflexiona García, periodista egresada de la Universidad Central de Venezuela y profesora de la Universidad Santa María.

El 4-F es una fecha que va más allá de la historia de unos paracaidistas rebeldes contra un Gobierno democrático. Fue una gran primera página, un titular, una reseña escrita con la sangre y el dolor de las víctimas. Se trata también del profesionalismo de los periodistas que arriesgaron sus vidas para informar y del zarpazo a la democracia venezolana por parte de un grupo de militares traidores.

Sobre el número de víctimas fatales de este día es poco lo que se sabe. No hay exactitud en las cifras. El diario Últimas Noticias publicó por aquellos días que los muertos pasaban de 100. Sin embargo, Hugo Chávez años después en una entrevista con el presentador Marcel Granier (transmitida por RCTV) dijo que ese día murieron 18 personas.

La asonada militar duró varias horas. Intentaron tomar el Palacio de Miraflores y no pudieron, intentaron tomar La Casona y tampoco pudieron, además de ciudades como Maracay, Maracaibo y Valencia. Las bajas de los militares iban aumentando y la de los civiles también.

Luego de horas de fuertes enfrentamientos, el presidente Carlos Andrés Pérez burló a los golpistas y se dirigió al canal Venevisión. Desde allí le habló al país para informar que la situación estaba controlada. Finalmente los militares leales al Gobierno recuperaron las guarniciones del interior del país que habían sido tomadas y los rebeldes fueron sometidos. El Gobierno identificó al líder de aquella asonada llamado Hugo Chávez Frías, quien admitió que el golpe había sido neutralizado y se comprometía a pedirle al resto de su grupo la rendición.

El presidente Pérez ordenó al alto mando militar y a su equipo más cercano que grabaran un video con el mensaje de aquel teniente coronel. Este mensaje primero se tenía que evaluar, editar si era necesario y enviarlo a los medios de comunicación para su transmisión. El jefe de Estado había pedido controlar el mensaje. Pero no fue así.

Su grupo más cercano desconoció su orden. Nada de esto ocurrió. El soldado rebelde fue presentado a los medios de comunicación por el vicealmirante Elías Daniels Hernández, quien agradeció la colaboración de los periodistas al señalar que el objetivo de la presentación era llevar un mensaje de rendición de los sublevados. Pidió a los reporteros no hacer preguntas e inmediatamente fue presentado al país entero.

Ese sujeto, hasta ahora desconocido, era el comandante Hugo Chávez Frías, y a pesar de encontrarse toda la prensa nacional en ese momento su rostro fue develado por primera vez a través de la señal de Televen, al ser el primer canal en colocar al aire sus palabras. Este fue el primer momento de magnetismo entre Chávez y las cámaras. La conexión ocurrió al instante con un país que se vería representado en la figura de un líder que en el futuro sería el responsable de uno de los capítulos más oscuros de la historia de Venezuela: la revolución bolivariana.

Sus primeras palabras fueron breves. No llegó a hablar minuto y medio. Los medios de comunicación estaban ahí para registrarlo todo. En ese momento se abrieron las puertas de una de las oficinas de Fuerte Tiuna y salió un militar vestido con traje de campaña, con una boina roja, pidiéndole al resto de los golpistas que depusieran las armas.

"Primero que nada, quiero darle unos buenos días a todo el pueblo de Venezuela, y este mensaje bolivariano a los valientes soldados que se encuentran en el Regimiento de Paracaidistas de Aragua y en la Brigada Blindada de Valencia.

Compañeros, lamentablemente, por ahora, los objetivos que nos planteamos no fueron logrados en la ciudad capital. Es decir, nosotros acá en Caracas, no logramos controlar el poder. Ustedes lo hicieron muy bien por allá, pero ya es tiempo de evitar más derramamiento de sangre. Ya es tiempo de reflexionar y vendrán nuevas situaciones y el país tiene que enrumbarse definitivamente hacia un destino mejor. Así que oigan mi palabra. Oigan al comandante Chávez quien les lanza este mensaje para que, por favor, re-

flexionen y depongan las armas porque ya, en verdad, los objetivos que nos hemos trazado a nivel nacional, es imposible que los logremos. Compañeros, oigan este mensaje solidario. Les agradezco su lealtad, les agradezco su valentía, su desprendimiento, y yo, ante el país y ante ustedes, asumo la responsabilidad de este movimiento militar bolivariano. Muchas gracias", Hugo Chávez. 4 de febrero de 1992.

La reportera Raquel García de Televen, entre otros tantos medios presentes, fue la primera en activar la microonda y develar al país el rostro del caudillo que cambiaría los destinos de la nación. Con muchas expectativas aguardaban los reporteros, hasta que finalmente vieron salir al teniente coronel Hugo Chávez Frías, "todo delgado, bien vestido, bañadito, acomodadito", dice García. Evidentemente, ajeno al combate cuerpo a cuerpo que daban sus compañeros de armas en las calles y sin signos de tortura por parte de las fuerzas leales al Gobierno de Pérez.

Eso fue lo primero que le llamó la atención a García. "No pudimos hacerle preguntas, pero él estaba muy tranquilo, ecuánime. Se mostraba como un tipo muy centrado, definitivamente un estratega que supo aprovechar sus cinco minutos de fama. Al final fue mucho menos de eso, pero significó el presagio de lo que iba a pasar después en el país", comenta la reportera de Televen, quien agrega otros detalles.

"Años atrás, en la década de los sesenta, Chávez venía agrupando soldados, sumando voluntades a ese malestar social, político y económico que sí existía, ¡claro que existía! Venezuela atravesaba una situación bien difícil", alude la periodista, egresada de la Universidad Central de Venezuela (UCV). Es evidente, pues, que aquel golpe no era contra el Gobierno de Carlos Andrés Pérez, sino contra la democracia civil instaurada tras la caída de la dictadura militar de Marcos Pérez Jiménez en 1958.

Consultada sobre lo que observó en el rostro del comandante Hugo Chávez cuando salió a sumir la derrota contesta: "serenidad, total. En ese sentido, esperábamos ver a una persona desencajada, porque él tenía más de 24 horas sin dormir y no se veía así. Y la gente si bien no compartía la forma de un golpe de Estado, sí veía con simpatía lo que ese hombre ofrecía, que fue atreverse a dar un cambio".

Cuestionada también sobre si fue correcto o no mostrarle al país el rostro del golpista, señala que "era necesario porque la gente quería saber quién se había atrevido a hacer semejante cosa. Personajes como él suelen generar sentimientos de amor u odio", asevera.

El tema de revelar o no el rostro del golpista ha sido un tema discutido, incluso en escenarios académicos. Para el dramaturgo Alberto Barrera Tyszka, coautor del libro *Hugo Chávez sin uniforme*, no hay culpa alguna ni en los medios que lo transmitieron, ni mucho menos en los periodistas, camarógrafos y fotógrafos.

"Pero ¿qué iban a hacer los medios?, tenían que informar ¿Por qué era un error? La prensa hizo su trabajo. Si hubo algo que le funcionó bien a Chávez es que dio el golpe invocando a Bolívar, como si Simón Bolívar fuera dado el golpe con él. Digamos, la legitimidad de su golpe fue nombrar al Libertador, y dentro de la mitología nacional le dio una legitimidad entre comillas", afirma el escritor y licenciado en Letras.

Mariana Bacalao, profesora de postgrado de Opinión Pública en la Universidad Simón Bolívar entretanto, señala que Chávez fue magnificado por el espacio que tuvo en los medios, incluso con entrevistas que se le realizó desde la cárcel.

"Habría que preguntarse qué espacio tendría actualmente un sujeto que irrumpe el orden constitucional a través de las armas, como lo hizo Chávez. Por cualquier razón: por error, confusión o excesos. Pero el tema es que salió al aire. Permitieron que un golpista le hablara al país y eso tuvo un impacto tan importante que comprometió la libertad y la democracia del país en años futuros", explica.

Raquel García, por su parte, retoma confesando que, a nivel personal, sus amigos le achacan, un poco en broma, un poco en serio, todo lo que pasaría después en el país con Chávez. "Me dicen que soy la culpable, porque fuimos los primeros que salimos en vivo. Nuestro deber era informar", acota la periodista de Televen.

Reseñado como golpista

Al día siguiente de las palabras de Chávez por la televisión se recogieron los cadáveres en las calles producto de este golpe de Estado. Sin embargo, Chávez fue inteligente. Escogió cada palabra como muestra de un golpe estratégico para aprovechar hasta lo último la posibilidad de hablarle a sus compañeros de armas por radio y TV, además de lograr que la gente lo conociera, lo mirara y le llegara su mensaje.

La prensa escrita recogió la noticia y las primeras planas fueron ocupadas por titulares alusivos a este hecho. El diario El Mundo abrió sus páginas con: *Por 5 horas Miraflores estuvo en manos de golpistas*, mientras que El Diario de Caracas tituló con *La rendición* y en el interior del periódico se colocaron dos fotos, una encima de la otra. La de arriba era la imagen de dos golpistas montados en un autobús cuando fueron detenidos, sonriendo y saludando; mientras que en la foto de abajo se mostraba la imagen de un militar asesinado, bañado en sangre, presuntamente de un tiro en la cabeza.

Ambas imágenes, con la firma de Harold Escalona, fueron acompañadas por el siguiente comentario: "Ahí está el saldo de la intentona absurda, los de arriba, soldados insurrectos ya rendidos saludando no sé a quién con la inocencia conque un equipo de béisbol saluda a sus fanáticos. El de abajo – era leal, pero insurrecto o leal, ¿qué más da? – el resultado trágico y acusador, con la precisión de una foto terrible, de un combate que nunca debió existir", registró como leyenda El Diario de Caracas con una clara posición editorial de rechazo al golpe de Chávez.

Sin Messenger, Whatsapp, Telegram, Twitter, Youtube, Instagram ni ninguna de esas maravillas que traería el futuro, El Diario de Caracas y El Nacional asumieron la difícil tarea de informar con inmediatez, con ediciones extraordinarias de plena tarde, como ya lo hacía el diario El Mundo en horario vespertino. Por eso en una nota de El Nacional, firmada por la reportera Aliana González, se refleja cómo una parte del país se sintió plenamente identificada con el debut golpista de Chávez.

"Era un golpe esperado. Porque en este país hay demasiados políticos corruptos y ya el pueblo está cansado de eso. No aguantamos más. Y aunque yo soy muy democrática, ojalá no hubieran frustrado el golpe".

Sí, el sarcasmo se cuenta solo. Este contradictorio testimonio corresponde a Olga Rodríguez, una señora consultada por El Nacional, seguido de las líneas del diario: "Lamentablemente, esta es la reacción de muchos venezolanos minutos después de frustrarse el intento golpista que tomó por sorpresa en horas de la madrugada al Gobierno venezolano", informó el periódico en una nota que se atrevió incluso a calificar como lamentable la carencia de valores de la sociedad civil, reflejada en esta cita que es tan contundente como simbólica. El país quería venganza, no justicia.

Pero "cuidado", advierte la periodista Cristina Marcano, coautora del libro *Hugo Chávez sin uniforme*. "Una cosa son los dueños de medios y otras los medios en sí mismos por la labor de sus periodistas", aclara sobre las posiciones contra el golpe de Estado que finalmente asumieron -en términos editoriales- El Diario de Caracas, El Nacional, Omnivisión y Radio Caracas Televisión (RCTV).

"Una cosa es el trabajo honesto de los periodistas y otra la posición de los dueños de medios. Hay niveles de más arriba donde se juegan unos intereses que uno como periodista no controla, pero a veces observa", explica sobre la simpatía que provocó Chávez en los directivos de los medios después de su debut golpista.

"Antes de que fuera presidente hubo medios que le pusieron el micrófono a ese líder populista. Había medios que estaban reñidos con el Gobierno del momento. Entre ellos RCTV y El Diario de Caracas del grupo 1BC. El Nacional, por ejemplo, era abiertamente opuesto al presidente Carlos Andrés Pérez. Chávez, evidentemente, también lo era y esos intereses se fueron alineando" acota Cristina Marcano.

De febrero a noviembre

El 27 de noviembre de 1992 es otra fecha fatal para la historia del país. Esta vez los protagonistas eran oficiales de la Aviación y el miedo se propagó en medio de un enfrentamiento que afortunadamente duró poco.

Para esta fecha Hugo Chávez y sus compañeros del 4 de febrero estaban presos, pero un grupo de militares dirigido por el general de la aviación Francisco Visconti Osorio y el almirante Hernán Gruber Odreman decidieron tomar el Palacio Miraflores por segunda vez en menos de un año.

En esta oportunidad los golpistas ya habían aprendido de los errores de la pasada intentona y tuvieron como objetivo controlar las televisoras para no permitir que el Presidente se le adelantara a la hora de dirigirse al país, como ocurrió el 4 de febrero.

El angustiante ruido de una ametralladora disparando de forma continua no dejó dormir a todo el vecindario del sector Montecristo, en el municipio Sucre de Caracas. En el interior de los apartamentos los teléfonos no dejaban de sonar, la gente se lanzaba al piso para esquivar las balas perdidas y otros salían a sus ventanas para tratar de entender qué ocurría.

A las 4:30 de la mañana las instalaciones del canal 8, Venezolana de Televisión, fueron tomadas por los golpistas para garantizar que el nuevo gobierno que ellos intentaban imponer tuviera la facilidad de estar al aire. Este asalto fue tan traumático como sangriento. En la garita de vigilancia fue asesinado de dos tiros el vigilante conocido como "El gordo rueda".

Su cadáver fue encontrado con gestos de clemencia, lo que indica que este trabajador fue ajusticiado por los golpistas. A otro vigilante se le ordenó abrir la boca para introducirle el cañón de un FAL que acabó con su vida. Los equipos del canal fueron destruidos a balazos y los insurrectos apelaron a sus armas para someter tanto al equipo técnico que quedaba en VTV como a los que trabajaban desde la estación de Los Mecedores, donde estaba la antena de transmisión. Por la fuerza y en contra de la voluntad de los trabajadores de este canal entraron a la cabina central para dirigirse al país.

"En nombre del Movimiento Bolivariano 200 se llama a todo el pueblo venezolano para que salga a la calle (...) Terminemos con este Gobierno usurpador, traidor, vendedor", dijo uno de los tres hombres que salieron por aquella pantalla de televisión.

En esta operación tipo comando no sólo fueron asesinados trabajadores de VTV sino también conductores que a esa hora manejaban en los alrededores del sector Los Ruices en Caracas. A algunos los mataron con el objetivo de colocar sus carros como barreras para impedir el tránsito frente a las instalaciones del canal de televisión.

Luego que tomaron las instalaciones de Los Mecedores, la situación ya estaba controlada por los golpistas. Fue por esta operación que los militares transmitieron un video de Hugo Chávez que había grabado previamente desde la cárcel de Yare donde pagaba su condena por los hechos del pasado golpe de Estado.

Por el canal del Estado, Chávez se dirigió al país: *"Por ahora y para siempre el Movimiento Bolivariano Revolucionario MBR-200 y el Movimiento Cinco de Julio vuelven a la lucha con las banderas populares en alto al encuentro con la victoria definitiva. Después de la gloriosa jornada del 4 de febrero los hombres y mujeres de Venezuela agotaron todos los medios pacíficos para lograr los cambios improcurables en la organización y conducción del Estado venezolano. El mundo entero fue testigo de las jornadas creativas y esperanzadas de una población que despertó y tomó conciencia de su fuerza liberadora; sin embargo, una dirigencia ciega y sorda al clamor popular continuó de espaldas a la nación y pretendió una vez más engañar a la opinión pública valiéndose de pactos secretos y contrarios al interés nacional. Ya basta de tanta ignominia, ya basta de tanta traición. Los hombres y mujeres conscientes, comprometidos con el futuro del país hemos salido ahora mismo a combatir en las calles y caminos de Venezuela para recuperar con nuestros propios brazos el honor mancillado de la patria, para comenzar a construir un sistema de Gobierno que nos proporcione la máxima suma de felicidad posible, la mayor suma de seguridad social, la mayor suma de estabilidad política como lo decía nuestro máximo líder el general Simón Bolívar, el Libertador. Este sistema de Gobierno es y será para siempre la democracia bolivariana.*

Los equivocados defensores del Gobierno derribado deben deponer de inmediato sus armas y actitudes para sumarse a la mayoría bolivariana que ha tomado control del destino nacional. El nuevo gobierno de emergencia constituido por la junta patriótica bolivariana se dirigirá dentro de pocos minutos a la nación. Pueblo de Venezuela: pedimos tu apoyo a la junta patriótica. Hoy es día de júbilo nacional, hoy es día de fiesta venezolanista, que adornen las puertas y ventanas con el tricolor de la esperanza, que hombres y mujeres hermanados llenen calles y plazas de la geografía patria para celebrar la victoria popular, para invitar al mundo civilizado de estos finales del siglo XX a seguir nuevamente el ejemplo que Caracas dio", Hugo Chávez, 27 de noviembre de 1992.

Los principales enfrentamientos del 27 de noviembre ocurrieron en Caracas, así como en los estados Miranda, Aragua y Carabobo. La insurrección fue controlada por el Gobierno el mismo día, lo que provocó la rendición de los involucrados.

De este saldo se registró una cifra fatal de 191 personas asesinadas. Uno de los integrantes de esta operación sangrienta contra este medio de comunicación y sus trabajadores fue Jesse Chacón, quien años más tarde desempeñó, paradójicamente, el cargo de ministro de Comunicación e Información. También el de Energía Eléctrica, entre otros.

El canal 10, Televen, había logrado mantener viva su señal y por allí comenzaron a desfilar todos los que defendían la democracia y el país comenzó a enterarse de los muertos y heridos que nuevamente este grupo golpista generaba. Lo mismo ocurrió con el canal Omnivisión, que también transmitía en vivo desde las calles caraqueñas. Ambas señales quedaron libres y asumieron el riesgo de transmitir imágenes de una ciudad bañada en sangre.

El equipo que trabajaba en la sede de Omnivisión también vivió horas de angustia y por un momento pensaron que correrían con la misma suerte del canal 8. El periodista Francisco Urreiztieta, reportero de ese canal para la época, recuerda que estaba en el puente del sector Los Ruices cubriendo el alzamiento militar cuando le cayó una bomba, a pocos metros de donde él estaba, lanzada por uno de los aviones Bronco que atacaba la base aérea La Carlota.

"Estábamos en el puente (de Los Ruices) narrando lo que veíamos. Había 7 aviones en el aire entre F16 y Bronco. Era una especie de batalla área, y de repente sentimos los cohetes. Cayeron a pocos metros de donde estábamos", recuerda.

Fue en ese momento en que Francisco vio cómo 20 militares insurgentes, todos heridos y desesperados, corrieron hacia la sede del canal Omnivisión pidiendo ayuda luego de haber sido víctimas de sus propios compañeros de armas. "Todo era muy confuso. Yo estaba en el puente de Los Ruices, que se movió como una barajita, cuando lo bombardearon. Desde ahí yo veía a los tipos (militares) que venían corriendo ensangrentados buscando ayuda y cogieron para el canal sin saber nada. Allí los ayudaron", recuerda.

En aquellos momentos lo único que se observaba era el desconcierto de los narradores Alejandro Escalona y Roxana Castillo, quienes vieron en plena transmisión en vivo a uno de los militares entrar al estudio del canal. Sus caras de desconcierto los descolocó en pantalla. Los trabajadores de Omnivisión, entre ellos la reportera Jesmín Royé, atendieron a los militares heridos. A algunos los montaron en sus carros y los llevaron al hospital Domingo Luciani, del sector El Llanito al este de Caracas. Unos murieron a las afueras y otros que resultaron menos afectados se pusieron ropa de civiles y se fueron caminando desentendiéndose del golpe en el que estaban participando.

Omnivisión, entretanto, denunciaba en su propia pantalla que habían recibido llamadas de amenaza contra el canal por informar sobre la masacre que ocurría. El blanco era la prensa.

"Recibimos llamadas amenazantes donde nos dicen que van a atacar el canal en caso de que sigamos transmitiendo. Omnivisión Multicanal tiene un compromiso: seguiremos al aire en defensa de nuestra democracia", resume, como si fueran premonitorias, las palabras en pantalla de la reportera Mari Montes, que al igual que Anna Vaccarella de RCTV y Aliana González de El Nacional se atrevieron a asumir posiciones editoriales a favor de la democracia en nombre de los medios de comunicación que representaban para ese momento.

"A los civiles: guarden la calma. Los cuerpos de seguridad del Estado están intentando conservar el sistema democrático. Indistintamente de nuestras creencias y discrepancias, lo importante es mantenernos en el sistema democrático. El único donde podemos vivir en libertad, transmitir informaciones, manifestar nuestras opiniones y vivir libremente", reflexionó al aire Mari Montes, en nombre de Omnivisión.

Para el dramaturgo venezolano Alberto Barrera Tyszka reflexiones como estas formaban parte de las reservas morales de un país enfermo por su propia descomposición social. "Estábamos en un momento donde había una onda que la sociedad estaba podrida. La clase política no servía de nada. Sin embargo, la moral y la decencia estaban en el Periodismo. La figura del periodista era el de vigilante y el que tenía la voz para denunciar con absoluta credibilidad", destacó el dramaturgo venezolano.

Cuando un periodista es noticia

Del bombardeo del 27 de noviembre no sólo resultaron heridos y asesinados militares que formaban parte de la conspiración sino personas inocentes, como el caso del periodista Virgilio Fernández de 31 años.

En un trabajo titulado *A 20 años del 27 N* publicado en el diario TalCual la periodista Dayimar Ayala reconstruye el asesinato de este comunicador social a través de una entrevista a su colega Carmen Carillo, quien era reportera de El Universal y estaba cubriendo los sucesos en las cercanías del Palacio de Miraflores.

Para ese momento Carmen tuvo que irse en transporte público hasta el periódico por los intensos disparos y hacer un periplo por Caracas para constatar lo que ocurría en las calles. Pasó por el sector La Urbina por rumores de saqueo en la zona, luego vio la sede de la policía de Sucre y todas las patrullas estaban volteadas. En el hospital de El Llanito camionetas bajaban del cerro cargadas de heridos.

"Pasó algo extraordinario, la gente ya no estaba preocupada de los heridos sino de una pelea entre un Bronco y un F-16 y la gente se puso a apostar quién ganaría esa batalla. No se podía creer", se lee en la crónica titulada *A 20 años del 27 N*.

Para ese momento Carmen Carrillo entrenaba a un colega suyo en la fuente de política que se llamaba Virgilio Fernández, de 31 años, que estaba ese día con ella. Estos dos periodistas al salir de Petare se fueron por la autopista y a la altura de la base aérea La Carlota vieron un carro tiroteado y se detuvieron a tomar fotos en el hombrillo.

"Un soldado estaba fumando en el edificio de La Carlota, dejó el cigarro y nos apuntó a una gran distancia, yo no me podía mover y me paralicé hasta que sonó el tiro, el soldado siguió disparando y nosotros retrocedimos en la autopista. Virgilio se escudó en la parte de atrás del carro, atrás del copiloto, y dijo 'me dieron'. Yo olí la sangre y le respondí 'a mí también', al verme el hueso".

De allí se fueron a una clínica en el sector La Carlota que estaba tomada por militares que impidieron el acceso, llegaron entonces a la Clínica Metropolitana, que igualmente estaba tomada, pero lograron ingresar a la Emergencia.

Con lágrimas y voz entrecortada, la reportera relata que pese a su herida siempre estuvo consciente y que al llegar a la clínica la sentaron en una silla de ruedas y se la llevaron unos 20 médicos. "Me hicieron una cirugía con pequeñas dosis de anestesia. Nunca me dormí, decía que si me iba a morir quería ver la cara de la muerte y escuché cuando el F-16 rompió la barrera del sonido".

La bala, que se determinó era de un fusil FAL, le entró por el esternón, salió por el seno derecho y fue la misma que se le alojó a Virgilio en su cuerpo. Nunca se especificó si quien disparó era rebelde o leal al Gobierno de Pérez. Carrillo no supo más de su compañero hasta el 28 de noviembre, cuando vio por el noticiero de la mañana que el reportero había fallecido.

"Yo le pregunté a sus hermanas cómo se encontraba él y me respondían, 'está mejor que tú y que yo'. Nunca lo entendí hasta que supe que murió". La reportera recuerda que los hirieron a eso de las 12 del mediodía del 27 de noviembre y que su compañero falleció a la 1:24 de la tarde.

Carmen Carrillo confiesa que ese mismo día la abuela de Virgilio Fernández falleció al enterarse que su nieto murió. "El periódico pagó los dos sepelios", revela. Además de los carros volteados en la sede de la policía y los heridos en el Hospital Domingo Luciani, en el sector El Llanito, la sobreviviente de la intentona no recuerda haber visto más desastres en la calle.

Otro de los periodistas que estuvo cerca de la muerte fue Sergio Novelli y su camarógrafo Wildejohn Azuaje quienes estaban cubriendo todo lo que ocurría en el Palacio de Miraflores para Radio Caracas Televisión (RCTV). Desde este lugar vivieron los momentos más espeluznantes de sus vidas cuando uno de esos aviones lanzó una bomba a escasos 20 metros desde donde ellos transmitían.

Ninguno de los dos dejó de trabajar. Novelli comenzó a narrar y Azuaje continúo grabando. "Exactamente en este momento está cayendo uno de los cohetes cerca del Palacio de Miraflores", fue lo que alcanzó a decir el periodista antes de que la bomba impactara en el suelo. Azuaje captó el momento y un estruendo ensordecedor, polvo y caos fue lo que su cámara registró.

"¡En estos momentos señores ustedes pueden observar cómo nos acaba de caer un cohete cerca del Palacio de Miraflores! ¡Sin embargo, gracias a Dios no hemos sufrido daños!", continuó Novelli en su transmisión.

El periodista Sergio Novelli recuerda, en una entrevista transmitida tiempo después en RCTV, que estaba junto con su camarógrafo "viendo cómo los aviones sobrevolaban el Palacio y los militares disparaban contra los aviones. Nunca nos imaginamos que lo que ocurrió iba a ocurrir. Nosotros estábamos a 20 metros de ese artefacto. Lo que más nos impresionó fue que a 20 metros más adelante había una persona cerca de nosotros en el momento en que estalló la bomba con una esquirla que le había caído a él y estaba muerto".

El camarógrafo Wildejohn Azuaje también lo recuerda. "Me impresiona porque yo lo veo a él con una bandera. Y yo veo que viene un avión que hace unos disparos y le digo a él: 'apártate, apártate que te van a matar'".

No se sabe si la persona escuchó las palabras de Azuaje o si no le dio tiempo de correr. Nunca se sabrá. La bomba que lanzaron los golpistas lo mató. La intentona militar se logró controlar pasada las 12 del mediodía de ese 27 de noviembre de 1992.

Al día siguiente la prensa reseñó toda la tragedia que había ocurrido el día anterior. El Diario de Caracas tituló *El golpe fracasó de nuevo* y especial mención se llevó la toma del canal 8 que duró 5 horas. Mientras el diario ABC de España abrió sus páginas con *El Gobierno venezolano decreta el estado de emergencia y anuncia el fracaso de los golpistas.*

A la fecha no hay ningún preso que pague por las vidas que asesinaron aquel 27 de noviembre ni tampoco las del 4 de febrero de 1992. Todas las causas contra los implicados de estos dos golpes fueron sobreseídas por el Gobierno de Rafael Caldera, los oficiales de mayor rango fueron indultados y para 1994 ya todos estaban en libertad.

Ascenso al poder

El teniente coronel Hugo Chávez ganó la presidencia de Venezuela en 1998 al imponerse con una ventaja de 16,53 puntos a su competidor más cercano, Henrique Salas Römer. Seis años después de su intentona, Chávez había cambiado la estrategia para llegar al poder: en vez de tanques utilizó los votos para acabar con el sistema constitucional venezolano.

Para esos años, en Venezuela los cordones de pobreza que bordeaban las principales ciudades del país crecían y los más humildes no recibían los beneficios de la menguada renta petrolera. Se los comía la corrupción y la miseria.

Cuando Chávez fue nombrado candidato presidencial por el Movimiento Quinta República, a mediados de 1997, no alcanzaba el 10 por ciento de la intención de voto; sin embargo, esta situación cambió radicalmente no sólo con sus giras por Venezuela sino por el apoyo de diferentes sectores estratégicos de la sociedad que tenían sus propias agendas que intentaban implementar a través de aquel joven militar que aspiraba a la presidencia.

La mesa estaba servida para su victoria. Durante años diferentes sectores socavaron la institucionalidad en Venezuela apostando al fin de la democracia y del Gobierno de Carlos Andrés Pérez.

En Radio Caracas Televisión, el canal que dirigía el empresario Marcel Granier, se transmitió *Por estas calles*, una novela escrita por Íbsen Martínez que generó un contundente fenómeno en la audiencia y que creó muchas molestias en la política venezolana de la época.

La novela duró 2 años, 2 meses y 27 días. Fue un retrato social que creó un hervidero de denuncias sociales. Chávez aprovechó esta situación. Incluso desde la cárcel de Yare, cuando estuvo preso, le mandaba regalos a los actores de esta novela, tal como lo cuenta el actor Roberto Lamarca, en el programa Detrás de las Cámaras transmitido por Televen, en el año 2014.

"Adentro estaba una foto postal de él, vestido de teniente coronel, y atrás de puño y letra decía: al compatriota Roberto Lamarca, comprometido con la causa popular. Su amigo del alma: Hugo Chávez Frías, Yare, y la fecha", dijo Lamarca en este programa de televisión. Lamarca interpretaba a un médico corrupto de la época, el recordado doctor Valerio.

No era por casualidad. Años después cuando recién fue electo presidente, Chávez fue abordado por la periodista de RCTV Luisiana Ríos y ante las cámaras de televisión el jefe de Estado admitió que "cuando estaba en prisión, la única novela que yo le seguía la pista todos los días era aquella novela *Por estas calles*, que se transmitía en Radio Caracas Televisión".

El actor Jean Carlos López, que tenía el conocido personaje Rodilla, un niño delincuente, explicó para Televen que "en aquel tiempo (durante la transmisión de la novela) estalló un pueblo, un país con hambre. De hecho, *Por estas calles* es la que estalla la revolución, lo que hoy por hoy se vive en nuestro país", explicó el actor, quien con el tiempo respaldó al presidente Chávez.

Y así el tiempo fue pasando, entre una crisis económica que aumentaba el descontento social, ciudadanos que eran invisibles en un país con las mayores reservas de petróleo del mundo y un Gobierno que le permitió a Chávez declarar a cientos de medios nacionales e internacionales, grabar videos vestido de militar llamando a la insurrección popular estando en la cárcel, recibir visitas familiares y de diputados que se acercaban a su celda para corroborar sus buenas condiciones.

Aún así Chávez llegó a declarar al diario El Nacional, en 1992, que los presos del expresidente dictador venezolano Juan Vicente Gómez estuvieron en mejores condiciones que ellos.

Sólo en ese año hubo un impasse controversial entre el Gobierno de Carlos Andrés Pérez y un medio de comunicación. Se trató de una entrevista que fue censurada por un tribunal militar que le hizo José Vicente Rangel en agosto de 1992 directamente en la cárcel donde estaba Chávez. El encuentro duró aproximadamente una hora, donde el periodista ahondó en detalles de su vida personal, sus razones para alzarse en armas y su proyecto político.

Para la fecha, Rangel denunció censura por parte del Gobierno, se pronunció sobre la importancia de la libertad de expresión y aseguró que introduciría un amparo que le permitía la restitución del derecho al ejercicio de la libertad de expresión. Aún así la entrevista no fue censurada del todo porque fue transcrita en el diario El Nacional en los días siguientes y el periodista presentó el video en su residencia para la prensa nacional e internacional.

Para 1998, y los años previos a su candidatura presidencial, los medios de comunicación, periodistas, intelectuales y empresarios jugaron sus cartas a favor de Chávez. Gustavo Cisneros, presidente de la junta directiva de la Organización Cisneros; Miguel Henrique Otero, director del diario El Nacional; Jorge Olavarría, historiador y periodista son algunos nombres de la larga lista de dueños de medios de comunicación y periodistas, como Alfredo Peña, José Vicente Rangel y Patricia Poleo, que lo apoyaron en sus inicios. Paradójicamente esta última comunicadora social terminó en el exilio por oponerse a Chávez años más tarde.

A Cisneros lo responsabilizan de ser uno de los principales arquitectos del triunfo de Chávez por el supuesto financiamiento que le dio para su campaña, por el apoyo que recibió a través de Venevisión, encuestadores, asesores políticos y contactos en el exterior.

Sin embargo, una cosa era el apoyo de los periodistas y otra la de los dueños de medios de comunicación. Por ejemplo, Dynalba Salas, narradora de noticias de Venevisión para la época, marcó distancia de la línea editorial que había tomado el canal.

"Los espacios políticos tienen un esquema de continuidad que no deben romperse con la llegada de una persona. Chávez, en ese sentido, se planteó como una figura que iba a irrumpir en los 'esquemas demoníacos' del pasado. Eso me generó desconfianza, pues el hecho de presentarse como una figura que iba a cambiar tu pasado, tu presente y tu futuro, me hizo pensar 'esto no está bien", asegura Salas.

Pero la visión estratégica del canal, apunta Salas, aproximó a Venevisión a una decisión más que determinante. "Gustavo Cisneros, quien hizo su fortuna durante los Gobiernos de los partidos AD y Copei, probablemente tuvo la visión de que ofreciéndole apoyo a esta personalidad mesiánica, podía perpetuar su liderazgo en ese mundo de los negocios, en el cual era un líder. Sin embargo, Chávez no estaba dispuesto a aliarse con personas que pudieran hacerle sombra u opacar su incidencia social", añade la periodista, quien detalla otros aspectos importantes de la relación de Chávez y el canal 4.

"Quizás Chávez no tenía 45 minutos más que el resto de los candidatos en las entrevistas del canal, pero muy al principio tenía más espacios al aire, se les cubría más sus ruedas de prensa, sus declaraciones. Venevisión lo cubría más que el resto de televisoras", apunta Salas.

Ante el dilema moral de brindar o no espacios a un candidato cuyo pasado estaba asociado a un sangriento golpe de Estado, plantea que "si con el sobreseimiento de la causa de Chávez, el presidente Rafael Caldera le quitó ese carácter golpista, ¿Venevisión debía condenar a una persona que no fue castigada por la propia justicia?", cuestiona la periodista.

Pero al consultarle cuán ético es que un medio replique decisiones o conductas que atenten contra la democracia en sí misma, responde: "Claro... sin duda la responsabilidad y la ética no creo que sean un tema cuando hablamos de Venevisión y Gustavo Cisneros, durante la candidatura de Chávez", sentenció Dynalba Salas, periodista de la Universidad Católica Andrés Bello, especialista en Opinión púbica por la Universidad Simón Bolívar y profesora de la Universidad Santa María.

Al politólogo Oswaldo Ramírez también le generó ruido la decisión de Rafael Caldera, que con el sobreseimiento a Chávez, "despertó en el país el fantasma populista, con una candidatura de crecimiento lento pero sostenido en las encuestas que llevó a los medios a evaluar sus oportunidades en torno a Chávez. Esas que llevaron a sus dueños a pensar que si ese señor podía ser Presidente del país, lo mejor era abrirle las puertas".

Lo cual, continúa Ramírez, "significó poner a su disposición el andamiaje de recursos, coberturas especiales y hasta financiamiento económico, con aeronaves, vehículos para trasladarse y hacer campaña. Pero también eso supuso una especie de suavización del verbo de las líneas editoriales", revela.

Cuestionado sobre qué medios de comunicación no apoyaron la candidatura de Chávez, menciona: "El Universal, El Mundo y Últimas Noticias. Son periódicos que, si bien no estaban contra de la candidatura de Chávez, no figuran entre los que la apoyaron", concluye Oswaldo Ramírez, politólogo de la Universidad Central de Venezuela y especialista en Gerencia pública de la Universidad Metropolitana.

El Nacional y El Nuevo País

Mientras en El Mundo, El Universal y Últimas Noticias se observaba con preocupación la presentación de un golpista como candidato a la presidencia, la posición de otros periódicos fue distinta. Fuentes que prefirieron no revelar sus nombres, aseguran que "era más que conocido y sabido todas las reuniones que mantenían Chávez y el dueño de El Nacional Miguel Henrique Otero en *Macondo*, la casa del director del diario, en la ciudad de Caracas".

De hecho Carmen Ramia, esposa de aquel entonces de Miguel Henrique Otero, le cedió los espacios del Ateneo de Caracas (del cual eran propietarios) donde hizo reuniones, eventos y foros. Incluso el día en que ganó las elecciones hizo su rueda de prensa en la sala de conciertos y desde allí se dirigió al país y al mundo.

Un día después de ganar las elecciones, El Nacional publicó su editorial titulada *Decisión plena* donde su directiva acordó hacer público su respaldo al nuevo presidente electo: "Ha quedado totalmente claro que el país entero ha decidido sobre una opción diferente a aquella que la clase dirigente tradicional trataba de imponer (...) Los votos que recibió (Chávez) le pertenecen en tanto encarna un liderazgo nuevo, una voz alterna, una mayor decencia a la hora de hacer política, pero también significan unas necesidades postergadas, una pobreza inmensa fabricada por décadas de corrupción, una intención cada día mayor de reclamar mejores condiciones de vida por parte de quienes poco aspiran porque ya nada tienen".

En el caso de la periodista Patricia Poleo, hija del director del diario El Nuevo País y actualmente exiliada política por oponerse a Chávez durante su gestión, publicó el 2 de febrero de 1994, día en que el presidente Rafael Caldera asumía el poder en Venezuela, una carta dirigida a Chávez en donde lo apoyaba y abogaba por su libertad después de haber dado el golpe: "Ni siquiera puedo irte a ver (a la cárcel), porque no me dejarían entrar. He leído muchas veces tu versión de los hechos, pero me parece incompleta. Mi orgullo profesional me dice que quizás yo podría sacarte más información. Que me contestarías algunas dudas. Pero Caldera, a quien hoy vemos asumir el mando, también gracias a ti, seguramente te abrirá las rejas de la cárcel donde estás. Ojalá lo haga y yo, insignificante venezolana se lo agradeceré siempre. Verte en libertad es lo menos que podemos desear quienes a ti te debemos estar donde estamos. Con un gobierno que se promete decente, con un corazón negado a las canalladas y con un deseo de ayudar a vivir en otra Venezuela".

A Chávez lo entrevistaron cantidades de periodistas. Venevisión fue uno de los canales que mayor cobertura le dio. Lo entrevistaron Napoleón Bravo y Oscar Yánez, entre otros, mientras que a la primera dama de aquel momento, Marisabel Rodríguez, la entrevistó la animadora de televisión, Maite Delgado, justo un día después de que su esposo ganara las elecciones.

La presentadora aprovechó la oportunidad para conocer detalles de la vida personal e invitó a los familiares tanto del Presidente como de ella misma y le dio la bienvenida con bombos y platillos.

La animadora muy contenta de tener a la primera dama en los estudios de Venevisión, y con una sonrisa en su rostro, le pide a la audiencia aplaudir mientras le da la bienvenida asegurando: "Dice un refrán que detrás de un gran hombre hay una gran mujer. Vamos a darle entonces la bienvenida a esa gran mujer, a la mujer que comanda el corazón del Presidente de la República, nuestra próxima primera dama: Marisabel Rodríguez Oropeza de Chávez".

Por su parte, Oscar Yánez, en su programa tradicional, lo entrevistó también después de ganar las elecciones y en la introducción aseguró: "Es conveniente decirle a todos los venevidentes (audiencia del canal Venevisión) que él es el primer venezolano en nuestra historia que llega con la idea firme de cambiar la república por la vía legal".

Ejemplos como estos hay muchos. Los medios estaban derretidos con aquella figura que marcaría el inicio de uno de los capítulos más oscuros de la historia de Venezuela, donde la agresión contra los periodistas sería una constante. Fue a través de los medios nacionales e internacionales que Chávez hizo pública cantidades de promesas si llegaba al poder.

El 5 de diciembre de 1998, un día antes de las elecciones, el periodista Jorge Ramos de Univisión lo entrevistó en la ciudad de Caracas y desde este espacio prometió que entregaría el poder en 5 años, que no nacionalizaría ninguna empresa y que no quitaría de las manos privadas los medios de comunicación. En esta entrevista se revelaron algunas de las promesas que no tardaría en romper:

- Jorge Ramos: Comandante déjeme hablarle del miedo que usted genera en muchísimas personas. En el exterior hay gente que le tiene miedo. ¿Usted sabe eso?

- Hugo Chávez: No sé por qué (se ríe).

- Jorge Ramos: Bueno primero: Dicen que no es demócrata. ¿Usted está dispuesto a entregar el poder después de 5 años?

- Hugo Chávez: Claro que estoy dispuesto a entregarlo. No solamente después de 5 años. Yo he dicho que incluso antes porque nosotros vamos a proponer aquí una reforma constitucional, una transformación del sistema político para tener una democracia verdadera, mucho más auténtica. Si por ejemplo yo a los 2 años resulta que soy un fiasco, un fracaso o cometo un delito, un hecho de corrupción o algo que justifique mi salida del poder antes de los 5 años yo estaría dispuesto a hacerlo.

- Jorge Ramos: ¿Nacionalizaría algún medio de comunicación?

- Hugo Chávez: No. Basta con el medio de comunicación que tiene el Estado hoy. El Estado tiene el canal 8, Venezolana de Televisión. Hay que repotenciarlo, ponerlo a trabajar en función de la educación nacional, de los valores nacionales.

Los demás canales yo tengo las mejores relaciones con ellos, con los medios de comunicación. Deben seguir siendo privados, más bien estamos interesados en que se amplíen y se profundicen.

- Jorge Ramos: ¿No hay intención de nacionalizar absolutamente nada?

- Hugo Chávez: No. Absolutamente nada. Incluso hemos dicho que estamos dispuestos a darles facilidades, aún más de las que hay, a los capitales privados internacionales para que vengan aquí a invertir en las más diversas áreas: agricultura, agroindustria, petroquímica, industria gasífera, todo lo que es el desarrollo del país. Tenemos un proyecto bastante ambicioso que necesitará de la inversión privada. Yo aprovecho a hacer un llamado a todo el mundo: Yo no soy el diablo, soy un hombre que va con los mejores lazos de hermandad a trabajar conjuntamente con todos los países de América Latina, de Norteamérica y el mundo entero.

- Jorge Ramos: La última (pregunta) de Cuba es esta: ¿Si para usted es una dictadura o no es una dictadura?

- Hugo Chávez: Sí es una dictadura, pero no puedo yo condenar a Cuba. Hay un principio de derecho internacional que es la autodeterminación de los pueblos. Los pueblos deben darse sus Gobiernos, poder hacer su propia historia. Yo no puedo desde Caracas sentado aquí empezar a juzgar a los Gobiernos y pueblos del mundo.

Todo esto lo dijo Chávez un día antes de las elecciones que lo convertirían en jefe de Estado. Mintió 3 veces ante Venezuela y el mundo. Hoy se sabe que durante su mandato hizo todo lo contrario: No entregó el poder en 5 años, no le renovó la concesión a RCTV, revocó más de 30 licencias de radio y expropió centenares de empresas. Además calificó al régimen cubano como dictadura, algo que nunca más volvió a repetir públicamente.

Dos años después de esta entrevista el mismo periodista Jorge Ramos volvió a Venezuela y se encontró con un Presidente diferente al de 1998. Esta vez era "mucho más autoritario, ya no quería escuchar. De hecho me llevó a un pueblito en la frontera, entre Venezuela y Colombia, y allí en medio de una cancha de basquetbol (...) los chavistas nos rodeaban y abucheaban mis preguntas y aplaudían sus respuestas. Y como verán al Chávez populista, insultante, el que acumulaba rápidamente el poder ya no le gustaba que lo cuestionaran", comentó el periodista en un programa de televisión transmitido en Univisión llamado *Al Punto*.

La entrevista que este periodista le hizo en el año 2000 se realizó poco después de las elecciones del referéndum de la Constitución de 1999 impulsada por el presidente Chávez que tenía como fin aprobar o no el nuevo proyecto de Constitución redactado previamente por la Asamblea Nacional Constituyente de Venezuela.

El mismo día de esas elecciones se registró también el peor desastre natural ocurrido en Venezuela después del terremoto de 1812. El 15 de diciembre de 1999 en el estado Vargas (al norte del país) ocurrió el deslave de Vargas, producto de constantes e intensas lluvias, que afectó del 25 al 35 por ciento de los venezolanos, generó pérdidas al país "por más de 4 mil millones de dólares, más de 500 mil personas sin acceso al agua potable por varios días lo que originó brotes de enfermedades, cerca de 200 mil damnificados y más de 30 mil fallecidos", según informó el diario La Voz.

El periodista Jorge Ramos comenzó su entrevista interrogándolo sobre el porqué no suspendió esas elecciones al ver que se estaba desarrollando una tragedia natural en su país.

- Jorge Ramos: En el exterior existe la idea de que usted no quiso suspender el plebiscito a pesar de tener informes de que la magnitud de las lluvias podía ser terrible y que ya había varios muertos. ¿Cómo responde usted a estas acusaciones?

- Hugo Chávez: Son infamias. Tú sabes que nosotros estamos aquí enfrentados, todos nosotros, gracias a Dios la inmensa mayoría, a cúpulas que tienen mucho poder, y como los hemos respetado y los seguiremos respetando la libertad de expresión, los dueños de medios dicen mentiras, elaboran mentiras. Los medios de comunicación no siempre están al servicio de la verdad.

- Jorge Ramos: ¿Usted estaba en Miraflores del 16 (de diciembre) en la madrugada?

- Hugo Chávez: No, me fui a medianoche hacia La Casona, mi residencia.

- Jorge Ramos: Porque hay informaciones que estuvo en La Orchila.

- Hugo Chávez: Claro, tú estás repitiendo basura. Tú lo que estás aquí es repitiendo basura.

- Jorge Ramos: ¡Eso no es cierto!

- Hugo Chávez: Estás repitiendo basura, hermano.

- Jorge Ramos: Por eso le quiero preguntar.

- Hugo Chávez: Yo te respondo con mi dignidad y por la dignidad de un pueblo. Tú por tu boca estás repitiendo basura.

- Jorge Ramos: Yo le estoy preguntando. Mi labor es preguntar.

- Hugo Chávez: Está bien, pero estás recogiendo la basura, estás recogiendo el basurero, el estercolero (sic). ¿Por qué no recoges otra cosa?

- Jorge Ramos: Es legítimo preguntar como periodista. La información que tenemos es que fue a la isla de Orchila con Fidel Castro.

(Hugo Chávez y el público se ríen de forma sarcástica).

- Jorge Ramos: Bueno, si no fue cierto es la oportunidad que tenemos.

- Hugo Chávez: Está bien, pero es que tú vienes con el basurero. Yo te recibo con un basurero. Eso no es una falta de respeto para ti, pero es la verdad. ¿Pero qué clase de cosas preguntas? Si yo estaba en La Orchila con Fidel Castro bebiendo caña.

- Jorge Ramos: Yo no dije eso.

- Hugo Chávez: Bueno eso es lo que dicen. Tú lo tienes escrito ahí. El 16 (de diciembre) yo estaba ese día arriesgando mi vida en helicóptero. Le ordené a mi piloto: ¡usted se mete a Vargas como sea, aunque nos estrellemos, y me vio mucha gente!

En esta entrevista Chávez estaba visiblemente molesto, descalificaba las preguntas del periodista y en el momento más álgido de la conversación hizo una pausa y pidió un café, como si el café pudiese bajar la tensión del momento.

Tanto el Presidente como el periodista se tomaron un guayoyo (un café negro claro) y brindaron por Venezuela y México. Después de esto la entrevista siguió y Chávez retomó el tono agresivo.

A los dos años de su victoria ya se apreciaba el antes y después en el jefe de Estado. El de ahora era mucho menos abierto a la crítica y más intolerante a la prensa independiente.

Otra de las mentiras que Chávez, autor de la consigna "Patria, socialismo o muerte", dijo meses antes de ganar fue que tenía una corriente ideológica diferente a que la finalmente implementó en su Gobierno.

Así lo deja en evidencia una entrevista ofrecida al periodista peruano Jaime Bayly en la cual aseguró: "Yo no soy socialista. Yo creo que el mundo de hoy, la América Latina que viene, requiere un salto adelante. Vamos más allá del socialismo, incluso más allá del capitalismo salvaje (...) Mi signo ideológico es bolivariano", mintió Chávez de manera impúdica negando así su verdadero origen.

Más impasses

Dentro de todos los periodistas críticos que entrevistaron a Chávez en sus primeros años de gestión se encuentra Nitu Pérez Osuna, en su programa *Yo Prometo*, que se transmitía por Globovisión.

Fue una entrevista igualmente álgida y controversial, donde la periodista y el Presidente discutieron en varias oportunidades. Uno de los puntos centrales de la conversación era la modificación que el nuevo Gobierno había hecho sobre el ascenso de los militares. Anteriormente, era el Congreso de la República el que autorizaba los nombres de quienes ascendían a generales, pero a partir de ese momento el Presidente tendría la última palabra.

Ante la insistencia de la periodista para ahondar sobre las consecuencias que esta última medida podía traer en las Fuerzas Armadas, como la politización de los cuarteles, Chávez intentó descalificarla al vincularla con Gobiernos previos, pero Pérez Osuna no se quedó atrás y le contestó:

- Nitu Pérez Osuna: ¿Usted cree que algún coronel, algún general (...) que esté aspirando, por ejemplo, a ascender (...) van a decirle que no está con usted, Presidente? Si usted es el que tiene que firmar el ascenso.

- Hugo Chávez: Fíjate tú que eso que tú estás diciendo es una afrenta a todos esos muchachos (los militares).

- Nitu Pérez Osuna: ¡Ay, Presidente, no ponga en mi boca eso! Yo estoy diciendo una realidad. Si de usted depende, su firmita como dice la bolivariana, porque ya no es el Congreso sino el Presidente de la República quien los asciende (a los militares), ¿Cómo yo voy a hablar públicamente en contra del que me va a dar el ascenso?

- Hugo Chávez: Pero óyeme una cosa: tú estás enfocando, como tú tienes mucha relación histórica, tu vida, con el puntofijismo.

(La periodista lo interrumpió y le contestó)

- Nitu Pérez Osuna: ¡Cómo no Presidente, y su papá también!

(Chávez se quedó en silencio y a los segundos respondió)

- Hugo Chávez: No, no.

- Nitu Pérez Osuna: Su papá fue copeyano, Presidente.

- Hugo Chávez: Mi papá es gobernador del movimiento...

- Nitu Pérez Osuna: Pero fue copeyano.

- Hugo Chávez: Ah, pero un tiempo. Se salió a tiempo.

- Nitu Pérez Osuna: 20 años.

- Hugo Chávez: (se ríe) no, no.

- Nitu Pérez Osuna: Presidente, hable con su papá, que fue 20 años copeyano.

Se trató de una entrevista que duró una hora aproximadamente. Chávez al sentir que no tenía tiempo suficiente para responder las preguntas de la periodista, veía a las cámaras y le hacía un llamado directamente a Nelson Mezerhane, uno de los dueños de Globovisión de aquel momento, para que extendieran la duración del programa.

Justamente este empresario, banquero, socio de medios de comunicación, estuvo relacionado con los inicios de su Gobierno en 1998, pero con el tiempo pasó de ser amigo de Chávez a enemigo de la revolución.

Mezerhane conoció a Chávez en 1998 por una invitación que le hizo la Asociación Bancaria, como candidato presidencial. En esa oportunidad el banquero cuestionó la exposición que realizaba el entonces aspirante a la silla de Miraflores a los empresarios, y a partir de ahí intercambiaron números y una vez ganó las elecciones lo mandó a llamar a su oficina.

Las primeras veces el empresario no pudo asistir, pero a la tercera vez Alfredo Peña, quien se desempeñó como ministro de secretaría y además fue el director del diario El Nacional cuando Chávez era candidato, lo llamó y lo volvió a invitar.

Esta vez sí asistió y fue su primer encuentro formal con el jefe de Estado.

La relación comenzó siendo cordial, muy cordial. De hecho el que era dueño del canal de noticias Globovisión y el diario El Globo lo acompañaba a viajes en el exterior en sus primeros años de Gobierno.

En una entrevista realizada por el periodista Nelson Bocaranda, publicada en el medio digital Runrunes en el año 2013, Mezerhane aseguró que la relación era magnífica con el Presidente en la medida en que no le hiciera daño.

"Él (Chávez) me llamaba por teléfono, me preguntaba cosas, me decía cómo resolver algo, qué se debía hacer en tal o cual cosa y siempre en un tono muy cortés. Yo siempre mantuve con él una posición de respeto", aseguró el empresario en esta entrevista.

Sin embargo, Mezerhane explicó que un día "se destapó la olla" entré él y el jefe de Estado. Aseguró que Chávez empezó a agredirlo públicamente, pero luego lo llamaba y lo invitaba a sus eventos. Tenía doble cara. "Él nunca disparó de frente", dijo. Hasta que un día su Gobierno, con la anuencia de él, lo vinculó con el asesinato del fiscal Danilo Anderson en 2004.

"Un día me entero, el 4 de noviembre de 2005, que me llaman y me dicen que ponga el canal del Estado, Venezolana de Televisión, para que vea que están dando la noticia que hay un auto aprehensión (sic) en contra mía", recuerda. Ese día lo señalaron a él y a la periodista Patricia Poleo de ser los autores intelectuales del asesinato de Anderson.

Este fue el inicio de una larga de historia que describe cómo este exitoso empresario terminó siendo un exiliado venezolano que actualmente vive en Estados Unidos y es el dueño del Diario de Las Américas.

Se rompió el hechizo

La luna de miel entre Chávez y los medios de comunicación duró poco. La frecuencia de las cadenas de radio y televisión comenzaron a disgustar a los dueños de los medios, y después de ganar las elecciones los señalaba de defender los intereses de la "burguesía".

Las cadenas del Presidente se trataban de transmisiones obligatorias que representaban una violación al derecho a la información de los ciudadanos, ya que durante ese tiempo se eliminaba la posibilidad de emitir otros mensajes y que se brinde una información alternativa. Además de significar grandes pérdidas económicas para los canales de televisión y emisoras de radio al no poder cumplir con las pautas publicitarias previamente establecidas.

En varias oportunidades Chávez aseguró que decidió usar las cadenas de radio y televisión porque "las televisoras burguesas" a las que llamaba jinetes del apocalipsis no transmitían sus mensajes, y los periódicos tampoco. Fue en 1999 cuando declaró a los medios privados "enemigos de la revolución".

Luego en el año 2007 puso en marcha su proyecto para alcanzar la hegemonía comunicacional. La ONG Monitoreo Ciudadano detalló en su página web que desde entonces ha cambiado la proporción de las emisoras públicas y privadas.

"En 2002, por ejemplo, había en Venezuela una sola televisora pública y cinco privadas; y desde 2007, hay seis televisoras públicas y tres privadas, y de estas tres últimas, sólo una es abiertamente crítica de la revolución. Pero el problema es de audiencias: los seis canales públicos venezolanos suman sólo 4,5 % de rating, de acuerdo a las mediciones de la agencia AGB Nielsen Media Research", asegura Monitoreo Ciudadano.

Para el año 2009, Carmen Ramia, la misma que le abrió los espacios del Ateneo de Caracas en 1998 para dar su primera rueda de prensa como Presidente, declaró en una entrevista publicada en el diario El Tiempo, que se sintió estafada por Hugo Chávez al poco tiempo de que ganó las elecciones cuando fue obligada a seguir exclusivamente la línea del Estado en el área cultural.

Ante esto, Ramia se negó y el Gobierno de Chávez ordenó que desalojaran las instalaciones del Ateneo de Caracas, una legendaria institución cultural en Venezuela.

"Nunca en mi vida imaginé vivir los momentos que estamos viviendo. Chávez tuvo como plataforma política el Ateneo de Caracas porque todas las puertas se le cerraron al salir de Yare y la única puerta que se le abrió hasta el día en que ganó las elecciones fue la nuestra. Aquí (en el Ateneo de Caracas) hizo reuniones, eventos, foros, todo lo que quiso hacer. Incluso el día en que ganó las elecciones hizo su rueda de prensa en la sala de conciertos y desde allí se dirigió al país y al mundo. Fue un discurso histórico", dijo Carmen Ramia en aquella entrevista.

Además confesó que llegó a tener una "estrecha relación" con él por lo que se sintió estafada. Esto la llevó a ser su primera ministra de Información, pero a las 3 semanas renunció.

"Me siento estafada. Tuvimos muchas conversaciones donde dijo que nunca haría lo que está haciendo. Cuando lo criticaban porque lo consideraban un peligro, decía que lo estaban convirtiendo en un monstruo. Es un mentiroso. Nos engañó a muchísima gente", aseguró Ramia para el diario El Tiempo en el año 2009 al recordar los inicios de Chávez como Presidente.

El que siempre estuvo claro

A pesar de que muchos dueños de medios de comunicación apoyaron a Chávez cuando fue candidato y durante los primeros años de su Gobierno, hubo una persona que siempre estuvo clara: Teodoro Petkoff, reconocido militante de izquierda y director de aquel entonces del vespertino El Mundo.

Como director de este medio, le otorgaba al diario un verbo de denuncia que el chavismo no estaba dispuesto a soportar. Una situación que provocó su salida, pero toda esta censura que intentaron aplicar sobre él generó una oportunidad para el Periodismo venezolano en el año 2000 con el nacimiento de un nuevo medio de comunicación indomesticable para el régimen de Chávez, TalCual, fundado por Petkoff.

Mientras los medios vivían una luna de miel con el inquilino de Miraflores, TalCual nació divorciado. "Sí", contesta su presidente fundador Teodoro Petkoff, quien confirma que su salida del vespertino El Mundo fue por presiones del Gobierno. "Es así, porque tan temprano como el primer año del Gobierno ya me habría librado de las ilusiones que pudo haber generado Chávez en mucha gente al principio. Pero eso ha cambiado sustancialmente", asegura.

Consultado sobre si su presencia era incómoda al poder en el diario El Mundo, señala que "pareciera que los Gobiernos autoritarios, y los dictatoriales ni se diga, no soportan gotas de libertad de expresión", señala el conocido izquierdista, quien desertó de las filas del partido Movimiento al Socialismo (MAS), cuando esta tolda apoyó la candidatura de Chávez.

Para Teodoro Petkoff su salida de la Cadena Capriles en el año 1999 no es producto de la voluntad de sus dueños, sino a presiones externas contra este medio impreso. "Por eso yo no fui botado de El Mundo", reitera Teodoro.

"Yo había concertado con Miguel Ángel Capriles (dueño de El Mundo) que si nos veíamos en una circunstancia en la cual yo como ejercía la dirección de El Mundo les creaba problema a ellos, yo me retiraba... y así fue. Cuando las presiones gubernamentales se hicieron sentir con mucha fuerza, José Vicente Rangel, en una reunión con Michu (como apodan a Miguel Ángel Capriles) y conmigo, dijo 'Teodoro no ayuda", explicó Petkoff, quien entendió que su presencia resultaba incómoda para los intereses de los dueños del consorcio Cadena Capriles.

"Ellos fueron muy generosos conmigo, por su puesto. Pero como preveíamos que podía haber una situación de incomodidad, me hice a un lado. Eso era lo honesto y lo justo con Capriles", explica. "Pero quedé picado", dice con la irreverencia que lo caracteriza.

"A los 9 meses de haber ejercido la dirección de El Mundo, salgo. Quedé picado y a los 3 meses siguientes nace TalCual", concluye el economista y político venezolano, que incursiona de nuevo en el Periodismo, con un periódico de línea creativa e irreverente, que para muchos introdujo cambios como los de El Diario de Caracas para su época.

Hola TalCual

TalCual nace en el año 2000 con un formato inédito que colocaba en portada una editorial con la posición de este medio de comunicación, seguido en sus páginas internas de contenido informativo, a cargo de un *staff* de jóvenes periodistas que con el tiempo se posicionaron por añadir valor con su estilo de Periodismo de autor. Entre ellos Laura Weffer, Roger Santodomingo, Herminia Fernández, Ernesto Campos, Jesennia Freites, Alejandro Botía, Keilyn Itriago Marrufo, Víctor Amaya, Patricia Clarembaux, Juan Pablo Arocha, Yosselyn Torres y Maye Primera. Esto sumado a la presencia del politólogo y humorista Laureano Márquez, con su editorial de los viernes y firmas destacadas como la abogada Rocío San Miguel.

Con la histórica editorial *Hola Hugo*, publicada el 3 de abril de 2000, TalCual sale al ruedo para competir en horario vespertino con el diario El Mundo, de donde fue sacado Teodoro, por los "buenos oficios" del censor José Vicente Rangel.

Sin intereses económicos que comprometieran la posición del periódico, su primera editorial saludó con ingenio al poder para decirle que (a diferencia de El Mundo) desde su propia marca jamás serían botados. Mucho menos censurados. ¡Enhorabuena!

"Aquí estamos, otra vez. Creyeron que nos iban a callar. Bueno, no pudieron. En tres meses montamos TalCual. Pero tu propio protagonismo, Hugo, va palo abajo. Con un ingreso petrolero astronómico, la economía está por el suelo. El peor Gobierno del puntofijismo jamás creó tanto desempleo como el tuyo. La rehabilitación del estado Vargas te está comiendo", fueron parte de las palabras que le dedicó Petkoff en aquella editorial dirigida al presidente Chávez.

"Pero, lo peor, Hugo, el MBR-200. Los militares, tus compañeros del riesgo, ya no te quieren. Te queda "Don" Luis (Miquilena), más rayado que un tigre, y también José Vicente (Rangel), cada día más visiblemente hamletiano. ¿Qué hiciste, Hugo? ¿Qué se hicieron la gloria y el brillo de los primeros tiempos? El poder puede ser muy cruel para quien lo ejerce, si no sabe qué hacer con él. Es tu caso, Hugo. Por ahora.", resume con un verbo absolutamente contestatario la editorial publicada por TalCual el 3 de abril de 2000.

Oswaldo Ramírez, politólogo y director de la firma de consultoría política ORC Consultores, explica a través de este periódico la imagen de ese Chávez socialista se fue desdibujando ante una figura de izquierda tan prominente como Teodoro Petkoff.

"Aquí estamos ante un personaje de izquierda como Teodoro Petkoff que supo leer la verdadera naturaleza de Hugo Chávez, mientras muchos subestimaron su discurso socialista, incendiario y revolucionario. Cuando muchos tendieron a ignorarlo, probablemente Petkoff haya dicho 'este señor está mostrando su careta y hay que hacerle frente desde un medio de comunicación", comenta Ramírez.

Pero no todos hicieron lo mismo. Otros medios bajaron la cabeza, "lo que permitió allanar el espacio público con esa batalla de mentes y corazones que ganó Chávez. TalCual, en ese sentido, pasó a ser el periódico que alertó a tiempo los rasgos tiránicos de este Chávez", sentenció el politólogo.

Sobre este tema el historiador mexicano Enrique Krauze también tiene algo que decir. A su juicio, el diario TalCual es referente importante dentro del esquema de libertades que restringió Chávez. "Por eso tengo la más alta opinión de Teodoro Petkoff y del diario TalCual. En Venezuela se dio el caso de la primera corriente de izquierda genuina, incluso revolucionaria y procubana, que se dio cuenta muy temprano de la necesidad de ir por la vía democrática. En ese elenco que es bastante reducido en América Latina, están Teodoro Petkoff y Américo Martín. Teodoro, que estuvo en la guerrilla, entendió que la vía democrática liderada por Rómulo Betancourt tiene un mérito histórico", asegura Enrique Krauze.

Para este historiador y autor del libro *El Poder y el Delirio*, inspirado en Chávez, su llegada a la presidencia provocó cambios en los medios tradicionales, empresarios, sociedad civil y partidos políticos. "En la prensa mexicana la llegada de Chávez al poder fue percibida con cierta preocupación en los medios más liberales, pero ni en nuestros más enloquecidos sueños pensamos jamás que la realidad venezolana llegara a deteriorarse de este modo", afirma Krauze, en exclusiva para esta investigación.

En contacto directo desde Ciudad de México, vía telefónica, el investigador latinoamericano explica que los medios de comunicación "no se dieron cuenta de lo que significaba un líder populista, que monopoliza el discurso público y la verdad pública. No se dieron cuenta y debieron darse cuenta que Chávez era una figura mediática de primer orden, considerando que había dado un golpe de Estado. Es una responsabilidad compartida con Rafael Caldera, con los partidos políticos, con los empresarios. Su candidatura fue una especie de suicidio de la sociedad venezolana que todavía sigue pagando", dice el historiador mexicano, editor del medio digital Letras Libres.

Con todo contra los medios

La relación de Chávez con los medios de comunicación, una vez en el poder, cambió radicalmente, tuvo un antes y un después de ser candidato. Quedó claro cómo el jefe de Estado utilizó al poder mediático para conseguir sus objetivos y cómo los dueños de medios de comunicación creyeron que lo podían manipular, subestimándolo, para imponer sus propias agendas.

Con el paso de los años el lenguaje, acciones y acusaciones de Chávez en contra de los medios de comunicación y periodistas que empezaban a reseñar los fracasos de su Gobierno generaban su ira y empuñaba su verbo y sus acciones contra ellos. Esto fue el inicio de un eterno enfrentamiento con la prensa independiente. Su discurso violento, ofensivo y discriminatorio contra los periodistas permeó en grupos violentos que apoyaban su Gobierno y sus ideas. No tardó Venezuela en ser testigo del acoso por parte de grupos paramilitares y de las instituciones del Estado contra la prensa.

Empezaron a ser cada vez más frecuente la colocación de niples en las sedes de los medios de comunicación, golpizas a periodistas que informaban desde el lugar de los hechos, acusaciones mal infundadas, atentados, cárcel y hasta exilio.

Toda esta situación pasó a ser el comienzo de años llenos de violencia verbal y física contra los medios de comunicación social por parte del Gobierno nacional, lo que sería después una de las principales características de un régimen autoritario contra la libertad de expresión e información. Y justamente el objetivo de este libro es registrar los abusos que sufrieron los periodistas a lo largo de la gestión de Hugo Chávez y revelar lo que se queda en la intimidad de las salas de redacción, a través de los testimonios de las propias víctimas que en estas páginas serán los protagonistas. Comenzamos a ver finalmente "Cuando los medios son noticia". Pase adelante.

AÑO 2002
2 realidades, 5 pantallas

- "¡Mira, estás viendo lo que está pasando!; oye ¿estás viendo?
- Sí, ¿qué sucede?... Mira, yo también estoy viendo, ¿qué hacemos?,
- ¡Oye no puede ser! ¡Esto es mentirle al país!".

Este es un fragmento que revive las conversaciones entre periodistas de medios privados el 11 de abril de 2002. A las 3:45 pm de aquel jueves histórico, el espectro radioeléctrico fue absorbido por un silencio gubernamental que dejó en zozobra a un país que clamaba información mientras la sociedad civil marchaba desde el sector Chuao hacia el Palacio de Miraflores en Caracas para exigirle la renuncia al presidente Hugo Chávez: patriarca de una revolución de minutos contados aquella tarde de abril cuando se pronunció en cadena nacional de radio y televisión, para disipar las dudas sobre su supuesta huida del país.

Unos exigían su renuncia, otros defendían su Gobierno. Simultáneo al discurso del Presidente explotaron los disturbios en la capital de Venezuela, convirtiendo las calles caraqueñas en un campo de ciudadanos pasados por armas, durante un hervidero de luchas entre simpatizantes y opositores. Nada de esto detuvo al Presidente. A pesar de las decenas de muertes que se registraban en las calles, el Gobierno decidió transmitir una cadena nacional de radio y televisión.

"He tomado la decisión, cuando falta según mi reloj, 15 minutos para las 4 de la tarde, de convocar esta cadena nacional de radio y televisión para enviar un mensaje a todos los venezolanos (...) Bueno, así que esta es parte de la situación que vive el país: normalidad en casi todo el territorio nacional", comunicó el mandatario en cadena nacional mientras iban cayendo las víctimas de la masacre.

La reportera de Venevisión, Elianta Quintero, se encontraba en el lugar de los hechos. "Estaba segura de que había gente que disparaba desde las cercanías de puente Llaguno hacia donde yo estaba, y pensé que si estaban disparando había gente que podía caer. Y eso fue lo que hice, decirle a la gente que no siguieran avanzando. Lo dije en mi reporte, está grabado... y qué bueno si mi llamado redundó en que algunas personas pudieran estar contándolo vivos", explica la periodista.

Mientras Chávez informaba al país que la situación en Caracas era normal, Elianta se dejó guiar por su instinto. Como imán a la noticia corrió dos cuadras hacia el epicentro de un crimen, donde vio caer a un hombre en la avenida Baralt.

El zoom de la cámara de Nelson Torres, su compañero, hizo foco en el carnet de un sujeto canoso, de mediana estatura y chaleco negro. Llevaba puesta una camisa blanca, que hacía más visible la sangre que venía de su cabeza. Ahí, en el piso, era atendido por una muchedumbre que intentaba auxiliarlo, entre empujones y quejidos.

La voz estremecida de la periodista, de pronto, dio con la identidad del portador del carnet. Consternada, Elianta Quintero gritó: "¡Es personal de prensa! (...) Acaban de herir a un fotógrafo del diario 2001 en la cabeza. Es José Tortoza", narraba agitada y con la voz entrecortada la reportera, quien no atinó en el fragor del suceso con el nombre del herido. Pero no había dudas: era Jorge Tortoza, fotógrafo del periódico 2001. Una bala le impactó en el parietal izquierdo y lo derribó contra el gris asfalto, mientras en blanco y negro se decidía su destino.

Puños de rabia golpeaban el piso donde cayó el reportero. "¡Está muerto, está muerto!", gemían las voces desesperadas de quienes intentaban arrebatarlo de la desgracia, con golpes hacia el asfalto.

Ocho brazos lo alzaron por cada extremidad hasta llevarlo malherido hacia un punto menos inseguro. Dos de esos brazos fueron los de Johan Merchán, reportero de Televen, quien intentó auxiliarlo.

"Llegó un señor de pelo blanco y agarró a Tortoza por un brazo. Gustavo Rodríguez, colega de la fuente sucesos de El Universal, lo toma por otro brazo. Fernando Sánchez, (fotógrafo también del mismo diario) y yo lo agarramos por cada pierna, lo cargamos y lo llevamos una cuadra más arriba en la esquina de la Asamblea Nacional donde habían ambulancias disponibles", recuerda Merchán.

El camarógrafo de Venevisión Nelson Torres y su par de Televen registraban a Tortoza en brazos de sus colegas. Torres también vio al fotógrafo del diario 2001 como con 15 o 20 personas alrededor auxiliándolo, mientras se comunicaba con su compañera.

"Le digo: '¡Elianta, Elianta es Jorge Tortoza!' Grabé entonces el carnet que lo identificaba como trabajador del diario 2001 y que permitió reconocerlo en pantalla", recuerda el camarógrafo.

Contrarreloj, Tortoza era llevado al Hospital José María Vargas, al norte de Caracas, en una moto y malherido. Calles abajo seguían las detonaciones. ¡Paj, paj, paj!, escuchaba el periodista de Televen, Johan Merchán.

"No sé si era el impacto de las balas contra los metales de las rejas o la gente huyendo que, al intentar resguardarse, chocaban contra las santamarías (rejas) de los locales. Pero estoy claro que era un sonido muy fuerte, como de los tambores que anuncian la guerra", recuerda.

Sonidos e imágenes que no habrían quedado registradas sin la prensa como testigo, suscribe Elianta Quintero de Venevisión, quien por primera vez sintió miedo en esa densa atmósfera de muerte y gas lacrimógeno.

Repentinamente y sin darse cuenta, perdió de vista a su compañero, el camarógrafo Nelson Torres. Desapareció. No sabía dónde estaba. Hasta ese momento Elianta había sido valiente. Ni los gases lacrimógenos, ni las piedras, ni las balas la intimidaron. Pero algo había cambiado: sin Nelson a su lado, no se había sentido nunca tan vulnerable.

- "¡Por su seguridad, retírese! Devuélvase al canal. ¡Es peligroso!", le insistían los funcionarios de la Policía Metropolitana con intención de escoltarla. Pero Elianta no entendía razones. - "¡No me voy sin Nelson!", replicaba tajante para disimular su angustia.

Minutos de zozobra transcurrían como horas enteras en medio de las detonaciones. Cualquier intento en buscar a su compañero resultaba inútil. ¿Su radiotransmisor? sin batería. ¿Su celular? también. Colapsaron igual las líneas telefónicas y lo poco que le quedaba de paciencia. Incomunicada seguía sin saber de su compañero, su "amado Mono", como entrañablemente le decía.

Poco o nada había que hacer, imaginó lo peor. "Pensé que me lo habían matado. Me sentí responsable porque quizás me necesitó y no me consiguió. No hallaba dónde buscarlo. No podía más con esa cruz", revivió desde su relato la periodista, con un tenue brillo en sus ojos que se precipitó en lágrimas durante la entrevista, como si el tiempo se detuviera en aquel instante cuando se vio rodeada de hombres azules. "¡No me voy!", insistía a los policías metropolitanos entre el aplomo y el plomo.

Pero como en las películas, todo pasó. Su equipo de radio, ese que no tenía suficiente carga para funcionar, de pronto se activó. Sí, así de la nada.

- "Elianta salte de ahí, a Torres lo evacuaron. Se lo llevaron a Radio Caracas (RCTV)", le dijeron.

Casualidad o cosas de Dios, era la voz de su compañero de Venevisión, el periodista Jesús Marín. Entonces Elianta respiró profundo y se trasladó hasta Radio Caracas Televisión -ubicado a pocas cuadras de Miraflores en el sector Quinta Crespo- custodiada por los policías metropolitanos, quienes le sugirieron hacerse la desmayada o herida para desviar la atención de francotiradores apostados en los edificios. El blanco era la prensa. Tortoza ya era un trofeo. El diario 2001 era la noticia.

Los mismos minutos de angustia los vivió Nelson Torres cuando perdió de vista a su compañera. "¿Dónde está Elianta?, ¡Dónde está!", repetía poco después de separarse de ella. Por más que deseaba que estuviera sana y salva, no era más que un mecanismo de defensa de su conciencia para no pensar que correría con la suerte del colega herido del diario 2001. En esos segundos de tanta confusión, cada quien se corrió en dirección distinta para salvarse.

"Ya después era difícil que regresáramos al mismo punto. Si lo hacía, quizás me hubieran matado pues ahí había una turba de piedras y botellas que nos arrojaban al personal de prensa. Mi compañero del Canal Metropolitano de Televisión (CMT), Nelson Trompiz, me insistió que Quinta Crespo era lo más seguro y nos fuimos directo a RCTV. No quería pensar que la habían herido, me negaba a eso. Al vernos nos abrazamos, traté de calmarla diciendo que todo estaba bien", recuerda Torres 13 años después del suceso como un amargo trago que le quebró la voz en medio de la entrevista.

Para Nelson recordar duele. Al terminar su relato no pudo contenerse. "Sentí miedo por Elianta", dijo con sus ojos cargados de lágrimas. Sin embargo, el relato de Nelson Torres deja colar un halo de rabia. A su juicio, el único responsable de tanta desgracia se llamaba Hugo Chávez. Dice que "él pudo evitar todo esto. La masacre empezó justo cuando comenzó la cadena nacional".

¡Disparen a la prensa!

A la par del desencuentro del equipo de Venevisión, el fuego cruzado alertaba a los reporteros del Canal Metropolitano de Televisión (CMT) que debían protegerse a tiempo para salvar sus vidas. Corrieron y se tiraron al piso. Alfombras de cuerpos sin vida encontraron a su paso. La cadena nacional de Chávez seguía en curso. El plomo no paraba.

"Pasamos de todo, incluso hasta brincar por encima de los que habían muerto. Nos arrastramos, gateamos, luego en medio de la confusión vimos la puerta abierta de un edificio y ahí nos metimos", señaló la periodista Nailett Hidalgo, productora de exteriores de este medio CMT.

Señala que subieron hasta el piso 10, en lo más alto, para seguir informando. Cuando llegaron se asomaron para apreciar la visual que brindaba la azotea. "Ahí vi a una mujer de pie que estaba en el tiroteo, pero luego me tuve que resguardar. Bajaron las detonaciones y cuando me vuelvo a asomar ella seguía ahí, pero bañada en sangre, tirada en el piso y con una bandera de Venezuela que le cubría su rostro. La habían matado", recuerda Hidalgo, cuya ubicación en el edificio Colón no era precisamente la más segura.

El tiroteo seguía amenazando al equipo de CMT. ¡Paj, paj, paj!, de nuevo. Demasiado cerca esta vez de José Antonio Dávila, técnico de microondas de este canal. "¡Lo hirieroooon, lo hirierooon!", se oyeron las voces de Nailett Hidalgo y su compañera reportera Yasmín Velasco, al verlo con un impacto de bala en su rodilla izquierda. "¡Hirieron a Dávila, hirieron a Dávila!", repetían; gritos que llegaron a los oídos de la gerente de información Anamaría González Oxford, vía radio hasta el sector Boleíta, de Caracas, donde se ubicaba el canal.

"En el máster de CMT, oímos el resonar de balas contra los tubos de aguas, gas y aire acondicionado de la azotea y la respiración incesante de la reportera Yasmín Velasco, y después Nailett, para decirnos lo que estaba pasando. Nos sentimos realmente impotentes porque ya Chávez estaba en cadena. El país no podía saber lo que pasaba", sentenció González Oxford.

Protección Civil estaba al tanto de lo que ocurría allá arriba en el edificio Colón, ubicado detrás del Palacio de Miraflores. Por más que los compañeros de Dávila pedían auxilio no había forma de acceder a este sitio, donde francotiradores y pistoleros se entendían a tiros.

El plomo no paraba, pero el técnico de CMT seguía de buen humor, como si los demás estuvieran heridos y él a s alvo. Así de optimista, como todo venezolano. "Quédense tranquilos que todo va a estar bien", les decía con el orificio en la pierna tras haber visto a un sujeto encubierto vestido de negro, desde la azotea de un edificio cercano, en actitud sospechosa. Su testimonio fue recogido por el diario vespertino TalCual:

"Vino una arremetida de gente del puente Llaguno que disparaba; sacamos los carros del estacionamiento porque empezaron a tirar piedras y la Guardia Nacional comenzó a disparar sobre la gente. Nos paramos en el bloque 4 de El Silencio y comenzamos a correr hacia Miraflores. Había gente herida tirada en las calles. Llegamos hasta el edificio Colón y en la azotea alineamos la señal de microondas para transmitir en vivo. La arremetida contra nosotros vino luego de hacer el enlace en directo, cuando la cadena nacional de Chávez estaba al aire", explicó el técnico del Canal Metropolitano de Televisión (CMT).

Al percatarse los francotiradores de que la prensa registraba las escenas de sangre comenzaron a dispararles desde todos los ángulos. Una de esas balas fue la que impactó el cuerpo de Dávila.

"Después de que caí (al suelo) la gente nos seguía disparando. Los residentes (del edificio Colón) me halaron por el chaleco antibalas, y los francotiradores comenzaron a disparar dentro del edificio. Vimos gente vestida de negro, pero no vimos armas", detalló el camarógrafo quien seguía herido, mientras su compañero del diario 2001, Jorge Tortoza, esperaba por atención médica en el ya colapsado Hospital José María Vargas, al norte de la ciudad.

"¡Partan esa vaina!"

Eran las 4:25 pm y todo ocurría al simultáneo, cuando Venevisión, CMT, Televen, Globovisión y RCTV dividieron la imagen de la transmisión oficial de Chávez, quien aseguraba al país que había un clima de calma, mientras del otro lado de las pantallas empezaba a revelarse la masacre en el centro de Caracas. Contrastadas la verdad y la mentira, el primer medio en desafiar y desmentir a Chávez fue Televen. "¡Partan esa vaina!", llegó a oír la periodista Marta Colomina en la voz del dueño de esta televisora.

"Nadie me lo contó. Yo estaba ahí cuando el presidente de Televen, Omar Gerardo Camero, reaccionó y dijo '¡Basta, partan esa vaina!, ¡No es posible que estén matando a los marchistas!", reveló para esta investigación Colomina, quien desconoce si Camero se comunicó con otros medios para tomar la decisión. "Lo que sí puedo decir que la orden de dividir la pantalla la impartió él. Fue Televen", señaló la periodista, cuya versión coincide con los testimonios de Arausi Armand, Carlos Hullet y Johan Merchán: colegas de la planta televisiva consultados para esta investigación.

Al igual que ellos, el periodista de Televen César Miguel Rondón, quien minutos antes escuchó cuando Camero tomó esta decisión en la intimidad de su oficina.

"En ese momento él estaba hablando por teléfono. No puedo precisar si era con Marcel Granier o con quien otro, o con Alberto Ravell (presidentes de RCTV y Globovisión respectivamente), pero después dice 'yo voy a picar la pantalla y si no pican la de ustedes yo voy a picar la mía, porque esto no lo puedo aceptar'. Eso lo dice Omar Gerardo Camero y yo soy testigo personal. Él pica la pantalla porque el Presidente (Chávez) estaba tapando (la masacre) con una cadena nacional, un día en que se encadenaba por cualquier cosa. Fue un acto de osadía y de responsabilidad", revela Rondón, quien también trabajaba en la planta televisiva.

En total fueron 29 cadenas nacionales registradas entre el 9 y el 10 de abril de 2002, de acuerdo con cifras de la Cámara Venezolana de Radiodifusión. César Miguel Rondón agrega que partir la pantalla fue una reacción de responsabilidad social porque aunque los medios contravinieron una norma, "el que estaba violando la ley era Chávez" por obstruir la información en un momento de conmoción social, añadió el también locutor de Unión Radio.

Marta Colomina, por su parte, califica la reacción de Televen como "un acto de humanidad". Admite que en el lugar de Camero ella hubiera editorializado:

"¡Yo corto la transmisión y ya está! Seguido de esto digo: 'estamos ante un Gobierno criminal con francotiradores desde las terrazas masacrando a la gente'. Pero Chávez seguía ahí en televisión, frío, como una losa, el sinvergüenza", replica la periodista.

Al jugársela Televen, los demás medios también lo hicieron. "En CMT nos plegamos a la señal de Horizonte (Televen) porque ellos fueron los primeros en dividir la cadena de Chávez, pero nunca hubo una llamada para ponernos de acuerdo entre los jefes de información en torno a esa decisión. Lo más curioso es que RCTV fue el último de los medios en decidir si partía la pantalla o no, pues Marcel Granier no estaba del todo convencido", detalló Anamaría González, gerente de Información de CMT.

En la sala de redacción de RCTV los periodistas aplaudían al ver la pantalla dividida, pero en Venevisión había un ambiente más tenso. Decidir qué medio partiría primero la pantalla no fue una decisión sencilla. "Era difícil tomar una decisión de ese calibre. Si bien los medios parecían estar de acuerdo, ninguno quería ser el primero en partir su pantalla", explicó Alberto García, vicepresidente de Información y Opinión de Venevisión, quien fue el que comunicó la orden al equipo técnico del canal de partir la pantalla. Una orden "que venía de arriba", dice sin ofrecer nombres.

Como canal de noticias, Globovisión hizo lo mismo. Una sexta señal, la de Meridiano Televisión, se plegó a la transmisión de este medio, dejando a un lado su transmisión temática deportiva. Pero las reacciones no se hicieron esperar. La ira de Chávez se hizo sentir en 3, 2, 1: los mandó a cerrar.

"Estas señales: el canal 2 se llama, como todos sabemos, Radio Caracas Televisión; el canal 4 se llama Venevisión y el canal 10 se llama Televen. Esos tres canales están en este momento fuera del aire. ¿Hasta cuándo? No sé. Ese es un procedimiento que ya el ministro de Infraestructura, Eliécer Hurtado Soucre, ha abierto desde antier, desde que estos canales comenzaron. ¡Y miren cómo hemos aguantado, ¿ah? Ustedes son testigos de lo que hemos aguantado", dijo el presidente justificando su decisión.

"Ayer llegaron aquí yo no sé cuántas llamadas telefónicas a Palacio, anoche me quedé revisándolas con uno de mis ayudantes, me dijo 'mire Presidente todas estas llamadas', no sé cuántas, quinientas, seiscientas, no sé. ¿Y saben lo que decía la mayoría de la gente? El pueblo pedía esto: Chávez ciérralos. Chávez hazlo".

4 reacciones

Cumplidas sus órdenes, Chávez continuaba su discurso sin medios de comunicación que lo interrumpieran, lo que provocó una reacción unánime de la prensa escrita, en cuyas salas de redacción se escribían las notas que el país conocería el siguiente día:

"Increíble e injustificable que mientras Chávez se dirigía al país y ordenaba sacar del aire la señal de las televisoras comerciales para que el país no viera lo que sucedía, sus acólitos masacraban la marcha", redactaba el periodista Jesús Eduardo Brando ese 11 de abril en el diario El Globo, para la edición del día siguiente.

Su par de El Nacional Hilda Lugo Conde redactaba: "Hugo Chávez arremetió. Se convirtió, en ese mismo instante, en un censor sin máscara.

Suspendió la señal de los canales. Y, como siempre, transmitió en cadena nacional su apreciación, su visión de los hechos".

El semanario Quinto Día redactó: "Chávez, botaste la bola. La frase identifica todas las causas que llevan a este conflicto, agravado con la decisión de las plantas televisivas de desobedecer las órdenes del Gobierno sobre las cadenas presidenciales", se publicó en una nota firmada por el periodista Félix Reyes Yánez.

Por TalCual, la reportera Mariana Pinzón Pérez remató: "La lengua le quedó corta a Hugo Chávez. El último capítulo entre el Gobierno y los medios, y la primera violación abierta de la libertad de expresión, fue la orden al suspender las señales de las televisoras privadas bajo el argumento de que son 'propiedad del Estado (...) Las antenas ubicadas en El Cuño, Ávila 5 y El Volcán dejaron de transmitir y, poco a poco, las televisoras fueron apagando sus señales".

Pero al Gobierno no dio tiempo de activar todos los mecanismos de censura. Los suscriptores de Directv, servicio de televisión satelital, no percibieron el *blackout* porque su señal nunca fue desconectada.

Héctor Peña, director de Directv Venezuela, señaló que sus suscriptores "sí pudieron ver segundo a segundo lo que estaba ocurriendo en el país cuando Chávez inició la cadena y repentinamente cortaron las señales (de los medios radioeléctricos). Aún cerrándonos, Directv iba a continuar transmitiendo", declaró Peña al vespertino El Mundo, en una entrevista realizada por el periodista Simón Villamizar.

Héctor Peña, asimismo, respondió a las preguntas que le hizo Jesús Abel Fernándes de El Universal. Ambas ediciones, la de El Mundo y El Universal, publicadas el 13 de abril de 2002.

- "¿Cómo pudo Directv mantener la señal de los canales abiertos?"

- "Te explico. La señal de las plantas de televisión, bien RCTV, Televen o Venevisión, las puedes recibir por cuatro vías: por fibra óptica, microondas, satélites –Insat o Panansat, y por la señal abierta, aunque esta última viene muy sucia y sólo la tomamos en situaciones de emergencia. Los canales deciden de qué modo entregar su señal al centro de transmisión de Directv. Cuando el expresidente Chávez ordena –tumbar- las antenas de Los Mecedores, toda la población que no tenía televisión por suscripción se quedó sin señal. Los canales empezaron a transmitir con otras antenas más pequeñas su señal al centro de transmisión de Directv".

- "¿Por qué no desconectaron las antenas de Directv?"

- "Conatel quiso desenchufarnos, pero no le dio tiempo. El comunicado nunca llegó, pero todos nos movilizamos al centro de operaciones hasta altas horas de la madrugada".

Héctor Peña acotó que días antes venían trabajando con un plan B en caso de que el Gobierno decidiera tumbar sus transmisiones. "Desde hace un mes estábamos trabajando sobre ese escenario. Hicimos pruebas y consideramos que el centro de transmisiones de Directv en México sería el ideal para servirnos de apoyo. Para el momento en que nos cerraran las señales se enrumbarían a los satélites Panansat e Insat, allí rebotarían a México y de allí a todos los hogares de Caracas. No nos iban a apagar", sentenció.

A través de Venevisión Continental, señal internacional del grupo Cisneros, se recondujo toda la transmisión que no podía ser plasmada por Venevisión en señal abierta para Venezuela, tras quedar fuera del aire. Por tratarse de un medio internacional, Venevisión Continental también tenía presencia en el país a través de servicios de televisión de suscripción, entre esos Directv.

Por este canal de televisión, en medio de la censura, se conoció el reporte de Julio Rodríguez y Luis Alfonso Fernández, camarógrafo y periodista de Venevisión respectivamente, quienes desde la azotea de un edificio en el centro de Caracas, transmitieron las históricas imágenes que muestran cómo pistoleros chavistas disparaban hacia el cuadrante derecho de la toma de Venevisión, donde supuestamente había manifestantes opositores que se encontraban caminando rumbo al Palacio de Miraflores a exigir la renuncia a Chávez.

Este trabajo hizo merecedor a que estos profesionales se ganaran el premio internacional Periodismo Rey de España en el año 2002.

"Nos tiramos todos al piso. Yo le decía a mi camarógrafo, a Julio, que debía tener mucho cuidado. Ya habíamos recibido una amenaza de Casa Militar, que de hecho en un principio había un funcionario vestido de civil que llegó con un arma a amenazarnos. Nos dijo que íbamos presos. 'Ustedes no pueden estar acá, tienen que acompañarme', nos dijo. En ese momento yo tenía la cámara y cuando él supo que íbamos a tomar la cámara para hacerle la toma y tomamos el micrófono el hombre salió disparado (huyendo)", declaró pasadas las 5:00 pm de aquel 11 de abril el reportero en entrevista concedida a Venevisión, minutos después de precisar a varios hombres, identificados con el chavismo, que descargaban sus armas contra la sociedad civil.

Sujetos que en el transcurso de la tarde fueron identificados como Rafael Cabrices, Henry Atencio, Richard Peñalver y Nicolás Rivera. Ninguno de ellos contaba con que estaban siendo registrados para la historia, desde una azotea, por el sigiloso lente de Venevisión.

"Llovía plomo por todos lados. Fue entonces cuando se cayó la señal de RCTV, Venevisión y Televen. En ese momento vimos que en la esquina había personas tiradas en el piso y gente que estaba disparando. En la azotea del edificio de la vicepresidencia algunos lanzaban cohetones. Pero los que estaban abajo, los que llevaban camisas del Movimiento Quinta República (partido de Gobierno de Chávez) estaban disparando a mansalva y pensé: "nos están matando", continuó Fernández su relato que se lee en el diario vespertino El Mundo, en su edición del 13 de abril.

Pero Chávez "hablaba y hablaba mientras sonaban los disparos", escribía el articulista de opinión Fausto Masó para la edición del 12 de abril de El Nacional. "Tenías que haberlos oído, sabías lo que estaba pasando. Un mínimo de decencia te hubiera obligado a interrumpir la cháchara. Pero te encanta hablar. Hasta hablaste de amor mientras los francotiradores disparaban desde las azoteas contra los manifestantes. Hablaste de concordia mientras que otros apuntaban a la cabeza", escribía Masó en esa oportunidad.

Entretanto, el reportero Édgar López, también de El Nacional, redactaba su nota titulada: *Concejal dispuesto a matar*, para referirse a uno de los pistoleros de ese día. "Era obvia la filiación política del individuo que vestía una franela con los símbolos del Movimiento Quinta República. ¿Pero quién era ese flaco de bigotes que quedó al descubierto por las imágenes de televisión...? "Ese era Richard Peñalver", escribió el periodista.

Su par de TalCual Omar Pineda encabezó su texto destacando: "Un asesino anda suelto. Se llama Richard Peñalver, es concejal del MVR del municipio Libertador y ayer fue el día de su ruindad. Gracias a la habilidad del camarógrafo de Venevisión, que se apostó en un apartamento en la avenida Baralt y pudo captar la llegada de los marchistas de la oposición, este francotirador fue visto por millones de venezolanos".

Rompecabezas

Consultado sobre lo que vivió, Luis Alfonso Fernández rechaza la tesis sobre una supuesta vinculación del canal con los sucesos, por la estratégica ubicación del equipo reporteril.

"Mucha gente cree que la transmisión de Venevisión estaba planificada, como si nosotros supiéramos qué iba a pasar. Eso es mentira, eso no fue así. Esa azotea donde nos instalamos era alquilada por su condominio, porque da una vista privilegiada hacia el Palacio Blanco y a Miraflores. Lo mismo hacía VTV, Globovisión, Televen", aclara.

Recuerda que tenía un sólo tape (cassette) en la cámara. "Al subir me llamaron la atención varias cosas: vi un hospital de campaña en el Palacio Blanco, y yo lo veía porque eran unas carpas blancas, además había paramédicos. Había una tarima y llegaron también guardias nacionales. No recuerdo la hora, yo perdí la noción del tiempo".

Otra cosa que vio Luis Alfonso Fernández es que en el edificio de al frente, que servía como sede del Ministerio de Relaciones Exteriores, había funcionarios de Casa Militar. "Yo los vi porque tenían su uniforme y boina roja", señaló Fernández para esta investigación.

Pero luego de aquel 11 de abril, el tiempo no pasa en vano. Luis Alfonso frunció el ceño y miró al techo haciendo un esfuerzo para narrar las imágenes que se reproducían en su cabeza en una conexión vía Skype desde Miami. Recordar no es tan fácil. A veces duele.

"Al poco rato que comienza la cadena comenzó la balacera, y yo tenía una idea de cómo iba la marcha por la visual que tenía del colegio del Fermín Toro. Ahí había un cordón de la Guardia Nacional y ellos lanzaban perdigones y bombas lacrimógenas. Al rato empieza la balacera cerrada. Julio (el camarógrafo) me dice, 'es hacia el otro extremo en Llaguno', pero a mí no me interesaba porque mi interés era en Miraflores y hacia dónde estaba la Guardia Nacional, hasta que el compañero de seguridad de Venevisión me indicó hacia dónde era y observo esa escena que ya era como una segunda tanda. Le digo al camarógrafo que grabara y hacemos un falso en vivo", dice Luis Alfonso Fernández.

Tan surrealista parecía todo que su mente no identificó lo que tenía ante sus ojos:

- Julio ¿Cómo se les ocurre hacer un simulacro en plena balacera?, le dice a su camarógrafo.

- ¡Luis, reacciona! ¡Esto no es un simulacro! ¡Esta es gente realmente herida!, le replicó su compañero.

Hospitales de campaña poco antes del enfrentamiento. Más detonaciones. Más heridos de balas. Sólo podía dar como resultado de que se trataba de un simulacro, en su involuntaria negación de lo insólito. Fernández pensaba que era un ensayo. "Claro, yo no podía pensar otra cosa sino eso. Cuando caigo en cuenta de que eran pistoleros descargando sus armas, llega ese efectivo de Casa Militar vestido de civil y nos intenta sacar", responde el reportero para esta investigación.

Señala que poco después un militar intentó desalojarlos. "Algunos dicen que más bien quería protegernos de que nos ocurriera algo peor, pero no lo sé", agrega el periodista.

Para escapar de las hordas violentas que intentaban entrar al edificio con intención de agredirlos, el personal de Venevisión fue recibido por una familia tan dividida como el país. Chavistas y opositores de un mismo seno familiar discutieron si le brindarían protección en su apartamento ante la agresión que podían sufrir por parte de los Círculos Bolivarianos, brazo violento del chavismo y que con los años fueron conocidos con el nombre de colectivos.

Bien escondido, en sus partes íntimas, Fernández resguardó el material y luego se lo dio a uno de los técnicos que logró salir primero del edificio rumbo al canal de La Colina, Venevisión. "Claro, pues si alguien tenía intención de agredirnos y destruir la evidencia de los pistoleros me iban a buscar primero a mí y no al personal técnico. Con ellos el material estaba a salvo", intuyó Fernández, quien contestó otras preguntas para esta investigación:

- ¿Sabían ustedes que los pistoleros eran simpatizantes del oficialismo?

- No los habíamos identificado. Tampoco sabíamos que ahí estaba el concejal del MVR Richard Peñalver.

- ¿Por qué la toma no muestra hacia dónde disparaban los pistoleros?

- Siempre lo dije. Yo no tenía visual hacia la avenida Baralt. Si estuviéramos en un helicóptero, tal vez.

- Si bien la cámara no pudo captar hacia dónde iban los disparos, ¿al menos pudieron observar si apuntaban a los marchistas de la oposición o si los pistoleros se defendían de una agresión?

- Tenemos la referencia de Elianta Quintero de que la gente (los marchistas opositores) estaba subiendo por la avenida Baralt. No los vi, pero tenía la referencia del equipo de Venevisión que estábamos en distintos puntos. No tuve visual para asegurar que vi a la gente de la Policía Metropolitana disparando, así como tampoco vi a efectivos de Casa Militar arremetiendo, sólo vi a las personas del puente Llaguno. Sólo vi civiles armados hasta los dientes.

- ¿Cuánto tiempo después salen del apartamento donde estuvieron escondidos?

- Llegó un comando especial del equipo de seguridad del canal a rescatarnos y salimos de esa casa. Nunca olvidaré a la hija de esa familia que fue quien se peleó con todos ellos para protegernos.

De ese momento ya han pasado más de 13 años y Fernández mantiene la misma gratitud con aquella joven por haberle salvado la vida. "No puedo dejar de recordarla y todo lo que hizo por nosotros. Siempre estaré agradecido", repasa el periodista, que con los años se radicó en Estados Unidos, donde es presentador de noticias en América Tevé. Su compañera de Venevisión, Elianta Quintero, con los años también partió República Dominicana para ser la imagen del noticiero de Telemicro.

Pero mientras el país conocía las imágenes del puente Llaguno en Venevisión, el periodista de ese mismo canal Napoleón Bravo, acompañaba la transmisión desde el estudio. Su programa empezó a eso de las 6:00 am con la cobertura de la protesta, hasta finalizar entrevistando a su compañero Luis Alfonso Fernández, pasadas las 5:00 pm.

"La marcha del 11 de abril se trata de una manifestación de más de un millón de personas, la más grande de Latinoamérica, hasta ahora (2014). En los noticieros de los canales 2, 4 y 10 ya se había informado que en el Palacio Blanco se había colocado un hospital de emergencia, lo que significa que el régimen estaba dispuesto a ir más allá y que preveía de que podía haber más muertos", agregó Bravo.

Señala además que "como los disparos empezaron a la altura de Bello Monte y la gente llamaba a sus hijos que estaban en la manifestación a que se salieran porque los iban a matar -por la presencia de francotiradores en los edificios aledaños a Miraflores-, Venevisión se vio en la obligación de continuar informando", explicó el recordado periodista.

El país seguía ávido de información y la programación de RCTV seguía su curso bajo la conducción de los periodistas Érika Corrales y Miguel Ángel Rodríguez y la periodista Luisiana Ríos en la calle. En el estudio del canal continuaba un ciclo de entrevistas a diferentes personalidades, entre ellos Francisco Arias Cárdenas, quien hacía delicados señalamientos mientras se desarrollaba un quiebre institucional en Miraflores:

"Hay que responsabilizar como ejecutor a Rodríguez Chacín, y como autor intelectual y jefe de esta banda de delincuentes al Presidente de delincuentes. Estoy absolutamente seguro que (esta masacre) estaba bajo conocimiento del Presidente y que fue ordenada por él", señaló.

"Quítense la venda de los ojos: estamos ante un asesino en toda la extensión de la palabra. Una persona enferma, un paranoico, enfermo de poder, que cree estar poseído de una tarea histórica matando venezolanos. (Ahora) le hablo a los compañeros de armas: no pueden ustedes seguir defendiendo a esta ignominia, a un Presidente asesino manchado con la sangre de los venezolanos". Para la historia quedó toda esta cita que corresponde a Francisco Arias Cárdenas, quien diez años después de esta cita fue gobernador del estado Zulia, pero como candidato del chavismo y respaldado por la misma persona a la que él llamó asesino: Hugo Chávez. Los medios son la memoria colectiva de un país. "Recordar es vivir", dice un refrán.

Terror en Boleíta

Pasadas las 6:00 pm, el terror no sólo se vivía en las cercanías del Palacio de Miraflores, en el centro de la ciudad. En el sector Boleíta de Caracas permanecían sujetos armados en los alrededores de CMT y TalCual.

La reportera del vespertino Aliana González aseguró que "llegaron rumores de que los chavistas querían tomar CMT. A Teodoro Petkoff, presidente editor del diario, le informé lo que estaba pasando, pues la sede del periódico en aquel momento estaba muy cerca del ese canal, y pensamos que también vendrían por nosotros", explica.

Ante el temor de que el periódico estuviera dentro de los objetivos del chavismo TalCual denunció el acoso ante la Policía Metropolitana. "Se llamó al comisario Iván Simonovis y nos dijo que estaban desbordados con toda la situación y que no podían asistirnos en ese momento. Nos preocupaba no tener un plan de contingencia. Y aunque no se concretaron amenazas reales contra TalCual, sí hubo muchos rumores de que (los círculos bolivarianos) iban a tomar los medios".

CMT denunció el acoso de presuntos francotiradores, lo que motivó el desalojo del primer nivel de la planta televisiva. Era eso de las 7:30 de la noche, recuerda la gerente de información de CMT, Anamaría González Oxford, cuando observó por circuito de cámaras a 5 sujetos de rostros descubiertos apuntando con armas largas al personal de vigilancia. Escaleras abajo echó a correr hasta dar con el director de seguridad:

- "¡Pana (amigo), estos tipos están aquí armados!".

- "OK ¡Saca a todo el mundo y llévalos al último piso!", le respondió.

Eso hizo. Avisó a todo el mundo incluyendo al personal de estudio. "¡Idania, despide ya. Di que regresamos en 10 minutos!", le indicó a su compañera Idania Chirinos, narradora de noticias, dando por terminada la entrevista que hacía al dirigente opositor Antonio Ledezma. Poco a poco todo el personal, incluyendo Ledezma, se replegó al cuarto piso.

Presos del desconcierto ignoraban su destino. No era exagerado pensar que podían ser acribillados como los trabajadores de VTV el 27 de Noviembre de 1992, cuando el insurrecto soldado Jesse Chacón en una intentona golpista planificada por Hugo Chávez se alzó en armas contra el expresidente Carlos Andrés Pérez. O que se reeditarían las amenazas contra el canal Omnivisión ese mismo día. "Siempre tenemos presente que en situaciones de esa naturaleza toman los medios y en el caso del 1992 era para matar a los periodistas", asegura González Oxford.

"¡Dios mío! ¿Qué nos irá a pasar? ¿Por qué nos hacen esto?", parecían las plegarias de un rosario de intrigas. Otros más sigilosos seguían callados, atentos a cualquier movimiento sospechoso, que de pronto llegó. "¡Al piso, al piso!", gritaron en CMT al percatarse de la presencia de un grupo de hombres de vestimenta oscura, que con armas largas les apuntaba desde el edificio del frente.

La sede del canal tenía un revestimiento de vidrios, que hacía más fácil monitorear todo lo que se hiciera dentro de las oficinas.

"Cuando esos hombres vieron por los ventanales que subimos al piso cuatro, ellos también lo hicieron y nos apuntaron con sus armas. No había sido suficiente lo que vivimos en las calles, ni cuando hirieron a nuestro compañero José Antonio Dávila, cuando vimos otra vez amenazadas nuestras vidas", recordó la productora de exteriores Nailett Hidalgo, sobreviviente por segunda vez después del suceso de la azotea del edificio Colón. O por tercera o cuarta vez, si se suman los tiros que evadió en las calles de El Silencio y en la azotea donde resultó herido su compañero José Antonio Dávila, quien finalmente fue rescatado por Protección Civil, para trasladarlo a un centro asistencial.

Otra vez CMT era la noticia. Pese a que el canal estaba tomado por este grupo insurgente, la pantalla no se vio afectada, agrega la gerente de información Anamaría González Oxford, "pues dejamos el máster rodando con el material que se había grabado. Seguía la pantalla en curso, mientras los dueños del canal intentaban sacarnos de todo eso".

Se refiere Anamaría a la intervención de Albertina Petricca, dueña del canal y de la Universidad Santa María. Una persona con poder o al menos con contactos.

"Ella llamó a sus abogados que a su vez se comunicaron con el Ministerio Público. Le dijeron que efectivamente pasaba algo, pero no sabían qué. Llegan después al sector Boleíta una comisión de fiscales que se dirige a los hombres armados y después los abogados nos explican que se trataba de una comisión de la Dirección de Inteligencia Militar (DIM), que estaba tomando el canal porque era un punto estratégico, que ellos no sabían lo que estaba sucediendo en el país (en medio del derrocamiento de Chávez) y como tenían la posibilidad de tener un canal para transmitir entonces nos iban a tomar".

Por mediación del Ministerio Público se acordó entonces la evacuación de la planta televisiva (incluyendo al dirigente opositor Antonio Ledezma) conservando sólo el personal necesario para mantener la transmisión al aire. Nadie podía entrar o salir de CMT una vez ejecutada la orden. "Ningún medio podía acercarse a constatar lo que pasaba, porque todos los alrededores estaban tomados, ni si quiera TalCual que operaba ahí mismo en Boleíta", acota González Oxford. De ahí se fueron todos pasadas las 3:00, 4:00 de la madrugada de un interminable día siguiente.

En estos momentos la solidaridad siempre estuvo presente. RCTV denunciaba en su pantalla el asedio contra este medio de comunicación, mientras Televen difundió las imágenes que CMT no podía transmitir.

"Siempre estaba en contacto con la jefa de información de Televen, Lodali López. Le decía '¡mira, tengo a mi reportero Rafael Fuenmayor con un reporte de allanamiento!' Nuestros reporteros hacían su trabajo, Televen lo transmitía y nosotros nos pegábamos a la señal de ellos". Al tiempo que CMT era tomado, cobraba fuerza el rumor de que Chávez renunciaría a la presidencia desde la sede de Televen, donde se preparaba el operativo de la entrega del Presidente. Así lo dio a conocer el monseñor Baltazar Porras en la edición del 13 de abril del diario El Globo. Pero finalmente el lugar de entrega fue la zona militar Fuerte Tiuna, hacia donde se trasladó el prelado, en su rol de intermediario, para garantizar que se respetaran los derechos humanos del mandatario.

"En el Ministerio de Defensa nos informaron que Chávez iría al canal, pero lo único que supe es que efectivamente se iba a concretar un mensaje de Hugo Chávez, pero después no sabemos qué pasó, porque no fue. Quizás no lo consideraron conveniente", agrega también el reportero de Televen, Johan Merchán.

Caída la noche, mientras se consumaba el derrocamiento de Chávez, el país empezaba a conocer la suerte del fotógrafo de 2001, recluido en el Hospital José María Vargas, al norte de Caracas. El nombre de Jorge Tortoza ya era reseñado en señal abierta por radio y televisión como una de las víctimas fatales. Su deceso llenó de consternación las salas de redacción, en especial a sus colegas de diafragmas y obturadores. El duelo embargó al gremio periodístico mientras se consumaba el derrocamiento del jefe de Estado. El presidente Chávez ya era expresidente.

El 12: Sangre y tinta

Portadas, editoriales y reportajes, de esos que atesora la historia para poder contarse, fueron las apuestas de la prensa escrita el 12 de abril y días posteriores, con enfoques diversos de lo que hasta ese momento se entendía como un vacío de poder. El diario 2001 circuló el 12 de abril con una contundente editorial que acusaba a Chávez del homicidio de su reportero gráfico Jorge Tortoza.

"Mientras usted hablaba y sus hordas violentaban todos los principios de una sociedad democrática, el vicepresidente Diosdado Cabello y otros miembros del entorno de su Gobierno brindaban por el triunfo. Una vez más, embriagado de sangre, muestra que no es un demócrata y que su tal 'revolución' democrática, pacífica y participativa no es más que una de una de las tantas promesas huecas suyas", sentenció el diario 2001, convertido en noticia en sus propias páginas.

"Primero fue el 4 de febrero de 1992, el presidente Chávez baña de sangre a Venezuela. Una vez más trae luto a nuestro país. Un francotirador cobarde y desgraciado acabó con la vida de un buen hombre, Jorge Tortoza", editorializó también unánime junto a 2001 el diario Meridiano, que cedió las esferas de su fuente deportiva para reseñar uno de los episodios más importantes del país. El titular de los diarios 2001 y Meridiano fue contundente: *Jorge Tortoza fue víctima de las bandas de Hugo Chávez.*

Por su parte, El Universal, que por 93 años había acostumbrado a su lectoría a títulos ortodoxos y asépticos, sorprendió con un irreverente *¡Se acabó!* (como en una especie de desahogo) el titular de la salida de Chávez. Su editorial titulada *Pudo evitarse*, ubicada en la portada, donde calificó al Gobierno de Chávez como régimen decía:

"Los trágicos acontecimientos de ayer parecían una autoprofecía cumplida (...) La sociedad civil fue llevada hasta el límite por el Presidente y sus más cercanos colaboradores, quienes llegaron a despreciar el inmenso significado de una marcha de más de un millón de venezolanos que, sin contar el interior del país, pacíficamente pretendían ejercer su sagrado derecho a la protesta. Se vieron las repudiables imágenes de siniestros personajes vinculados al régimen disparando a mansalva contra indefensos ciudadanos (...) La libertad es el valor más preciado del individuo. Lo sucedido ayer lo demuestra. ¡Vayamos por ella!".

El semanario Quinto Día también acusó a Chávez como el autor intelectual de la masacre del 11 de abril que acabó con la vida del fotógrafo de 2001. "Diecinueve muertos y más de noventa heridos –entre ellos el reportero gráfico del diario 2001 Jorge Tortoza, tiroteado a sangre fría por las bandas gubernamentales- fueron producto de la matanza ordenada por Hugo Chávez ayer contra centenares de miles de manifestantes de la sociedad civil quienes acudieron al Palacio de Miraflores a pedirle la renuncia", destacó Quinto Día en contraportada, reflejando cómo la prensa escrita acusó a Chávez de asesino por el homicidio del reportero gráfico del diario 2001.

La palabra régimen, entretanto, era repetida por varios medios de comunicación, no sólo como un calificativo (acorde al género periodístico de opinión), sino como una manera de informar sobre un rasgo del derrocado dirigente. El Nacional hizo lo propio en una nota informativa firmada por el periodista Rafael Luna.

Ante estos hechos, y bajo la premisa de llamar a las cosas por su nombre, Luna considera que es una manera válida de llamar a un Gobierno violador de los derechos humanos.

"Estoy totalmente en desacuerdo con incluir opiniones en las informaciones. Tengo perfectamente claros cuáles son los géneros periodísticos y dónde están los límites. Régimen es una palabra perfectamente válida para definir la 'forma de Gobierno de un Estado', tal como lo indican los diccionarios. Que en Venezuela y otros países donde hay Gobiernos totalitarios se le endose al término una carga interpretativa, esa es harina de otro costal. En Periodismo se debe ser preciso y directo, y si una palabra como régimen define una forma de Gobierno, ¿por qué no usarla?", respondió para esta investigación Rafael Luna, quien contestó esta entrevista desde Panamá, donde trabaja como periodista del diario La Prensa.

La suerte

Víctima de su misma cobertura, TalCual se hizo noticia en sus propias páginas por el suceso que involucró al más joven de sus talentos, Jonathan Freites. Su nombre pasó de ser una firma del contenido gráfico a víctima de las reseñadas en el suceso. Vaya paradoja cuando los medios son noticia.

"Jonathan pagó con sangre el precio de sus gráficas", fueron las primeras líneas de la noticia redactada por Aliana González, periodista de TalCual, quien 13 años después hizo un esfuerzo en recordar lo sucedido. Serena, como le caracteriza, pensó en voz alta: "son tantos años los que han pasado que uno olvida las cosas... Pero bueno, lo primero que supimos es que le habían disparado al muchacho de pelo largo, porque él tenía una melena por la que todos los reconocían".

El fotógrafo de TalCual estaba cerca de la estación Capitolio del Metro de Caracas, donde cubría el enfrentamiento entre civiles. Buscaba más rollo para su cámara cuando quedó atrapado en la línea de fuego, que levantó de inmediato sospechas sobre su supuesta muerte.

"Nos decían que a Pocahontas, -le llamaban así por su cabello largo- le habrían disparado y la redacción entró en angustia", añade Gloria Villamizar, coordinadora de opinión del diario, quien recuerda las llamadas que desde el periódico se hacían para saber si eran ciertos esos rumores.

"Pero después de tanto esperar y hacer llamadas me dijeron que estaba herido, y que lo fuéramos a buscar al Hospital José María Vargas, y así fue. Cuando nos enteramos, nos abrazamos al confirmar que Jonathan estaba vivo", agrega González quien salió a encontrarse con su compañero herido, para recoger su testimonio.

"Es la primera vez que me dan un tiro, dijo Jonathan con la ingenuidad de sus 20 años", redactó la periodista en la edición del 12 de abril de 2002, que narró en citas textuales el testimonio de Jonathan cuando fue protegido por la Policía Metropolitana.

"Uno de los policías me gritó que tuviera cuidado y me tiré al piso. Unos tipos del MVR bajaban y dos o tres se colocaron disparando por un lado. Vi a unos de franela roja que iban a delante disparando. Yo estaba agachado, tomando fotos detrás de un policía con escudo, cuando sentí el impacto que me tumbó al piso", contaba el fotógrafo de TalCual a su propio medio.

Pero Jonathan no perdió el conocimiento, destaca la nota de Aliana: "Ahora no puede describir la alegría que sintió cuando se dio cuenta que no tenía entrada de bala ni estaba herido de gravedad", redactó la reportera, seguido de la explicación del joven:

"Me asusté mucho cuando vi el sangrero y sentí el dolor. Me toqué y saqué el celular del bolsillo que estaba muy caliente, y vi que la bala estaba allí incrustada", vivió para contarlo Jonathan gracias a un teléfono Nokia (emblemático de aquella época) cuya ubicación fue determinante y casi recreada por la ficción. "¡Coño, pana, no me pasó nada!", gritó en plena calle Jonathan, cuya alegría contagió a una redacción entera.

"Fueron momentos muy bonitos que vivimos como equipo porque en el caso de TalCual éramos como una familia", recuerdan Aliana González y Gloria Villamizar.

Peliculesca e inverosímil también resultó ser la muerte de Jonathan cuatro años después, en un accidente de tránsito regresando de la localidad de Caucagua, estado Miranda. Paradójico: sobreviviente del 11 de abril fallece en accidente de tránsito, resaltó el diario El Universal para informar su deceso y el de su tía Flor Gómez, cuando un camión de la empresa Tropiven impactó 8 carros entre ellos el Mustang 76 donde viajaba en la vía oriente hacia Caracas.

Pasajero fugaz, su presencia trascendió del paso terrenal, donde lo añoran los que trabajaron con él; esos que celebraron cómo se vaciló la muerte, en la cobertura de su mejor suceso. Su nombre al igual que del Tortoza quedaron registrados en la historia del país.

Clandestinos

Por su integridad personal, el 12 de abril los periodistas apelaron a reuniones clandestinas para resguardarse del acoso de grupos violentos que le juraron venganza a la prensa por el derrocamiento del Presidente. Isnardo Bravo, periodista de RCTV, cambió de apariencia para poder desviar la atención de presuntos agresores.

"Yo salía de mi casa disfrazado, con bigotes de mentira, gorra, lentes (gafas). Además me había llamado el defensor del Pueblo para brindarme seguridad y yo le dije que no quería seguridad de nadie y menos de ellos. Mis compañeros periodistas Evelyn Ortiz, Freddy Olderbung, David Pérez Hansen y Noé Pernía participamos de reuniones clandestinas después del 11 de abril. Nos fuimos al Centro Comercial San Ignacio de Caracas, pero el personal de vigilancia nos pidió que nos fuéramos porque imaginaron que podíamos ser blanco de ataques dentro de ese espacio", recuerda.

La noche del 12 de abril, para la madrugada del 13, parecía repetirse la historia de CMT cuando Televen también fue tomado por las armas, por parte de un grupo comando que se presentó ante la puerta de este medio de comunicación, revela Johan Merchán, reportero del canal.

"Se presentó Elías Jaua, con unos diez tipos con FAL y chaquetas que decían DIM (Dirección de Inteligencia Militar). Recuerdo que los tipos llegaron apuntando a todo el mundo, mientras Jaua hablaba con el vicepresidente de Información, Carlos Croes. Los efectivos replegaron a todo el personal y nos encerraron en la oficina de la gerente, para que ellos hablaran más cómodamente".

Elías Jaua es una figura relevante en el Gobierno, que por más de 15 años ha rotado por distintas posiciones en el chavismo. No hay cargo que no haya ocupado: diputado, canciller, vicepresidente de la República, miembro de la Asamblea Nacional Constituyente de 1999, ministro de las carteras de Economía, Agricultura, Tierras, Comunas y Educación. ¡De todo!

Educados, pero armados, los hombres dirigidos por Jaua se dijeron a las puertas de Televen, el primer medio que desmintió a Chávez dividiendo la imagen de su cadena nacional el 11 de abril: "Por favor pasen a esta oficina", dijeron los sujetos. "En eso Jaua le dijo a Carlos Croes: 'el presidente Chávez vuelve al poder en pocas horas. Vengo a que me entrevistes y demos a conocer la situación", explica Johan Merchan quien en ese momento estaba en el canal.

"Sé que fuimos parte de la historia al asistir a unos compañeros caídos en la cobertura (Jorge Tortoza), al poner tu vida en riesgo y al ver cómo un Presidente caía y volvía en menos de 48 horas", asegura Merchan.

El 13: Ojo por ojo

Llegó el 13 de abril, fecha en la que el general Raúl Isaías Baduel durante una operación cívico militar restituyó a Chávez en el cargo. Ojo por ojo, las televisoras que acusaron al Gobierno de un *blackout* informativo el 11 de abril pagaron con la misma moneda al no informar de su regreso.

Los medios, garantes de la información el 11 de abril, dos días después sumergieron al país en un silencio informativo al transmitir caricaturas infantiles, como Tom y Jerry. Chávez, de pronto, pasó de ser un mandatario deslegitimado y derrocado por la sociedad civil a otro que restablecía la institucionalidad, tras ocurrir un golpe de Estado cuando su Gobierno ya estaba caído.

El autor fue Pedro Carmona Estanga, presidente de Fedecámaras, quien se auto juramentó presidente durante la ausencia de Chávez y disolvió el resto de los poderes públicos, entre ellos la Asamblea Nacional.

Casi olvidado quedó el artículo 350 de la Constitución, que establece el desconocimiento de cualquier autoridad que contraríe los valores, principios y garantías democráticas o menoscabe los derechos humanos. Las denuncias que acusaban a Chávez de violador de las libertades económicas y de expresión (y que enfilaron a más de un millón de ciudadanos a exigir su renuncia en las calles), quedaron en segundo plano ante el golpe que propinó Carmona Estanga al gobierno, cuando Chávez ya había sido derrocado por la sociedad civil.

Carmona disolvió los poderes públicos sin respetar la institucionalidad. Chávez pasó de un momento a otro de ser un Presidente derrocado por la sociedad civil a otro reivindicado tras un golpe de Estado. El 13 de abril los dueños de los diferentes medios audiovisuales decidieron no informar el regreso de Hugo Chávez, bajo el argumento de preservar la integridad de los periodistas. El *blackout* informativo no tuvo respaldo gremial. Los periodistas, críticos al Gobierno de Chávez, no estuvieron de acuerdo con esta decisión.

"Más allá de que consideremos justa la editorial de nuestros medios y estemos plenamente identificados, no tuvimos por qué ser las piezas de ajedrez del golpe de Estado que ocurrió el 13 de abril. Ahora bien, la cadena nacional del 11 de abril no fue interrumpida. Sólo balanceada con información veraz frente a una situación que estaba absolutamente en despropósito. El deber de informar es algo que no puede ser negociado. Sin embargo, no perdamos las perspectivas ni seamos ilusos: los medios son instrumentos de poder al servicio de grupos económicos", señala el periodista de RCTV David Pérez Hansen, tras ser consultado sobre las reuniones de dueños de medios con el propio Carmona Estanga.

Isnardo Bravo, también reportero de RCTV, tiene sus reservas sobre el comportamiento de los medios. Sostiene que si la intención era proteger a los periodistas, "bien se podía informar desde el estudio o reportar en la calle bajo condiciones especiales de seguridad, pero no debió dejarse de informar el regreso de Chávez.

La gente después nos quería linchar. Las amenazas eran de muerte: 'Malditos, los vamos a matar. ¿Ahora sí están cagaos?, nos gritaban los chavistas", dice Isnardo Bravo, quien años después fue director del diario El Nuevo País.

Ante esta diatriba comunicacional hay interpretaciones que equiparan el 13 de abril con el tratamiento que se da a los saqueos en medios de comunicación.

"Pero entre informar con responsabilidad y no informar hay una gran diferencia. No se puede justificar lo injustificable", agrega su compañero David Pérez Hansen, quien arguye razones distintas a las de sus compañeros de Venevisión, cuya pantalla mostraba a Tom intentando atrapar a Jerry mientras Chávez regresaba al poder.

"No sé del caso de otras televisoras, pero en Venevisión no hubo manera de transmitir el regreso de Chávez, porque en ese momento el canal era tomado por una horda violenta que amenazaba a los trabajadores del canal. La orden fue de desalojar las instalaciones. Nosotros nos fuimos por la parte de atrás de La Colina, pues nuestras vidas estaban en peligro. No quedó nadie quien pudiera informar, ni pegarse a la señal del canal del Estado", señala el reportero de Venevisión Rafael Garrido, cuya versión coincide con la del presentador de la planta Napoleón Bravo y la de Alberto García, vicepresidente de Información y Opinión de Venevisión, ambos consultados en esta investigación.

"No hubo blackout"

A juicio de Garrido, Bravo y García no hubo *blackout* por parte de Venevisión porque no había personal en la planta. A los tres periodistas se les preguntó sobre una supuesta visita de Carmona Estanga, el 11 de abril, al canal de La Colina donde se habría tomado decisiones vinculantes al país.

Al responder los tres periodistas coinciden en que muchos dirigentes de oposición acudían al canal en calidad de entrevistados, por tanto no había manera de precisar si había una agenda paralela. "Nosotros no tenemos conocimiento de alguna reunión especial, pues mucha gente iba al estudio a ser entrevistada", acotaron.

Ante esa posibilidad, Isnardo Bravo señala que "Carmona nunca visitó RCTV, pero sí Venevisión y de ahí se fue a Fuerte Tiuna. Si se hubiera constituido una comisión de la verdad, otra sería la historia. Eso no le convenía a nadie, sólo a los periodistas que siempre buscamos la verdad. ¿Quién se cree que Carmona Estanga salió de su apartamento, que ya estaba custodiado por la DISIP? ¿Quién lo dejó salir? Al final, pasó como la canción, 'nadie sabe, nadie 'supió'", parodió Isnardo Bravo con el humor que le caracteriza.

El que sí informó

Unión Radio, por su parte, "hizo lo que tenía que hacer", según el periodista César Miguel Rondón. "Unión Radio fue el único medio que transmitió ese día el regreso de Chávez. Era lo que correspondía, ¿y cómo no hacerlo si los chavistas estaban tomando el Palacio de Miraflores? Los demás medios estaban pasando comiquitas. Lo que pasó el 13 de abril es inaceptable", dijo Rondón.

Por su parte Patricia Poleo, periodista de El Nuevo País en aquel momento, cuestionó el rol de Carmona Estanga el 13 de abril, en entrevista concedida al Canal I.

"Yo condenaría primero a cárcel a Pedro Carmona Estanga y después a Hugo Chávez porque Carmona tuvo la responsabilidad de botar a la basura cosas importantes. A mí se me asocia a ese 11 de abril porque estuve en Miraflores cuando estaban los dueños de los medios, para reclamarle a Carmona lo mal que lo estaba haciendo. Había demasiados testigos. Ahí estaba Cisneros (Venevisión), Alberto Federico Ravell (Globovisión). Ahí estaba todo el mundo. Estanga quería nombrarme ministro, ¿ministro de qué? Primero que yo no tengo afán de ser ministro de nada, yo tengo un periódico y soy dueña de él".

El 14: "¡Volvió, volvió, volvió!"

El poder se retomó el 13 de abril, pero fue el 14 cuando Chávez tuvo un acercamiento real con sus seguidores, tal como refleja el diario El Globo, en su edición del 14 de abril.

"Al filo de la medianoche del 13 los alrededores continuaban repletos. La gente cantaba, gritaba y celebraba la recuperación del poder por parte del Gobierno de Hugo Chávez, pero necesitaban ver a su líder para creérselo", relata la crónica firmada por el periodista Rhonny Zamora Morales de El Globo en la nota titulada *Chávez recuperó el poder en menos de 48 horas*.

"¡Queremos ver a Chávez, queremos ver a Chávez!", gritaban innumerables personas en las afueras de Miraflores a la 1:30 de la madrugada, mientras que adentro del Palacio se abrazaban celebrando una victoria prácticamente consumada desde mediados de la tarde del 13 de abril", se lee en la nota de El Globo.

Peliculesco parecía todo. Ni ficción, ni realismo mágico: del mismísimo cielo descendió Chávez. "A las 3:05 am se escucharon ruidos de motores en el cielo. Tres helicópteros y un avión conformaban la caravana aérea presidencial (...) Al fin aterrizó el helicóptero y algunas lágrimas afloraban. El Presidente fue rodeado por sus amigos y el grito del '¡volvió, volvió, volvió, volvió!", resume la nota de El Globo, que finaliza con una breve cita del general Lucas Rincón, el mismo funcionario de Gobierno que anunció que Chávez había renunciado.

Poco antes, en la edición del 13 de abril, el periodista Jesús Eduardo Brando reveló con suspicacia que en el allanamiento practicado a las oficinas a Lucas Rincón había documentos quemados.

"Realmente la cosa es un poco confusa. Yo no te puedo afirmar y darte datos concisos. Tú sabes que yo andaba amenazado de muerte y estaba escondido, entonces yo me comuniqué y dirigimos todo por teléfono. Yo dije que el Presidente había renunciado porque era parte de la estrategia", contestó blindado de prudencia Lucas Rincón a El Globo.

Seis años después

La evidencia del video de los pistoleros del puente Llaguno difundidas por Venevisión no fue vinculante en la decisión de la juez Marjorie Calderón quien dictó sentencia a once funcionarios de la Policía Metropolitana (PM). Ellos, con porte lícito de armas y debidamente uniformados, fueron sentenciados culpables. Seis a 30 años de prisión; dos, a 17 años; un efectivo, a 3 años y otro inocente.

Quienes dispararon contra los marchistas de la avenida Baralt, en cambio, no fueron imputados de ningún delito por supuestamente actuar en defensa propia. La difusión del audio donde se detallaba la condena contra los PM y el énfasis informativo sobre quién tomó tan importante decisión produjo que el defensor de las víctimas chavistas del 11 de abril, Antonio Molina, acusara a Globovisión y RCTV Internacional por supuesta "apología al delito" en contra de la jurista, en franco contraste de la Constitución nacional, que en su artículo 46 establece que "ninguna persona podrá ser sometida a juicio sin conocer la identidad de quien la juzga, ni podrá ser procesada por tribunales de excepción o por comisiones creadas para tal efecto".

Poco importarían los nombres de esos funcionarios si la juez del caso Haifa Aissami no fuera hermana del ministro de Interior y Justicia, Tareck El Aissami, de aquella época. Y Marjorie Calderón, jueza del caso, esposa de un militante del mismo partido de Gobierno. Demasiadas cercanías para un país que consagra el principio de separación de poderes, que no pasó desapercibido por la prensa independiente.

Los reporteros del histórico mes de abril de 2002, entretanto, se afincan en que la prensa era el blanco de los francotiradores y que no existen elementos concluyentes que demuestren los cargos que se le atribuyen a los policías metropolitanos Luis Enrique Molina Cerrada, Henry Vivas, Erasmo José Bolívar, Iván Simonovis, Arube Pérez Salazar, Lázaro Forero, Héctor José Rovain, Marcos Javier Hurtado: presos todos en revolución. Contrastado lo evidente los reporteros volvieron a partir la realidad, tal cual lo hicieran aquel 11 de abril, que enterró a 19 muertos y a 11 vivos.

Testimonios

Johan Merchán, reportero de Televen: "Ese 11 de abril había personal vestido de azul, que empleaban guantes quirúrgicos, que luego nos enteramos que eran efectivos de la academia de la Policía Metropolitana, que los mandaron a sacar a la calle para hacer las veces de paramédicos. Pero luego dentro de los montajes del Gobierno dijeron que estos tipos tenían guantes para no dejar huellas dactilares en las armas y no le quedaran las tranzas de pólvora. Luego ayudé a dos hermanos, ambos fotógrafos: uno chavista y otro opositor del diario Avance (de Altos Mirandinos) y de lo que ahora es la Agencia Venezolana de Noticias, en ese momento Venpres lo ayudamos a trasladarlo a una moto para que fuera asistido. Ahí en Capitolio había un kiosco donde nos protegimos. Elianta y yo nos cruzamos ahí, pero por muy poco tiempo porque ella se abocó a cubrir El Calvario y la zona sur".

Nailett Hidalgo, productora de CMT: "Para protegerme de los tiros, terminé escondiéndome en la jaula de la Policía Metropolitana. Después corrimos hasta que vimos la puerta abierta de un edificio, donde nos instalamos desde para transmitir. Pero desde otras azoteas había francotiradores que nos reconocieron y empezaron a dispararnos. Nos lanzamos al piso y como pudimos llegamos a la máquina del ascensor para protegernos. Pero ya habían herido a nuestro técnico de microondas José Antonio Dávila, quien finalmente fue rescatado por Protección Civil porque el esposo de nuestra colega y amiga Mónica Bellot era el periodista de esa institución. Así fue como lo contactamos par concretar el traslado de José Antonio a un centro asistencial. De regreso al canal me quedé dormida en el carro y cuando abro los ojos, me despierta la punta de una ametralladora en la cara. Eran los hombres de la DIM, que finalmente nos mantuvieron secuestrados dentro de CMT. Nadie podía entrar ni salir hasta el siguiente día. Pero la cadena nacional de Chávez ocultaba lo que estaba pasando en Caracas. Como reporteros vivimos todo lo que pasa en una película".

Rafael Luna, reportero de El Nacional: "Como periodista sentí indignación porque era evidente el interés del Gobierno de acallar lo que realmente pasaba: que la Guardia Nacional, la Disip, la Casa Militar, la DIM y los círculos bolivarianos disparaban impunemente contra la marcha opositora. Puedo asegurar que los metropolitanos, a quienes no conocía ni conozco, con excepción de unos pocos, comenzaron a disparar cuando ya desde el puente (Llaguno) lo estaban haciendo. Y no es que avale el que lo hayan hecho. Mi opinión sobre el particular es que quien mató a alguien, debe ser responsable por ello. Del lado oficialista, nadie ha pagado por lo que hizo. Con respecto a Chávez, opino que será recordado como el peor Presidente del país, responsable de la peor debacle que ha enfrentado Venezuela en su historia contemporánea, incluyendo la práctica de aniquilación de las libertades fundamentales de los ciudadanos".

Elianta Quintero, reportera de Venevisión: "Las únicas imágenes que no han podido desvirtuar son las nuestras, las que recogimos en la Baralt. Ahí están los muertos, es más, en una de esas se muestra cómo bajan uno de los muertos del local Korda Moda y luego apareció después en el teatro Baralt. Alguien lo movió y no sé con qué intención. Los PTJ le llaman 'el muerto que camina'. Creo en que las imágenes que hicimos el 11 de abril todavía siguen siendo la piedra en el zapato del chavismo porque se pueden comprobar muchas cosas que los tribunales no han querido ver; pero ahí están, en algún momento de la vida habrá justicia y saldrán a flote todos los elementos presentes. Cada día que pasa me siento más segura de lo que hice. Lo volvería a hacer (informar), porque ese día, arriesgando mi vida, demostré que amo mi trabajo. Si nos llaman golpistas por decir la verdad, no importa. Seremos golpistas' por siempre".

Año 2003
Marta Colomina: Objetivo de guerra de la revolución

Corría el año 2003. Venezuela se recuperaba del conocido paro petrolero de 2002 que paralizó las actividades económicas de la principal industria del país, Petróleos de Venezuela (Pdvsa), como forma de obligar al presidente Hugo Chávez a rectificar sus políticas de corte socialista. La crispación política, con el paso de los meses, iba en aumento y con ella las expresiones de violencia contra los periodistas y los medios de comunicación social.

El conflicto político dejó a reporteros, camarógrafos y fotógrafos heridos por la acción de perdigones o bombas lacrimógenas, y en otros casos fueron despojados de sus equipos de trabajo como cámaras fotográficas o de video.

Para ese año la ONG Espacio Público, dedicada a la defensa de los derechos humanos, informó que se registraron 186 violaciones al derecho a la libertad de expresión e información. La intimidación, el ataque, la agresión y la censura ocuparon los primeros lugares.

Una de las periodistas afectadas durante ese año fue Marta Colomina, quien el 27 de junio de 2003 (paradójicamente el día del periodista en Venezuela) sufrió un atentado cuando se dirigía al canal de televisión Televen. El objetivo estaba claro: asesinarla. Todo porque su postura crítica contra el Gobierno de Hugo Chávez hizo que la declararan objetivo de guerra de la revolución.

El estilo periodístico de Marta Colomina generó una agresiva respuesta por parte de algunos seguidores oficialistas. Desde el inicio del mandato de Chávez ha recibido calificativos como "fascista, golpista y terrorista", y el Gobierno ha utilizado los medios de comunicación del Estado para acusarla de enemiga de la revolución.

Colomina, con el tiempo, se convirtió en un símbolo de resistencia ante el poder por sus fuertes críticas hacia el Gobierno. Cuando Chávez se convirtió en Presidente esta periodista trabajaba en el circuito Unión Radio y en Televen. Sin embargo, años después las presiones gubernamentales hicieron que los dueños de estos medios la sacaran del aire.

A lo largo de los 15 años del mandato de Hugo Chávez sufrió múltiples atentados. Pero en el caso del 27 de junio de 2003 fue diferente. Ese día un carro con cuatro hombres encapuchados y armas de guerra la interceptó cuando se dirigía, a las 5:00 de la madrugada, a presentar su acostumbrado programa de opinión *La entrevista*.

Según ella el objetivo era dejarla "inservible", para enviarle un mensaje a los periodistas críticos a la revolución. Conseguir una entrevista personal con Marta Colomina no fue fácil.

Concretar un encuentro personal tardó más de tres meses, pero más pudo la insistencia que su apretada agenda. "Somos más fuerte que el odio", expresaron los autores de esta investigación al momento de llegar a su casa cuando "la profesora" (como se le conoce por su larga trayectoria en la docencia del periodismo), abrió las puertas de su casa y amablemente accedió a conversar sobre el atentado que le marcó la vida.

"Mi escolta manejaba mi carro, un Toyota Camry, cuando a una cuadra y media del canal, en la avenida Rómulo Gallegos (Caracas), llega un carro blanco que nos choca y le digo: '¡ay Héctor, un borracho!' Pero él me dice: no profesora, ¡tírese al piso ya!", recuerda.

Ese día, Colomina iba camino a Televen, en el sector Horizonte de Caracas, cuando sorpresivamente un grupo de sujetos lanzó una bombona con gasolina que estalló en el vidrio delantero del vehículo y que por suerte días atrás Colomina había decidido colocarle una capa antimotines a los cristales para evitar que algún impacto de piedras o golpe los rompiera.

En el momento en que la bombona con gasolina impacta con los vidrios del carro el hombre trató de prender un mechero "que por suerte no le encendió (...) me cuenta Héctor (el escolta) que como no le sirvió intentó prender un fósforo, pero él se mira y se da cuenta que está inundado de gasolina y que si nos prendía fuego, él se iba a quemar con nosotros. Total: se fueron. Los otros delincuentes estaban armados", recuerda la periodista.

El relato de Colomina indica que esta agresión parecía estar preparada. No se trataba de inexpertos atentando contra la vida de una persona, sino de grupos especiales entrenados para matar. Sobre este incidente, denuncia: "el único interesado en lastimarme o matarme es el Gobierno de Venezuela", agrega la periodista egresada de La Universidad del Zulia.

Años más tarde, Héctor, el escolta que sobrevivió junto a Marta Colomina al atentado, fue asesinado en febrero del año 2016 para robarle su arma de reglamento en el sector popular Casalta III de Caracas. Héctor Herrera Guillén se convirtió en el funcionario número 17 caído por la delincuencia durante ese año.

Siguieron las amenazas

Calificativos como "terrorista y enemiga de la revolución" han sido proferidos en contra de Colomina, así como por ejemplo funcionarios del alto Gobierno venezolano se han dado la tarea de desprestigiar su trabajo. Diosdado Cabello, para ese entonces ministro de Infraestructura, aseguró que la denuncia de este atentado era una estrategia para "recuperar el rating de mi programa", asegura Colomina.

Además, recuerda que para Cabello su atentado se trataba de una maniobra para culpar a Chávez de lo ocurrido. Incluso en una de las televisoras del Estado dijo sobre Colomina que "... debería estar deportada del país por malagradecida y extranjera indeseable".

A lo que Jorge Luis García Carneiro, ministro de la Defensa para ese entonces, añadió: "...es una señora extranjera que debe guardar respeto por un país que le dio la oportunidad de vivir en él", recoge el informe de Human Rights Foundation titulado "Marta Colomina Periodista perseguida y atacada por partidarios del Gobierno venezolano".

También, la que fue diputada del Partido Socialista Unido de Venezuela y ministra de Asuntos Penitenciarios, Iris Varela, pidió en el seno de la Asamblea Nacional que la Fiscalía iniciara investigaciones contra Colomina para revocarle la nacionalidad venezolana y repatriarla debido a que, según ella, estaba realizando actividades desestabilizadoras a través de sus críticas.

Todos estos argumentos eran proferidos contra ella porque nació en España, pero desde pequeña vivió en Venezuela y adquirió la nacionalidad venezolana cumpliendo con la legislación nacional.

El Gobierno presiona a Televen

Ninguno de los ataques y atentados surtieron efecto sobre Colomina. Mientras más pasaba el tiempo, esta periodista nunca bajó la guardia. Sin embargo, lo que sí pudieron hacer fue sacarla del juego presionando a los dueños de los medios donde trabajaba.

El 4 de marzo de 2005, luego de 9 años de conducir el programa *La entrevista*, Marta Colomina es sacada del aire. En entrevista publicada en el diario El Universal aseguró que el cierre de su programa y su salida de Televen obedecen a un pase de factura del Gobierno.

Afirma que los empresarios del canal fueron presionados durante mucho tiempo y "resistieron hasta donde seguramente pudieron". Ese día Colomina dijo sus últimas palabras antes de terminar su historia en esa pantalla:

"Comprendo las presiones a las cuales están siendo sometidos los dueños de los canales de televisión. Entiendo la obligación de adaptarse al rigor de esta mordaza. A la directiva de Televen agradezco la oportunidad de acompañarlos durante estos 9 años hasta hoy. Lamentablemente el poder del Estado es enorme. El Estado lo puede casi todo: puede moderar, puede contener, puede comprar, puede ablandar y dulcificar, pero amigos no todos estamos disponibles para ese propósito. Entretanto, les seguiremos acompañando por la misma ruta, pero a través de otros medios. Cualquier medio al que tengamos acceso será también de ustedes,

al menos hasta que sea posible, y cuando ya no lo sea entonces sobrarán de nuevo las oportunidades para comprobarle al poder que las noticias vuelan y que las verdades son y serán siempre inocultables".

La conductora de *La Entrevista* recuerda perfectamente estas palabras. Cuenta que los dueños del canal 10 jamás imaginaron que denunciaría la autocensura de Televen desde la propia pantalla del canal, en la emisión de su último programa. Una jugada que le salió bien a Colomina, quien contestó unas preguntas para esta investigación:

- ¿Se imaginó que Televen le diera la oportunidad de denunciar la autocensura del canal desde su propia pantalla?

- Ellos no lo sabían. Yo me estaba despidiendo. Ese era mi programa hasta el último segundo (comenta entre carcajadas). ¿Pero qué iban a hacer, si ya es taba botada? (se vuelve a reír). Pero ciertamente, como dueños de la transmisión si hubieran querido censurar mi denuncia sobre mi salida, habrían cortado la transmisión y no lo hicieron. Eso habla bien de ellos.

- Después de su despido le tocó, de igual forma, al periodista César Miguel Rondón, quien también fue sacado del aire en ese canal...

- A hombres tan inteligentes como César Miguel es lógico que Gobiernos como el de Chávez lo censuren. Pero los dueños de los medios tienen que tomar la decisión de salvar lo que les queda porque las decisiones incómodas las toma el Gobierno.

- ¿Es Televen un medio complaciente?

- Jamás. Televen tiene un noticiero muy digno y el programa de *100 % Venezuela* es un modelo de Periodismo comunitario como una bomba que estalla en la cara al Gobierno. Ahora sale (Nicolás) Maduro a decir que Televen despreciaba a la diversidad sexual, cuando él le ha llamado 'mariposón y marico' a Henrique Capriles cuando le da la gana, ¡por favor! Su rabia es que ha querido intentar varias veces comprar Televen y los Camero (dueños de Televen) se han negado. Esa es toda su rabia.

La pesadilla no terminó aquí

En 2011 la censura continuó. El Gobierno presionó a Unión Radio para sacar a Marta Colomina de su programación diaria. Fue un duro golpe para este circuito radial debido a que se trataba del programa con mayor audiencia. Aun así Colomina es clara al afirmar que la culpa de su salida la tiene el Gobierno, y no Unión Radio. Señala que le tiene un gran respeto a los dueños de esta emisora y es bien clara al admitir que si ella fuera dueña de un medio de comunicación "y tengo a una Colomina en mi equipo tomaría la opción de salir de ella (botarla)".

Pero lo que sí aclara, como forma de reivindicación de su postura, es que ella nunca cambió lo que llama su propia línea editorial "¡porque no me dio la gana y porque esa es mi visión del mundo!". Así dice... y punto.

Al rostro de Colomina se le dibuja una sonrisa cuando piensa en que en Unión Radio siguen las mismas caras de siempre, porque considera que su salida hizo posible que no cerraran este medio. "Ellos (los periodistas, productores, locutores) terminan siendo un muro de contención en momentos particulares".

En este sentido, agrega que en Venezuela los dueños de los medios tampoco pueden admitir que están siendo presionados por el Gobierno porque los cierran.

Venevisión

Para ella la situación que vivió en Unión Radio y Televen no es comparable con el canal privado Venevisión (propiedad de la familia Cisneros). "Venevisión es una vergüenza pública porque el propio Ministerio de Comunicación e Información es el que arma y estructura el noticiero y las preguntas que algunos de sus periodistas hacen durante las entrevistas", revela.

Lo cierto es que la historia, mejor dicho la pesadilla, se volvió a repetir años más tarde. Las razones de su salida de Unión Radio fueron las mismas que la obligaron a abandonar Televen. Una situación que se siguió repitiendo con otros periodistas críticos a la revolución como César Miguel Rondón en el canal 10 o incluso años más tarde con humoristas de esta planta televisiva como Luis Chataing, Álex Goncalves y Manuel Silva.

Amenazas, presiones y chantajes es lo que los medios de comunicación comenzaron a sufrir en el período de Hugo Chávez. A lo largo de su gestión se produjo una paulatina desaparición de figuras críticas. El año 2003 sería sólo el comienzo de lo que significaría la conquista de la hegemonía comunicacional del Gobierno, que en el año 2014 se materializó con la expulsión definitiva de Marta Colomina de El Universal donde era columnista, y desde entonces pasa a ser firma del diario El Nacional. Es así como fue silenciada en prensa, radio y televisión.

Marta Colomina deja algo claro: no culpa a los dueños de Televen ni de Unión Radio de sacarla del aire. Para ella un medio de comunicación tiene que hacer todo lo que esté a su alcance para garantizar la mayor cantidad de puestos de trabajo y seguir transmitiendo. Considera que en Gobiernos como los de Chávez los medios deben hacer lo posible para mantenerse con dignidad, sin renunciar a sus principios. "No es el caso de Venevisión. Pero sí el de Unión Radio y Televen", concluye convencida.

Año 2003
César Miguel Rondón:
"Salí de Televen por razones políticas"

César Miguel Rondón dejó de encajar en la pantalla de Televen cuando Hugo Chávez tenía cinco años en el poder. Su salida fue por razones políticas y no profesionales. "Cuando el río suena es porque piedras trae", dice. Había pasado sólo mes y medio desde que su colega Marta Colomina fue censurada de este canal y él era el próximo en la lista.

Si hubo algún acuerdo entre el Gobierno y Televen para forzar su salida, Rondón lo desconoce, no sabe quién pidió su cabeza ni cuáles fueron las razones exactas. Pero resalta que profesionalmente "no había ninguna razón" para sacar a su programa *30 minutos* del aire. Se trataba de un espacio altamente rentable y que gozaba de credibilidad con una audiencia cautiva.

Su salida fue por razones políticas. Punto. Otro periodista que sale de la pantalla de televisión por su verbo agudo y crítico. Para aquel entonces, Germán Pérez Nahím se desempeñaba como gerente general de Televen y fue bajo su administración que comenzaron a implementarse diferentes modificaciones, vinculadas con la censura.

Rondón recuerda que no se atreve a precisar "qué hilos políticos se movieron" para forzar su salida, pero dice que "dentro de los cambios que hacía Pérez Nahím yo estaba al margen".

Pérez Nahím es un hombre conocido dentro de los medios de comunicación. Su nombre no sólo se asocia a la salida de periodistas críticos de Televen, sino que también se le asocia a querer comprar el canal La Tele en el año 2013 y en medio de esa transición, se eliminaron todos los programas informativos de ese medio de comunicación.

Lo cierto es que con la salida de César Miguel Rondón de Televen desaparecía otro programa de opinión de la pantalla venezolana. Este periodista asegura que quien le da la noticia fue Omar Camero, dueño de Televen: "El programa no seguirá al aire", fueron las palabras lapidarias de este empresario para anunciarle que ya no seguiría trabajando con él.

A César Miguel esta noticia no lo tomó por sorpresa, pero tampoco se esperaba que ocurriera mes y medio después de la salida de su colega Marta Colomina. "*30 minutos* sale de la pantalla teniendo una gran cartera de clientes comerciales, siendo uno de los espacios más rentables del canal después de cinco años de transmisión. *30 minutos* era un programa que estaba vendido todo el año, comercialmente hablando exitoso e intocable, con un ingreso seguro. Sacarme a mí para meter un enlatado era perder esos reales en un momento donde el canal no se podía dar ese lujo de perder clientes y credibilidad", recuerda Rondón.

En algún momento de este incidente trató de hablar con Pérez Naím para entender lo que ocurría y le ofreció ser el ancla del noticiero del mediodía. Este ofrecimiento más que una solución le pareció "un insulto porque mi trabajo siempre ha sido periodístico, de análisis", pero este hecho le sirvió para saber qué tan delicada estaba la situación.

"Pasaron semanas bastante tensas porque de por medio estaban los anunciantes y los compromisos contraídos hasta que al final le pregunto a don Omar (Camero) qué es lo que pasa y me dice que lamentablemente mi programa no iba a continuar". Cuando este señor, que aclara Rondón es muy cordial, planteó la situación en este nivel, entendió que ya no había nada que hacer.

"Era una decisión política y el señor Camero estaba recibiendo una presión muy fuerte para que el programa saliera. Yo no le pregunté quién pidió mi cabeza, pero la verdad es que salí por razones políticas. Muchos nombres se han barajado, pero evidentemente yo no quiero acusar a José Vicente Rangel de mi salida, pero tuvo mucha influencia, así como tuvo muchísima influencia en la venta de la otrora Cadena Capriles, y en todos los movimientos mediáticos", dice Rondón.

César Miguel asegura que no sabe por qué Rangel es tan influyente en la familia Camero, pero señala que se trata del gran operador político del régimen. "No es un problema de la familia Camero. Por parte del régimen Rangel es influyente en muchas áreas. El programa salió no por razones profesionales, ni comerciales, ni porque no le gustara al canal. Todo lo contrario, en Televen jamás me impusieron un invitado, ni me censuraron", vuelve a resaltar.

Lo paradójico es que José Vicente Rangel siempre fue muy cercano a la familia de César Miguel Rondón y fueron amigos de jóvenes. Asegura que nunca nadie del Gobierno le ha intentado sobornar, pero siempre hay una primera vez. Todo pasó cuando Rondón entrevistó a Rangel (a los pocos días de haber ganado Chávez y todavía no se conocía cuál sería su gabinete) para saber qué cosas podían ocurrir, cómo veía la situación y le pregunta: "José Vicente y si te llaman al poder qué vas a hacer", a lo que le respondió: "No César, de ninguna manera, porque nada más alejado del poder que yo". Pero a la semana fue nombrado canciller de la República.

Luego de esta designación, Rondón se da cuenta de que Rangel le mintió. Decide volverlo entrevistar y este le respondió: "Las cosas cambian, porque es un momento especial del país. El presidente Chávez me llamó y no tenía manera de negarme". Fue en esa oportunidad en que "con un tono bien criollo y con sonrisita de medio lado" Rangel le dice a su viejo amigo que "el consulado de Bonaire es bien bueno" (haciéndole la propuesta para que se fuera a trabajar a esta isla de El Caribe). A lo que Rondón le contestó riendo: "yo no buceo, José Vicente, y aquí tengo mucho trabajo".

Con relación a la amistad que tenía desde su juventud con José Vicente Rangel, Rondón no ubica algún punto de quiebre en específico, asegura que "fue una sumatoria de miserias inaceptables. Yo no puedo estar en el mismo cuarto donde esté Rangel. Ahí hay un problema de piel, de dignidad. Además que uno sabe que los hilos del poder los maneja él", cuenta.

"Siempre supe quién era Chávez"

Cesar Miguel Rondón nació en México, país donde su familia se había exilado huyendo de la dictadura del general Marcos Pérez Jiménez. De padrino escogieron al destacado venezolano Andrés Eloy Blanco, quien residía en Cuernavaca que tenía pautado un viaje a la capital que coincidiría con el bautizo de Rondón. Sin embargo, Andrés Eloy Blanco nunca llegó porque murió en un accidente de tránsito.

Toda esta carga familiar marcada por una importante escuela política hizo que desde el 4 de febrero de 1992, día del fallido golpe militar, César Miguel Rondón supiera quién era exactamente Hugo Chávez. "Mis papás trabajaron mucho para tener una democracia, que fue imperfecta pero democracia al fin. Yo vengo criado bajo el pensamiento de que lo peor que nos puede ocurrir es un golpe de Estado porque es el desconocimiento de la voluntad popular", dice Rondón.

Es por esto que la madrugada del 4 de febrero de 1992, César Miguel Rondón narraba indignado lo que estaba sucediendo desde los estudios de Unión Radio. Recuerda que cuando le dicen que el responsable de la sonada era Hugo Chávez supo "desde ese instante quién era verdaderamente".

Chávez nunca lo engañó. A pesar de que como candidato presidencial en 1998 se vendía como un tipo simpático y risueño -y que los medios de comunicación estaban convencidos de que sería un Presidente que podían manejar a su antojo, a Rondón nunca lo envolvió.

"El señor Bulton le prestaba sus aviones convencido que tendría una cuota de poder, lo que no sabía es que lo iban a mandar al cipote (como en efecto ocurrió). Cisneros (dueño de Venevisión) estaba convencido de que el presidente de Comisión Nacional de Telecomunicaciones (Conatel) lo iba a poner él, pero no fue así. Lo mismo ocurrió con El Nacional. Ahí es donde viene un profundo desengaño porque Chávez no era en lo más mínimo otro candidato. Pero yo sí lo supe desde el 4 de febrero de 1992, cuando se alzó en armas", dice.

Rondón recuerda que cuando Chávez llegó a la presidencia lo hace sobre una tierra arrasada de los partidos políticos, porque estaban acabados y llega de luna de miel con el país. "Hasta entonces poco se sabía que era un tipo militar, autoritario, arrogante y los periodistas empezamos a hacer el trabajo que siempre hemos hecho, porque somos unos críticos impertinentes. Es ahí cuando Chávez la agarró con los periodistas porque fueron los únicos que le llamaron la atención".

Poco antes del 12 de abril de 2002 se realizó un evento en el antiguo Hotel Caracas Hilton donde habló Miguel Henrique Otero por la prensa; Alberto Federico Ravell, en representación de la televisión, y César Miguel Rondón como portavoz de la radio, quienes se dirigieron a Chávez para decirle que los periodistas no eran sus enemigos "y que ninguno de nosotros tenía intenciones de sustituirlo pero él tenía una arremetida contra medios y periodistas".

Sin embargo, Rondón se detiene y hace una crítica a su gremio: "Lo peor es que algunos periodistas cayeron en un terreno pantanoso donde muchos medios funcionaron más como un partido político que como medio de comunicación y donde muchos comunicadores funcionaron más como dirigentes políticos que como periodistas. No voy a citar los casos, ustedes ya los conocen", dice con prudencia Rondón a los autores de este libro.

Toda esta reflexión la hace porque vuelve a su punto original: "yo no tenía por qué enemistarme con el dueño de Televen, ni con el señor Camero, ni con los venezolanos que no son responsables de la desgracia que estamos viviendo".

Para él, "cada uno tiene la responsabilidad de tener un país vivible, que sea digno y esperanzador para él, para sus hijos, para sus nietos donde pueda tener un mínimo de progreso, hacer riquezas, tener estabilidad, que fue lo que caracterizó los 40 años de democracia".

Es por esto que para Rondón los venezolanos están obligados "a unir fuerzas y cuando todo esto se acabe, porque esto va a pasar algún día, se exige del esfuerzo mancomunado de los venezolanos: chavistas, adecos, independientes de Bandera Roja, de los que tú quieras. Hay que perdonarnos. Claro, hay 100 o 200 personajes que tienen que ser castigados. Pero más allá de esto, la visión de los periodistas tiene que estar marcada por la amplitud. Los periodistas somos voz y visión de un colectivo. Uno de los daños más grandes que nos ha hecho este Gobierno es llenarnos de rencor".

Es de esta manera como César Miguel Rondón le dedica unas palabras a los autores de esta investigación y a la nueva generación de periodistas: "No pueden darse el lujo de ser jóvenes, ni de ser ingenuos ni inocentes. Ustedes son una generación de guerra, como la generación de la postguerra europea. Les han de tener mucha envidia, porque a la edad de ustedes yo era un muchacho feliz que podía ocuparse de muchas cosas. El porvenir es de ustedes de una manera maravillosa".

Año 2004
Patricia Poleo:
La primera periodista que se fue al exilio

Tenía 39 años cuando huyó de Venezuela y pidió asilo en Estados Unidos. Al momento de contestar la entrevista cumplía 51 y sus condiciones eran las mismas: seguía siendo una perseguida política y su caso aún permanece abierto en los tribunales por presuntamente ser la autora intelectual del asesinato del fiscal Danilo Anderson.

Patricia Poleo es la primera periodista venezolana que se fue al exilio durante el Gobierno de Hugo Chávez por razones políticas. Su pesadilla comenzó el 18 de noviembre de 2004, cuando el carro que conducía Anderson explotó producto de un dispositivo C-4 colocado debajo de su asiento. La calle por donde transitaba entró en llamas y en ella murió el fiscal que investigaba a más de 400 personas acusadas de presuntos asesinatos cometidos durante el fallido golpe de Estado de abril de 2002.

Después de su muerte las autoridades venezolanas, a través del exfiscal general Isaías Rodríguez, iniciaron investigaciones en las que identificaron a dos exagentes de la policía presuntamente comprometidos con el homicidio: Otoniel y Rolando Guevara.

Posteriormente, las pesquisas arrojaron la aparición de Giovanni Vásquez de Armas, un antiguo miembro confeso de las Autodefensas Unidas de Colombia, quien se convirtió en el testigo estrella para incriminar a Patricia Poleo en el asesinato de Danilo Anderson.

El 29 de agosto de 2005 Vásquez declaró en tribunales que había participado en diversas reuniones para planificar ataques en contra de altos miembros del Gobierno venezolano. En sus declaraciones afirmó haber recibido 12 kilogramos de explosivos C-4 en Cartagena, Colombia, que se los entregó a los hermanos Guevara. Vásquez afirmó que la periodista Poleo había participado en las reuniones como autora intelectual del crimen.

Sin embargo, la persecución contra Patricia Poleo no empezó ese día. Meses antes, en enero de 2005, una comisión de ocho funcionarios del Cuerpo de Investigaciones Científicas, Penales y Criminalísticas (CICPC), allanaron su residencia por solicitud de la Fiscalía. El procedimiento tenía como objetivo buscar documentos que revelaran la fuente que le suministraba las actas policiales sobre el asesinato de Anderson.

Con estas actas se iba develando una red de extorsión que presuntamente manejaba el fiscal, en la cual se detallaban los nombres de las personas a quien le pedía dinero para evitar que los investigara. "Me allanaron porque según el Gobierno tenía acceso a información demasiado exacta. Lo que querían saber era quién me estaba dando esa información", cuenta Patricia Poleo desde el exilio.

En pocas palabras: "me allanaron por decir la verdad". No tenían que buscar muy lejos: "las actas policiales las filtraron los mismos policías para evitar que el caso se desviara", asegura Poleo. Ellos sabían del interés que tenía el Gobierno en cambiar los hechos y la mejor forma de blindarse era ir publicando la información que arrojan las actas, recuerda. Sin embargo, la periodista nunca reveló los nombres de quién filtró esta información y el Gobierno se quedó con la duda.

Poleo no era la única que estaba publicando información sobre el asesinato de Anderson. Diferentes medios de comunicación hacían lo mismo y fue gracias al trabajo de ellos que se revelaron inconsistencias en las pruebas y declaraciones de Giovanni Vásquez de Armas, el supuesto testigo estrella del Gobierno.

De este señor se vio y se dijo de todo. Primero se mostró como un supuesto médico psiquiatra colombiano, luego como un trabajador del Departamento Administrativo de Seguridad (DAS) de Colombia y por último un integrante del Bloque Norte de las Autodefensas.

Con el tiempo, las caretas se fueron cayendo. El propio abogado de Giovanny Vásquez, Morly Uzcátegui, informó que su defendido había recibido 500.000 dólares en efectivo por parte de representantes del Gobierno venezolano para participar activamente en el montaje del caso de Danilo Anderson. Semejante historia parecía inspirada en un *thriller* de Hollywood.

Giovanny Vásquez también se hizo pasar como agente del FBI, instructor de artes marciales y profesor de lenguas en un colegio de monjas hasta que fue descubierto. Toda esta estafa le causó estar en una cárcel en Santa Marta (Colombia) donde estuvo preso entre el 22 de agosto y el 18 de diciembre de 2003, lo cual hacía evidente que no había asistido a las supuestas reuniones donde se habría planificado el crimen de Anderson.

Tiempo después, Vásquez de Armas aseguró que mintió e incriminó a Patricia Poleo en el asesinato de Anderson producto de un soborno por parte del Gobierno venezolano y afirmó que nunca había conocido a la periodista.

Sin embargo, ya era tarde. El Gobierno venezolano no dudó en acusarla de autora intelectual y su exilio fue inevitable.

Desde el exilio

Patricia Poleo sigue en el exilio. Nunca pensó que el 4 de noviembre de 2005, día en que emiten la orden de captura en su contra, sería la última vez que estaría en su casa. Ese día salió, como de costumbre, a dar clases en la Universidad Santa María (USM) en Caracas cuando uno de sus alumnos la sorprendió y le dijo: "te tengo que sacar de aquí. Te mandaron a detener".

Eran las 7 de la noche, un viernes... "Salí de mi casa y no volví más nunca", cuenta.

Poleo estuvo en la clandestinidad un mes. Ese tiempo le dio la oportunidad de pensar sobre qué acciones debía tomar. Le hacía falta su hija, una pequeña de 11 años para aquel entonces, y que después estudió Periodismo en la ciudad de Nueva York, gracias a una beca que se ganó por alto rendimiento académico.

Durante ese mes, cuenta Poleo, pudo seguir de cerca las declaraciones que hacían las autoridades venezolanas sobre su caso. Escuchó y vio de todo. Pero lo que le hizo tomar la decisión de irse del país fue cuando el entonces fiscal general, Isaías Rodríguez, aseguró que Poleo dejaba a una doble en Caracas mientras viajaba a planificar los crímenes.

Poleo cuenta que cuando oyó "esa locura" decidió irse del país. Gracias a un coronel activo de las Fuerza Armada logró huir de Venezuela vía Curazao y de ahí voló hasta Estados Unidos. A su hija la lograron sacar del país gracias a un amigo empresario que la llevó en su avioneta privada para encontrarse con su madre.

El coronel que la ayudó a escapar sigue en Venezuela, pero ya está retirado de la carrera militar. Años después considera que fue la mejor decisión. "Uno no se pone en las manos del enemigo". Sin embargo, han sido días oscuros y difíciles en los que por ejemplo asesinaron al papá de su hija. El móvil del crimen nunca quedó claro, pero Gastón Rodríguez murió de 18 puñaladas. Poleo no perdona no haber podido acompañar a su hija en un momento tan duro como ese.

Asegura que no olvida a quienes le hicieron daño. Recuerda cuando vio por televisión al taxista que había declarado ante tribunales decir que él la había llevado a una de las reuniones donde supuestamente planificó el crimen, pedirle perdón y reconocer que todo lo que había dicho era mentira. "Me llené de rabia. Era la prueba de que te hicieron un montaje y no podía hacer nada".

Sin embargo, no todo ha sido oscuro. Todo lo contrario: su hija le da razón y justificación a cada una de las decisiones que ha tomado en el exilio. Sus ojos se llenan de brillo al recordar cada momento importante que ha vivido a su lado: cuando se desarrolló, cuando se graduó de bachiller, cuando fue aceptada en la universidad, cuando se mudó de ciudad. "Si hubiese estado presa nada de esto lo hubiese vivido", dice.

A nivel profesional tampoco se quedó estancada. Poleo siguió ejerciendo el Periodismo y descubrió que estando afuera de Venezuela era más fácil acceder a las fuentes "porque la gente perdía el miedo al saber que nadie me perseguía, que nadie me intervenía los teléfonos".

Vinculación con Danilo Anderson

Patricia Poleo cuenta que nunca conoció al fiscal Danilo Anderson. Explica que para el año en que fue emitida su orden de captura el Gobierno ya había ordenado otros juicios contra ella y todos los había enfrentado.

Antes de ser acusada de asesina vivió persecuciones y prohibiciones de salida del país. Recuerda que lo más difícil "fue explicarle al mundo que lo que hacían conmigo se trataba de una política de Estado". Era difícil porque fue la primera periodista exiliada durante el Gobierno de Hugo Chávez. No había más casos ni otras comparaciones. Su caso en ese momento era único: una periodista venezolana acusada de asesinato.

Poleo señala que ha visto cómo periodistas que en su momento condenaron el exilio y criticaron su decisión, ahora están buscando opciones en el exterior: "Como Carla Angola", dice.

Asegura haber visto mucha agua correr. "Cuando todo esto me pasó la situación en Venezuela estaba en pañales y los organismos de seguridad no estaban tomados totalmente por los cubanos. A mí me ayudaron funcionarios de la Disip, de la PTJ y oficiales activos para que el Gobierno nunca me encontrara. Ahora todo esto es más difícil porque hay venezolanos que delatan y los cubanos tienen años haciendo trabajo de inteligencia en el país", cuenta. Su testimonio concuerda con los "patriotas cooperantes", que según Diosdado Cabello son las personas que informan y pasan la información del adversario.

Sin embargo, para ella el tiempo que lleva fuera de Venezuela no le ha hecho pensar en echar raíces en otro país. Todavía no se ha hecho ciudadana norteamericana ni está en sus planes hacerlo. "Mi concepto es que estoy afuera por un tiempo, aunque sea largo. Yo sé que voy a volver a Venezuela".

Con la familia de Danilo Anderson tampoco ha tenido mucho contacto en todo este tiempo, pero en el tercer aniversario de la muerte del fiscal habló con dos de sus hermanos que nunca creyeron la versión del Gobierno. "Se solidarizaron conmigo, me dijeron que estaban claros que yo no tenía nada que ver con esto", cuenta Poleo.

Para ella el asesinato de Anderson está claro: José Vicente Rangel está detrás de todo. "Todo apunta hacia él". Una acusación en que la periodista vincula a nada menos que al vicepresidente de la República de esa época. Se trata de una de las personas de mayor confianza e influencia que tuvo Chávez.

Rangel fue canciller, ayudó a Chávez en las relaciones con los países miembros de la OPEP para concretar acuerdos comerciales entre naciones; fue ministro de la Defensa (siendo el primer civil en ejercer este cargo), también fue vicepresidente y tuvo una participación determinante para resistir durante el golpe de Estado que sufrió Chávez en el año 2002.

Páginas atrás también se le asocia a la salida de Teodoro Petkoff de El Mundo, y Marta Colomina y César Miguel Rondón de Televen, con acusaciones que ocurrieron *off the record* o con las grabadoras apagadas. Definitivamente, el gran operador político en la relación del Gobierno con los medios privados. Patria Poleo, entretanto, explica que Rangel fue el primero que llegó a la escena del crimen de Anderson.

Agrega que unos funcionarios de la Dirección General Sectorial de los Servicios de Inteligencia y Prevención (Disip), ahora Sebin, que trabajaban con él fueron hasta donde ocurrió el atentado horas antes para ordenar a los comercios y vecinos a cerrar temprano y desalojar las calles porque según había un operativo especial. "Todo muy raro", recuerda.

Vivir sin odio

Patricia logró perdonar, pero no olvidar. Al menos así asegura vivir. "No olvido a quienes me hicieron daño, pero todo lo dejo en manos de Dios y no voy a mover un solo dedo para vengarme de nadie", asegura.

De Isaías Rodríguez no tiene mucho que comentar: "su vida no puede terminar bien". No lo dice en son de amenaza, lo dice porque durante su exilio ha visto la muerte "horrible" que tuvo Chávez producto de un cáncer. Vio también la de la dirigente popular Lina Ron, la del exministro Willian Lara y el exdiputado Luis Tascón. "Todos personas que le hicieron mucho daño a Venezuela".

Para Patricia, a Rodríguez tampoco le puede esperar un final feliz "después que ha hecho tanto mal a personas inocentes". Incluso asegura que "se ganó un karma negativo muy grande. Ese señor mintió y actuó en contra de la posibilidad de saber quiénes habían sido los homicidas de Danilo. Todo lo que me hizo fue fabricar una historia para desviar la atención sobre quiénes verdaderamente cometieron el crimen".

Aún así, esta periodista pone su mirada en el firmamento y sueña con reivindicar su profesión. Poleo desea con volver a dar clases en la universidad y contribuir con que el Periodismo vuelva a ser lo más equilibrado posible.

Mientras tanto, Patricia Poleo se mantiene viva en el ejercicio del oficio a través de su canal de Youtube *Factores de Poder*, con más de 298.000 suscriptores y publicaciones diarias.

"El Periodismo tiene que volver a ser Periodismo en Venezuela. Los que hicimos Periodismo en esta crisis tenemos que retirarnos y darle paso a una nueva generación que tiene el reto de ser excelente", concluye.

Año 2004
Le llegó la hora a Circuito X

El año 2004 significó una efervescencia en la relación de Chávez y los medios privados ante una nueva amenaza: el proyecto de Ley de Responsabilidad Social en Radio y Televisión (Ley Resorte), que finalmente se aprobó. Era un momento de contrastes. Por una parte, el gremio celebraba el aniversario del periódico más longevo del país, el diario El Impulso del estado Lara, que arribó en esa fecha a sus 100 años, y por otro lado se enfrentaba a más agresiones a medios críticos como Venevisión y El Universal.

Asimismo, para aquel año grupos simpatizantes del chavismo seguían atacando a la prensa robando equipos y causando destrozos en las sedes de los medios Así es la Noticia, El Nacional y RCTV. A esto se suma la ausencia progresiva de periodistas de verbo crítico como Fausto Malavé, conocido por su trabajo en Venevisión en la década de los 90, pero cuya salida del espectro radioeléctrico ocurrió en la radio y después en la televisión.

Por eso, en víspera del referéndum revocatorio del 15 de agosto de 2004, Circuito X transmitió un micro que favorecía abiertamente la opción del sí, para que Chávez fuera revocado de su cargo por la vía constitucional, con un material que simulaba una transmisión oficial donde se decía que Chávez había perdido. Ese audio fue hecho en junio 2004, dos meses antes del referéndum. Y fue transmitido dos o tres veces por día entre 6:00 y 8:00 de la mañana en todo el país entre junio y agosto, hasta dos días antes del referéndum, explica Fausto Malavé, quien participó en la producción del citado micro.

"Nos despedimos en mi programa ese viernes 13 de agosto de 2004 como siempre, ese día en específico llamando a votar en el referéndum de ese domingo. Para nuestra sorpresa ese domingo a las 2 y tanto de la tarde, el Gobierno convocó a una alocución en cadena nacional denunciando una supuesta conspiración para desconocer los resultados del referéndum y citaban mi grabación como supuesta prueba. Algo totalmente descabellado pues era un hecho público y notorio la transmisión de ese audio durante los dos meses previos al día del referéndum", explica el periodista.

Para Malavé las conspiraciones son eventos secretos, que si se revelan dejan de ser exitosas. Por tanto no tendría asidero las acusaciones del Gobierno contra Circuito X, plantea. "Conclusión: tras esa alocución en cadena nacional en la voz del entonces presidente del Consejo Nacional Electoral (CNE), Francisco Carrasquero, y del entonces vicepresidente del organismo, Jorge Rodríguez, Circuito X fue presionada", asevera.

"Los directivos de la X me llamaron para decirme en una reunión, que se dio dos días después, que no podía seguir con la línea periodística que había tenido hasta entonces porque ellos no se iban a arriesgar a perder la concesión por mi culpa. Y que me iban a dar 15 días de vacaciones forzadas para que yo replanteara el formato del programa".

Un planteamiento que no gustó al comunicador social, quien emplazó a la emisora a asumir el costo de su petición. Fue así como Fausto decidió retirarse. "Ellos querían que yo hablara del clima o cultura, pero yo no podía aparecer después de lo que había pasado haciéndome la vista gorda. Eso iba contra mi ética. Me dijeron que lo pensara mejor porque teníamos más de diez clientes en juego y yo respondí que no pensaba que fuera a cambiar mi posición. Y así fue", detalla el ancla de noticias, quien poco antes había vivido una situación parecida en Televen con el programa ¿Quién tiene la razón? donde tenía libre albedrío.

"En el interín Televen me ofreció la oportunidad de desarrollar ese proyecto que en pocos meses me dio grandes satisfacciones y a la vez grandes decepciones. Por un lado tuve plenas libertad de producción, y por eso tuvimos desde Carlos Andrés Pérez en su casa en Nueva York hasta, también los polémicos personajes de Iris Varela y Lina Ron, figuras emblemáticas del chavismo. Pero luego vinieron las presiones, y eso hizo que el programa se desdibujara. Y fue así como ninguna de las partes tuvo interés de renovar para una segunda temporada. Creo que eso le dolió más a Televen que a mi equipo, porque con ese programa el canal 10 logró récords históricos de audiencia", repasa Malavé finalmente censurado en radio y televisión.

A Fausto las presiones le llegaron por todos lados. Primero en televisión, después en la radio. Su trabajo ya no era bien recibido ni en Circuito X ni en Televen. Cada vez hacer Periodismo libre e independiente tenía más enemigos y menos amigos por lo que decidió irse de su país.

"En una entrevista con la revista Estampas dije que no quería regresar a Venezuela porque el país que dejé no es el mismo de hoy. Me fui porque sentía que mi pasión, que es el Periodismo, ya no tenía espacio donde respirar con libertad. A mis 21 años, el arquitecto Fruto Vivas me enseñó una frase que siempre recuerdo: 'quien no vive como piensa termina pensando como vive'. Créeme que nunca voy a dejar que me pase lo segundo. Quiero vivir siempre como me lo dicta mi pensamiento. Y no como me lo dicte un Gobierno", concluye el periodista venezolano, quien desde 2007 pertenece a las filas de Telemundo.

Año 2007
RCTV: El primer "No" a Chávez

"¡No habrá nueva concesión para ese canal golpista que se llamó Radio Caracas Televisión! ¡Venezuela se respeta!" Hugo Chávez. 28 de diciembre de 2006.

Radio Caracas Televisión (RCTV) siempre se caracterizó por su editorial de denuncia frente las fallas o excesos de algunos Gobiernos de turno, y el de Hugo Chávez no fue la excepción. Por eso, vestido de militar un día de los inocentes, anunció la no renovación de su concesión. Si alguien esperaba la aclaratoria de una broma alegórica a la fecha, ese momento jamás llegó.

Cristina Marcano, coautora del libro *Hugo Chávez sin uniforme*, no pasa inadvertidos estos códigos. "El traje de militar para anunciar el cierre de RCTV era una manera de comunicar el combate contra los medios. Chávez era un gran guionista. Era un tipo que preparaba el set, preparaba el escenario. Tampoco fue casualidad decir esto un día de los inocentes. Él vivía de la polémica, buscaba que lo amaran u odiaran, pero que lo tomaran en cuenta desde su afán protagónico. Siempre buscaba ser la noticia", observa Marcano, quien también fue periodista de El Nacional y El Diario de Caracas.

Pero esta no sería esta la primera vez que RCTV sería cerrado. La historia se le adelantó a Chávez en 1976 cuando el expresidente Carlos Andrés Pérez castigó a la televisora con cierre temporal de 72 horas por revelar detalles del secuestro en Venezuela del empresario estadounidense William Niehous.

A este mandatario le siguió los pasos su par Luis Herrera Campins, quien reeditó el castigo en 1980 por "narraciones sensacionalistas y relatos poco edificantes" en un reportaje que mostraba la precariedad de un psiquiátrico del estado Vargas en el emblemático programa *Alerta*.

Ambas medidas vinieron de la misma IV República de la que Chávez juró diferenciarse en su oferta electoral de 1998. Se debatió mucho si la decisión del jefe de Estado fue un cierre o no renovación de concesión (como alegaba el chavismo).

Cerrado o no, renovada o no su concesión, RCTV salió del aire. El canal del grupo 1BC fue ultimado en señal abierta a las 11:59 pm del 27 de mayo de 2007, abriendo un debate sobre la continuidad de los medios en verdaderas democracias. Su pantalla se apagó con las notas del himno nacional como protesta, en la voz y el rostro de su personal técnico, administrativo, operativo, periodistas y artistas. La estrofa del himno "gritemos con brío: muera la opresión" empezaba a cobrar sentido.

Pasadas las 11:10 de la noche de ese 27 de mayo, el noticiero del canal *El Observador* se despedía de su audiencia en la que sería su última transmisión en vivo, con imágenes de las protestas de la sociedad civil. La arremetida de la Guardia Nacional contra los manifestantes fue contundente, con bombas lacrimógenas, ballenas y demás equipos antimotines.

"¡No al cierre!" se escuchaba como sonido ambiente, con olor a rabia y caucho quemado que desprendían los disturbios que ocurrieron más temprano en Caracas, presentados en los reportes finales de Jofrana González, Junior Acosta, Francia Sánchez, Alejandro Tastes, José Pernalete y María Elisa González: productores y reporteros todos, que cerraron con lágrimas e impotencia la información que los convertía a ellos en su propia noticia.

Por nombre y apellido invitaron a colocarse a su lado a los camarógrafos, asistentes y técnicos para hacer frente a la censura y despedir unidos, como equipo, la transmisión más importante de sus carreras, y la más emblemática de ese noticiero en más de medio siglo: la de su propio cierre.

"Permaneceremos en la memoria y los corazones. Regresaremos para seguir al lado de ustedes", prometió sin saber hasta cuándo la reportera Yanitza León, que transmitía desde las afueras del canal en el sector Quinta Crespo, cuando faltaban casi 37 minutos para que la señal desapareciera ante la mirada de todo un país y medios internacionales.

Con pase en directo al estudio del Centro Nacional de Noticias de RCTV ya era propicio el momento para despedirse, en la narración final de los anclas Valeria Murgich y Pedro Guerrero. "¡Si Dios quiere, y va a querer, seguiremos trabajando por ustedes!", concluyó Murgich a las 11:17 pm, con el cierre inminente de *El Observador* en señal abierta.

Debate infértil

Al debate por ponerle un nombre a lo que pasó con RCTV (si era cierre o no renovación de la concesión) le siguieron otras diferencias en la opinión pública que activaron la creatividad e ingenio del Gobierno. Por ejemplo, la inseguridad no era un hecho, sino una sensación generada por los medios; apagones nacionales que no eran atribuibles a la Corporación Eléctrica Nacional sino a la fauna silvestre (iguanas y zamuros); fueron algunos de los informes oficiales del Gobierno que acompañaron al "no le llame cierre, sino no renovación de concesión", y que politizaron en Venezuela hasta la lógica y el sentido común. La incongruencia era parte del discurso oficial.

Para el periodista Vladimir Villegas cada concepto merecía una lectura distinta, señaló en un artículo de opinión publicado el 2 de enero de 2007 en el diario El Nacional, donde recalcó "que la potestad del Estado en cuanto a otorgar, no renovar o retirar la concesión es un mero saludo a la bandera".

Continuaba en su artículo: "como si el derecho a usufructuar ese espectro perteneciente al Estado y a todos los venezolanos fuese el resultado de una decisión divina, eterna, inapelable, y no la consecuencia de un acto propio de un Estado de Derecho, donde el beneficiario de una concesión está obligado al cumplimiento de la ley. Entrando en otro aspecto del problema, es imperativo repetir que un canal de televisión, por muy privado que sea, opera con un permiso o concesión estatal, y debe ceñirse a la normativa constitucional y legal del país", resume las palabras de Villegas contra RCTV.

En España también se justificó la medida de Chávez. Para Luís Alegre, profesor de Filosofía de la Universidad Computense de Madrid, la libertad de expresión en Venezuela no estaba en tela de juicio.

Al ser cuestionado por la televisora Antena 3 sobre el caso RCTV, criticó a los medios españoles por mencionar como un cierre lo que él interpretaba como la no renovación de un permiso. Incluso la periodista Indira García, quien lo entrevistó en ese instante, planteó su pregunta en esos términos: "¿Es democrático cerrar un canal de televisión?".

A lo que Luís Alegre respondió: "La pregunta está mal formulada. No se ha un canal, se le ha agotado la licencia", replicó el profesor. Su compañero del panel, también filósofo y docente de la Computense Carlos Fernández acotó:

"Lo interesante es saber por qué están mintiendo al unísono todos los medios españoles. ¿Por qué están tan de acuerdo desde el Grupo Prisa, pasando por El Mundo, hasta Televisión Española?", señaló el autor del libro *Comprender Venezuela, pensar la democracia*, quien también cuestionó a la periodista Indira García, de Antena 3:

"Eso que ha dicho usted de que el 80 % de la población venezolana está en contra del cierre de esta televisión, nadie puede creerse eso porque por sentido común es imposible. Eso sencillamente es mentira. Si Chávez tiene el apoyo electoral que tiene es completamente imposible que el 80 % esté en contra de esto. Es una cuestión de sentido común".

Siete meses después de esas palabras y del cierre de RCTV, el mandatario venezolano perdió por primera vez en la historia su primera elección, con el referéndum de Reforma Constitucional que planteaba su reelección indefinida. La moraleja es tan obvia que se explica por sí misma.

Pero Chávez mandó "al carajo" a todo aquel que no estuviera de acuerdo con su decisión. "¡Que se vayan largo al carajo los representantes de la burguesía internacional (...) bien largo al carajo los mandamos desde las calles de Venezuela. Este es un pueblo libre!", replicó un violento Chávez en un acto de masas, 6 días después del cese de transmisiones de RCTV ante una multitud que respaldó esa medida.

Hablan los trabajadores

Anahís Cruz, periodista de RCTV egresada de la Universidad Cecilio Acosta, señala que por naturaleza los periodistas no están formados para ver cerrar medios de comunicación.

"En las clases de Ética y Legislación en Periodismo no había un contenido asociado a ese tema. Ningún periodista está formado para que el medio donde trabaje sea cerrado. En las ciencias de la comunicación, las frecuencias radioeléctricas son estudiadas como elementos multiplicadores de información y no como instrumentos para condicionar editoriales de medios incómodos para un Gobierno", expone la periodista.

A su juicio, Chávez se desconectó de una parte del país, tal vez chavista, pero conectado con el canal por su oferta de entretenimiento. "A RCTV lo veían también por la Radio Rochela y las telenovelas, quizás eso no lo entendió el Presidente.

Al tener la posibilidad de encadenarse por radio y televisión las veces que quería, no le hacía falta nuestra señal. Pero su ansiedad de dominio lo llevaba a quererlo todo. Su intención no era fundar Tves, sino cerrar RCTV. Si tuviera que recordarlo de alguna manera a través de su relación con los medios sería como un dictador, ¿elegido por votos?, sí. En Cuba también hay elecciones", sentencia Anahís Cruz, corresponsal de Radio Caracas Televisión en los estados Aragua y Zulia.

Para Valentina Párraga, escritora de dramáticos de RCTV, la responsabilidad del cierre del canal tenía rostro, nombre y apellido: el de Hugo Chávez. En un comunicado firmado por ella en mayo de 2007 escribió:

"Comandante, ya no es más el protagonista de esta historia. Es el villano... Por lo tanto, no merece usted quedarse con la protagonista, una mestiza hermosa y buena llamada Venezuela. Ella sabrá al final buscar su propio destino feliz y usted tendrá uno de los cuatro finales típicos para los malos de los culebrones: la muerte, la cárcel, la locura o el olvido. Es lo justo. Y de justicia sí sabemos los venezolanos, porque crecimos viendo telenovelas...", redactó la autora de las telenovelas *Trapos Íntimos*, *Viva la Pepa* y *Carita Pintada*.

La industria de dramáticos, por la que era reconocida Venezuela fuera de sus fronteras, se vio afectada con el cierre de RCTV, conocida internacionalmente por obras como *Cristal*, *La Mujer de Judas*, *La Usurpadora*, *Mis 3 Hermanas*, *Toda una Dama*, *Leonela*, *La Inolvidable*, *Mi Prima Ciela*, *Abigaíl*, *Mi Gorda Bella* y *Kassandra*.

Esta última logró hacer un alto al fuego en la guerra de Bosnia y obtuvo un Récord Guiness como la telenovela más vendida del mundo. De los libretos originales de RCTV fue inspirada la serie norteamericana *Jane the Virgin*, ganadora de un Globo de Oro y adaptación de la obra original de esta casa *Juana la Virgen*.

A juicio de Carolina Acosta Alzuru, investigadora de la Universidad de Georgia (Estados Unidos) y autora del libro *Telenovela adentro*, cuando desaparece RCTV los otros canales comenzaron "a autocensurarse, y las historias van perdiendo contemporaneidad, lo que las disminuye cuando salen al mercado externo a competir. Hoy, no es un negocio hacer telenovelas. Muchos canales están más pendientes de no molestar al Gobierno que del *rating*", respondió al periodista Néstor Luis Llabanero de la revista Estampas.

Rechazo internacional

La medida de Hugo Chávez generó impacto a escala internacional. Para el diario La Nación de Argentina, "la concesión de la frecuencia radioeléctrica no puede ni debe servir para premiar o castigar a los medios de comunicación por su línea editorial. Es evidente, entonces, que el presidente Chávez está abusando de la autoridad regulatoria del Estado para castigar a un medio de comunicación por su posición crítica frente al Gobierno. Esto constituye un serio retroceso para la libertad de expresión, que algunos Gobiernos intolerantes se encargan de atacar con medidas que en nada coinciden con una sociedad democrática", redactó La Nación en una editorial, resolviendo el tema de la no renovación de concesión como trasfondo de un cierre arbitrario.

Nada fácil, pues, entender el binomio Chávez-RCTV, que asoma al canal como la contraparte de un cierre que quizás pudo evitarse, de haber propuesto o aceptado –bajo protesta- ciertas condiciones que mantuvieran el canal a flote. Esto con el objeto de sacrificar unos espacios para mantener otros, ante la posibilidad irremediable de perderlo todo. Al final los medios son más útiles abiertos que cerrados.

De esta manera piensan algunos periodistas, incluso críticos a Chávez, cuyos nombres pidieron no ser revelados para esta investigación. Ellos explicaron que en nombre de la libertad de expresión RCTV cometió excesos, con programas de encendido verbo político.

Al respecto, señalan que RCTV podía conservar su línea independiente con programas como *Alerta, A Puerta Cerrada, El Observador* y *Habla la Calle*, orientados a la denuncia informativa y el Periodismo de investigación. Y sacrificar programas que, por su elevado tono, haría recibir al canal el mismo tratamiento de un partido político.

"RCTV era un partido político y Marcel Granier quería ser Presidente. No mencionaré el nombre de esos colegas, pero ustedes saben quiénes son esos que hacían de sus programas un espectáculo poco serio, nada profesional. Y saben también quiénes eran esos colegas que al frente de esa pantalla se caracterizaban por hacer un Periodismo frontal, de denuncia, pero como periodistas, no como políticos", coincidieron dos conocidos periodistas consultados para este libro, cuyos nombres pidieron no ser mencionados.

Al respecto, en un intento de conocer la versión de Marcel Granier sobre estas afirmaciones y su opinión de lo ocurrido con el canal de televisión que dirigía nunca se pudo concretar una entrevista. No bastaron los correos electrónicos, ni las llamadas a su asistente. Tampoco la visita al despacho del propio Granier, quien dijo a los autores de esta investigación que respondería a sus preguntas por un correo electrónico que se le envió, pero nunca llegó de vuelta. Este libro se queda sin la versión institucional de RCTV, en la vocería de Marcel Granier.

Chavismo crítico

Pero fuera cual fuera el escenario Laura Castellanos, reportera de RCTV para la época, señala que la decisión de Chávez era inapelable y que alrededor de él hubo críticas veladas desde la alta dirigencia chavista. La más alta, por cierto.

"Willian Lara, ministro de Comunicación e Información de aquel momento, no le parecía conveniente cerrar el canal. 'No hay forma ni manera de convencerlo de no cerrar RCTV', me dijo Willian con relación a Hugo Chávez. También me mencionó el caso del diputado oficialista Carlos Escarrá y José Vicente Rangel que mediaron para que el canal no fuera cerrado. Todos coincidían que Chávez estaba obcecado con Marcel Granier. No había manera de negociar nada, porque era algo personal".

"Carlos Escarrá también me insistía que, como de alguna manera RCTV apoyó al Presidente en sus inicios y hasta creó un poco la leyenda de Chávez con la telenovela *Por estas calles*, él nunca le perdonó a Granier que le retirara su apoyo. Ahí no había nada que negociar", revela Castellanos, quien cubrió la fuente Presidencia durante los tres primeros años de Gobierno, e incluso hasta de sus manos recibió un Premio Nacional de Periodismo en el año 2001. Esas son las cosas, señala, que hacían de Chávez un hombre impredecible y cuando se lo proponía, encantador.

Sobre sus cualidades, retoma Castellanos, "Chávez era un hombre galante, caballero e incluso hasta tímido. Alguna vez tuvo una atención con cuatro periodistas mujeres, de servirnos el café en una pauta de trabajo. Como candidato era dulcísimo, pero luego del golpe que recibió en 2002 se ofuscó. No con esto digo que haya sido un hombre bueno, sino que era un tipo que sabía bien lo que quería. Si revisamos la historia nos encontraremos con dictadores que eran tipos carismáticos, que manejaban muy bien la inteligencia emocional".

Señala también que era un hombre volátil y, ¿por qué no?, hasta malcriado. "Muchos lo ven como un estratega, pero era un niño malcriado. De nada le sirvió cerrar el canal, porque los periodistas de la planta seguimos ejerciendo Periodismo y yo estoy contestando esta entrevista para este libro. Pasan los años y la gente nos sigue recordando por Radio Caracas, porque la gente veía en nosotros un Periodismo amigo que asistía a las comunidades", comenta la periodista, quien años más tarde fue corresponsal de Venezuela de Antena 3 y CNN.

Más rechazo

Alineadas en una editorial, las jefaturas de información de Montecarlo TV, de Uruguay; Ecuavisa, de Ecuador; Caracol Televisión, de Colombia; TVN, de Chile; ATV, de Perú y Telefé, de Argentina señalaron que "la propiedad estatal del espectro radioeléctrico no puede convertirse en un instrumento para restringir la libertad de expresión e información. La intolerancia del Gobierno venezolano frente a quienes ejercen una actitud crítica de la gestión estatal no puede traducirse en medidas de presión ni de represión, que resultan violatorias de la Convención Americana de Derechos Humanos", expresa el comunicado.

También en una iniciativa del Consejo Nacional de Periodismo de Panamá más de 300 estaciones de radio y televisión de ese país cesaron por 30 segundos sus respectivas transmisiones en un simbólico silencio de solidaridad con RCTV. Lo mismo ocurrió con las páginas llevadas a negro en la prensa escrita, identificadas con la leyenda "sin expresión no hay libertad, ni en Venezuela ni en el resto del mundo". El gremio panameño fue ampliamente solidario.

La pregunta de O Globo

El año 2007 no sólo fue propicio para cuestionar a Chávez por el cierre de RCTV, sino por la multa impuesta al diario TalCual que pasaba de los 18.600 dólares, por una editorial escrita por el politólogo y humorista Laureano Márquez, que mencionaba a Rosinés, la menor de las hijas del Presidente.

La multa, finalmente, fue pagada con los esfuerzos del periódico y una colecta de la sociedad civil que, en un gesto de reciprocidad, ayudó a financiar las libertades de los medios que defendían la democracia.

Ambos casos, el de RCTV y TalCual, fueron consultados a Chávez en rueda de prensa, por parte del corresponsal Pablo López Guelli del diario O Globo de Brasil en febrero de 2007. La arremetida del comandante no se hizo esperar.

"Yo te doy la bienvenida. A quien no le doy la bienvenida es a O Globo. O es una cadena, con unos propietarios que son de la más rancia extrema derecha, que tienen años agrediendo al pueblo venezolano, a mí, incluso tratando de sabotear la integración de Brasil. Espero que tú como periodista no te prestes a eso, porque algunos periodistas se prestan al jueguito. Y si te prestaras serías indigno", arremetió un violento Chávez contra el reportero, antes de contestar su pregunta: ¿Cómo dice que hay libertad de expresión en un país donde se multa a un periódico y se cierra un canal de televisión?, resumía la intervención del periodista, seguido de la respuesta del Presidente:

"Yo sé que tú vienes con instrucciones de tus jefes. Ojalá que me equivoque, pero estoy seguro que no, aunque tú digas un millón de veces que no. Una dictadura es lo que hay en O Globo (...) Bueno, tu apreciación tú la dijiste. A ti te parece... ya tu emitiste opinión, tú eres juez pues. Tú te diriges como un juez. Tú corres un grave riesgo, porque no conoces Venezuela, erigiéndote como un juez", increpó en tono amenazante al corresponsal de Brasil.

"Que tú vayas a decir, o los dueños oligarcas de O Globo, enemigos de la integración de Latinoamérica, agarren esto para decir que el Presidente autócrata les metió una multa (a TalCual) porque alguien se metió con su hija, bueno háganlo pues. Patea la moral y patea la verdad, si es que tú quieres patearla", insistía un irritable Chávez, que se desnudaba en su naturaleza violenta.

Poco después respondió la pregunta sobre RCTV, insistiendo en que "son derechos de los Estados" renovar o no concesiones de medios reaioeléctricos. "Sencillamente son derechos del país, como cuando se colocan esos cartelones: se reserva el derecho de admisión...", contestó el mandatario.

Sobre el caso de O Globo con relación a TalCual y RCTV, Mariana Bacalao, investigadora de la Universidad Central de Venezuela, considera que cuando no le asistía la razón Chávez apelaba a la descalificación. "Él hizo escuela e historia de maltratar, gritar, írsele encima a los profesionales de la prensa. Era la desproporción de un Presidente de la República saltándole encima a un joven porque, además, la inmensa mayoría de los periodistas de este país y corresponsales internacionales son unos chamos (muchachos). Era el desbalance entre un reportero que hacía su trabajo tratando de buscar los lados, versus un señor que hacía uso de la investidura presidencial y militar para ejercer violencia de Estado contra los comunicadores".

Para Cristina Marcano, autora del libro *Hugo Chávez sin uniforme*, esa era la naturaleza del mandatario, violenta. "Era habitual que en sus intervenciones intentara disminuir al periodista, cuando se sentía en evidencia por una pregunta que no podía responder. Lo amenazaba, le decía que su cuestionario era dictado por el dueño del medio que representaba. O le decía: '¿de dónde eres tú?, ¿tú eres venezolano?, ah esa pregunta fue mandada a hacer por tu jefe', con un ejercicio de intimidación propio de su origen militar, para intentar pautarle al periodista las preguntas que según él debía hacer. Algo totalmente impúdico", resiente Marcano.

Lo que no pudo Chávez

Pese a que Chávez intentó mitigar el impacto del cierre de RCTV, no pudo. El rechazo fue mundial. La Asociación Salvadoreña de Radiodifusores, la Asociación Brasileña de Emisoras de Radio y Televisión, la Asociación Nacional de Medios de Colombia, la Asociación de Radiodifusores de Chile y el Consejo Nacional de la Industria de Radio y Televisión de México tampoco escatimaron palabras para calificar de autoritario al Gobierno de Chávez, en sus respectivos comunicados, por el cese de transmisiones de RCTV.

Bajo el título *Mordaza a la cubana*, el diario O Globo, de Brasil, señaló: "El régimen chavista muestra una marcha acelerada a la cubanización. Chávez creó un sistema de comunicación social estatal compuesto por emisoras de radio y TV. Ciertamente no necesita de un canal oficial más", resume la postura del diario.

ABC, de España, por su parte, editorializó: "Hugo Chávez no está dispuesto a perder el tiempo en el camino de su perpetuación en el poder (...) Como si en Venezuela no existiesen graves problemas de empobrecimiento creciente de la población, el estrambótico dirigente venezolano ha preferido arremeter de un plumazo contra quienes le critican".

El también español diario El País colocó que al igual que con Estados Unidos, "el presidente venezolano ha multiplicado deliberadamente en los meses recientes su papel de provocador continental. Es una grave muestra más de la imparable deriva del régimen hacia el caudillismo unipersonal, libre de contrapesos. En ningún país respetuoso con las libertades se silencian los medios críticos, aunque sean muy críticos, como es el caso", resume la editorial del diario.

Por Venezuela medios impresos como El Carabobeño, El Nacional, El Impulso, El Nuevo País, Notitarde y TalCual y otros se solidarizaron con RCTV. No así ocurrió con los canales 4 y 10, dejados en evidencia por el diario Folha de Sao Paulo, en Brasil al señalar que con RCTV moría "la última emisora independiente en Venezuela, toda vez que las otras dos grandes TV privadas -Venevisión de Gustavo Cisneros y Televen- reformularon su línea editorial y hoy operan como dóciles instrumentos del chavismo", editorializó el diario brasileño.

El Mercurio, de Chile, también citó el caso de censura y autocensura de ambas televisoras. "Las otras dos estaciones de cobertura nacional, Venevisión y Televen, son privadas, y hasta hace un par de años mostraron una línea crítica hacia Chávez. Pero la situación cambió después de que éste superara un referéndum revocatorio en agosto de 2004. Periodistas muy identificados con la oposición salieron de esos medios y algunos redujeron sus espacios de opinión, sustituyéndolos por informativos menos 'editorializados", publicó el diario el día del cierre de RCTV, el 27 de mayo.

La Tele

La autocensura también hizo metástasis en La Tele. Este medio, propiedad del grupo Imagen, redujo a su mínima expresión la programación periodística del canal en medio de dudas sobre la identidad de sus dueños. También se intentó anular cualquier gesto de disidencia contra el Gobierno de Chávez que -a título personal y no de la empresa- asumieran alguno de sus trabajadores en actividades a favor de RCTV.

Este el caso de la periodista Marietta Santana, que a nadie debía consultar, participar o pedir permiso para asistir a ir a una de estas convocatorias gremiales. Tampoco tenía por qué hacerlo. Al menos no según el artículo 19 de la Declaración Universal de Derechos Humanos, que señala que "todo individuo tiene derecho a expresarse libremente, sin ser molestado a causa de sus opiniones". Principio universal y derecho humano que La Tele pasó por las armas en el marco de una escalada de censura que convirtió a algunos medios en órganos censores de su propio oficio. Otra paradoja, cuando los medios son noticia.

"Cuando marché para apoyar a RCTV no lo hice por un discurso político, sino por la trayectoria que tuve como profesional en el canal. No sentí que mi asistencia ofendiera la posición de La Tele. No le consulté a nadie si podía ir porque pienso que debía y tenía la libertad de poder expresarme", relató Santana en entrevistas concedidas a las periodistas Myriam Mosquera del semanario La Razón y Katiuska Silva del diario El Universal.

Como razón de su salida, en la carta de despido se señala una supuesta reestructuración o "modificación de la programación" del canal, aunque ésta no se estipulaba en el contrato como motivo para el cese de la relación laboral, recoge el portal del Instituto Prensa y Sociedad (IPYS), en su sitio web. IPYS se comunicó con los representantes de La Tele para obtener su versión. Prometieron devolver la llamada telefónica, pero no lo hicieron.

"A las 36 horas de producirse la marcha recibí una llamada de la gerente de producción, quien manifestó muy molesta que había recibido comunicación directa del dueño del medio que reclamó que, por ser imagen de La Tele, mi participación le traería serios inconvenientes".

El desenlace era predecible. Marietta Santana fue despedida. "Cuando me lo notificaron yo estaba grabando en la calle y dije que este conflicto me parece absurdo y que ya no estaba para aguantar esos trotes. Yo siempre respeté mi contrato, pero ir a esa marcha era un deber. Sentí que me correspondía estar y nada ni nadie me lo iba a impedir", reveló la periodista que encabezó programas emblemáticos en la historia de Radio Caracas Televisión: *Alerta* y *A Puerta Cerrada*.

"En La Tele siempre había autocensura y creo que mi despido se debe a eso. No creo que haya habido presión del Gobierno, sino simple autocensura", dijo

Santana dejando de ver el caso de medios que sin recibir una orden del Gobierno, se mimetizaban de manera espontánea con el poder.

Censurada por La Tele, pasó a estar desempleada. "Tocaré puertas, aunque ahora estoy en la calle sin trabajo. Prefiero no trabajar que permanecer en un canal que se autocensure. Soy una reportera nata y me toca patear calle de nuevo para buscar trabajo, si es que lo encuentro", expuso la presentadora sin saber que días más tarde regresaría reivindicada y aplaudida en la pantalla que defendió de manera desinteresada. Esa que fue su casa por largos años.

La suerte acompañó a Marietta, quien finalmente regresa a RCTV en un gesto de reciprocidad con la empresa, al permitirle conducir su programa de siempre: *A Puerta Cerrada*, y poco después otro titulado *Habla la Calle*. "¡Valiente, valiente, valiente!", gritaron puertas adentro los trabajadores de la planta, para darle la bienvenida al *staff* de prensa. Entre esas personas estaba el joven animador Luis Olavarrieta, del programa *Ají Picante* quien años después hizo carrera como productor y presentador en Televen y el Circuito Onda. Afuera de la sede del canal, los televidentes aguardaban ansiosos la noticia del regreso de Santana, recuerda Olavarrieta.

"Entre aplausos la vi entrar al canal, del cual nunca debió irse. Recibida de pie por los hacedores más exitosos de la televisión. La reportera estrella del país, Marietta Santana, recorría con remembranza los pasillos donde vivió los años dorados de su carrera profesional. Su fiel audiencia celebraba su regreso en las afueras de la planta. Venezuela más que nunca la necesita. Era 2007. Los medios de comunicación amenazados, la libertad de expresión luchando en terapia intensiva. RCTV a punto de cierre. Sin duda era necesaria la reaparición de la voz más clara y contundente del periodismo venezolano", recordó nueve años después, en el año 2016, en su columna del medio Caraota Digital.

De vuelta, pero por cable y satélite

Superados algunos obstáculos legales, y para sorpresa de muchos, el canal de las Empresas 1BC regresó a la pantalla con el nombre de RCTV Internacional, el 16 de julio de 2007, que en Venezuela podía ser visto sólo por televisión por suscripción. Pese a ser cumplidas las amenazas de un primer cierre, en esta nueva etapa no hubo cambios, ni ajustes visibles. Editorialmente, era el mismo medio crítico a la gestión de Chávez. RCTV jugaba con fuego, podía quemarse.

Su editorial no sólo se medía por los espacios estrictamente informativos. *Ají Picante*, programa dedicado a la movida nocturna y la rumba caraqueña, añadía sarcasmo político a la audiencia juvenil a la que se dirigía. Irreverente, sí... pero no menos informada sobre el devenir del país. Wendy Bermejo, una de sus presentadoras, corría de arriba abajo los pasillos de la Asamblea

Nacional para preguntarle al diputado Nicolás Maduro cuándo le pediría matrimonio a la parlamentaria Cilia Flores, ventilando con mucha gracia una relación que apenas era conocida por su más cercano entorno.

A Mecedores, lugar donde se encuentran las antenas de RCTV apropiadas por el Estado después del cierre, también llegó a dar el intrépido equipo. Esta vez encabezado por el joven presentador Luis Olavarrieta quien como pudo subió por las escaleras internas de las antenas, burlando una zona militar.

Otro de los conductores Jesús "El Guaro" Torres fue también al Parlamento, a Comisión Nacional de Telecomunicaciones (Conatel) y al Ministerio de Comunicación e Información (Minci) para preguntar al primero que se encontrara por delante cuándo devolverían los equipos de RCTV que se apropió el Estado con el cierre del canal. "Oiga, usted que es funcionario: ¿cuándo le devuelven lo suyo a RCTV?", preguntaba con sarcasmo.

No eran preguntas formales, ni mucho menos se trataba de pautas periodísticas. *Ají Picante* se valía del humor negro para provocar y ridiculizar al poder, en clara actitud retadora y de denuncia, como se le trata a las tiranías. "Mis panas (amigos), no sólo entré sino que también me monté en mis antenas para evaluar el estado en el que se encuentran. Y aquí entrenos, ¿les digo algo? Me dio vértigo", narró con desparpajo Olavarrieta tras lograr su cometido, seguido de su compañero El Guaro quien entrevistó a un funcionario del Minci, muy hermético, pero simpatizante del proceso revolucionario.

"Según este señor nada de lo que tiene RCTV le pertenece (...) Y ya que hace un año no sabemos realmente qué es de la suerte de nuestras antenas, esperamos que un día vuelva la justicia y la señal de Radio Caracas Televisión a ser libre y gratuita para todos los venezolanos", editorializó El Guaro.

"El buen humor cantando, con buen un humor soñando"

El programa humorístico *Radio Rochela* también hacía de las suyas. La transmisión del *Miss Chocozuela*, parodia del concurso *Miss Venezuela*, no sólo era propicia para remedar a su principal competidor Venevisión, sino para reflexionar a través de la risa, en un país que culturalmente suele burlarse de sus propias desgracias. Era una manera de editorializar a través del humor. La reconocida comediante Norah Suárez interpretaba a la destacada animadora Maite Delgado.

En los desfiles de "traje de engaño" (de baño) y "me da la gana" (de gala) las nada agraciadas participantes, peludas y de barrigas obscenas, eran representadas por hombres que desfilaban con mucha gracia mientras eran llamadas por sus creativos y controversiales nombres, que denunciaban la tiranía de Chávez junto a su alto mando militar y presidentes aliados como los de Rusia y Nicaragua. Un humor muy intelectual.

Miss Chulo es Marú Jalamecate, sus medidas son: el diseñador Daniel Ortega se inspiró en la vagancia del Hombre Nuevo y la guerra asimétrica. Los recursos utilizados para este vestido dejaron sin techo y sin escuelas a miles de venezolanos.

Miss Autocensura, Mariusca Llada, sus medidas son: 34 radios cerradas, más de 200 amenazadas y un canal que está guindando (RCTV). El acaudalado diseñador Diosdado Cabello ha creado una mordaza de líneas sencillas y antiguas. Combina la madurez de un corpiño ceñido con un apretado escote que te saca del aire y no te deja ni hablar. Todo ello realzado con piedras de tranca de Conatel.

Miss Nuevas Leyes, Elsa Nitario, sus medidas son: una Ley de Educación, una Ley Electoral y cualquier antojo del jefazo. Del atelier de Cilia Flores surgen Leyes Habilitantes contra la quinta columna. Su vestido abarca todo lo que se le opone, una falda de "trampa-rencia" en bancada oficialista, que nos lleva a la era de los faraones egipcios. Es decir, a la época de Luis Miquilena.

Miss Carrera Armamentista, Mercedes Carada, sus medidas son: 3 lanza-cohetes suecos, 50 aviones de caza y unos misiles que hace boooom. Lucas Rincón realizó en una tela color aviones caza un diseño inspirado en sus tres soles, bordado en columnas que contrarrestan las bases pitiyanqui. En su parte superior luce múltiples canutillos guerrilleros. Los accesorios son de Vladimir Putin.

Miss Gas del Bueno, Alba Bosa, sus medidas son: un piquete de la Guardia, tres planazos por persona y si la quieres entrevistar te dice 'no te acerques'. Este impactante modelo está inspirado en las barricadas de la Guardia Nacional, del condecorado diseñador (el general) Antonio Benavides. El vestido pone de manifiesto toda la represión realzada con espejos blindados. En el cuello y el escote lo adornan hermosos perdigones que realzan todo el horror de Miss Gas del Bueno.

Así de frontal y sarcástico respondía RCTV Internacional al poder, adaptando su verbo de denuncia hasta los formatos más disímiles, como los del humor.

Socialismo en evidencia

Casi sacado de un *sketch* del programa *Radio Rochela*, el ministro de Interior y Justicia, Pedro Carreño, explicaba abiertamente ante los medios las ventajas del socialismo, cuando fue interrumpido por una filosa pregunta de una periodista del canal.

- "El único camino a la justicia es el socialismo, no es el capitalismo. No es ese canibalismo que se quiere implementar en el Estado...", dijo el ministro ante un grupo de periodistas.

- "¿Ministro, no es contradictorio hablar de socialismo mientras usted viste una corbata Luis Vuitton y unos zapatos Gucci?", preguntó -directo a la yugular- Francia Sánchez: una acuciosa y joven reportera de RCTV Internacional, formada y egresada de la Universidad Santa María.

Acto seguido vinieron las palabras del ministro quien, sorprendido, se delató con una sonrisa nerviosa, como de quien queda al descubierto. Sus palabras decían una cosa, pero su actitud corporal otra. Un desastre.

"Yo no sé qu... claro qu... (tartamudeó el ministro). No es contradictorio porque yo quisiera que Venezuela produjera todo eso y comprar todo lo que se produzca aquí y no tener que importar el 95% de los rubros que consumimos", respondió el funcionario socialista, cuyo diplomado en Marketing político no lo hizo en La Habana (Cuba), ni en Managua (Nicaragua) ni en Cochabamba (Bolivia), sino en la Universidad de Florida. Sí, la cuna del capitalismo, Estados Unidos. Casi nada.

La credibilidad del chavismo seguía entredicho. El Periodismo de RCTV seguía siendo crítico e independiente.

Sin tiempo de despedirse

Pasados dos años y seis meses del cierre en señal abierta, en enero de 2010, fue publicada en Gaceta Oficial la providencia N° 1.569 de Conatel, órgano regulador de telecomunicaciones, el instrumento que contenía las nuevas condiciones que debían acatar las televisoras extranjeras para transmitir en Venezuela.

Con este cambio, la ley obligaba a RCTV Internacional a ampliar su grilla de programas internacionales para mantenerse al aire y limitar su proporción de producción nacional hasta un 29,9% de sus contenidos. Sí, así como se lee: un Gobierno socialista, desestimulando la producción de contenido nacional. De lo contrario, automáticamente sería considerado como Productor Nacional Audiovisual, obligado a transmitir, por ejemplo, cadenas nacionales.

Contrarreloj y bajo protesta, el canal adecuó su programación. No sin antes denunciar como contradictorio que el Gobierno desestimulara la producción nacional, cuando seis años antes promovió la Ley de Responsabilidad Social en Radio y Televisión, precisamente para exaltar lo hecho en casa.

Al dejar claras estas contradicciones, de alguna manera este medio de comunicación retaba a Chávez y a Diosdado Cabello a sincerar que la nueva providencia no era más que un artificio jurídico para cerrar definitivamente la televisora.

Así fue como RCTV Internacional, con trayectoria, infraestructura, domicilio y talento venezolano, fue obligado por el propio Gobierno a beneficiar la industria de otros países.

Poco a poco se activaron las alarmas la noche del 23 de enero de 2010, cuando Inter, Movistar, Directv y Netuno (suscriptoras de televisión satelital y de cable) sin cualidad jurídica de ninguna naturaleza y bajo presión apagaron la señal de RCTV Internacional.

La situación provocó desconcierto de los trabajadores del canal, en especial al personal de prensa, acompañado por la narración del periodista Alejandro Tastes, ancla del noticiero estelar quien estaba de guardia:

"Amigos televidentes, continuamos desde el estudio de *El Observador*. Como ustedes pueden ver al lado derecho de sus pantallas, al borde superior pueden ver nuestra señal en vivo de Directv. Esta señal se encuentra en el máster y desde ahí nosotros podemos monitorear que RCTV Internacional siga al aire. Así que vamos a estar muy pendiente de esta señal. A continuación...".

No hubo más palabras. Así se cortó la transmisión. Al periodista Alejandro Tastes lo sacaron del aire en vivo y por las malas. Sin previa notificación la pantalla se vino a negro, con el cierre definitivo de Radio Caracas Televisión Internacional a las 00:00 de la noche. "¡Nunca de rodillas! ¡No nos callarán!", explotaron en lágrimas y rabia las voces del personal en esa noche de guardia, entrevistados por la periodista del canal Iris García, mientras se desarrollaba el segundo cierre de Radio Caracas Televisión.

La transmisión, entretanto, seguía su curso, en el máster de la televisora, definitivamente cerrada. "La pantalla se encuentra en un negro absoluto. A ciencia cierta no sabemos de qué forma estamos llegando a sus hogares y por cuál cableoperadora estamos llegando a sus hogares, pero Directv ha tumbado nuestra señal", continuaba narrando Alejandro Tastes, cuyas palabras posteriores eran transmitidas a través de Globovisión en la narración de la periodista Gladys Rodríguez quien informó en vivo con la señal matriz de RCTV, ya definitivamente cerrado.

Poco después, la reportera de RCTV Internacional Jofrana González (a través de la pantalla de Globovisión) confirmó el *blackout* al que fueron coaccionados a hacer Netuno, Movistar, Inter y Directv que, según fuentes extraoficiales, prefirieron ejecutar el cierre definitivo de RCTV, para no ser ellos las próximas víctimas del Gobierno.

Cerrada no una sino dos veces, RCTV fue sacada de la televisión de la que fue pionera. Pese a que el canal se adecuó a la nueva providencia de Conatel y redujo a su mínima expresión (29,9 %) la programación nacional en el tiempo estipulado por el órgano regulador, la sanción aplicó con retroactividad.

Para hacerlo sencillo: si RCTV quería evitar su cierre debía ser adivino y ajustar su programación antes de que se formulara la ley para evitar su propio cierre.

Más cierres

Con RCTV Internacional cayeron también en desgracia American Network, América TV, Sport Plus, Momentum, TVN (conocida en Latinoamérica como TV Chile) y el canal musical mexicano Ritmosón Latino. A todos les fueron revocados sus permisos para transmitir en Venezuela, por no actualizar a tiempo su documentación administrativa, según la versión de la Comisión Nacional de Telecomunicaciones (Conatel), órgano censor del Gobierno de Chávez.

Por esta razón, estos medios fueron automáticamente clasificados como productores nacionales locales (es decir, venezolanos) y obligados, por añadidura, a transmitir las cadenas nacionales de Chávez en televisión y radio. Sí, tal cual como se lee: TVN o TV Chile (cuyo nombre automáticamente se asocia al origen de otro país) de pronto pasó a ser un medio local venezolano, de acuerdo con la disposición del Gobierno de Chávez.

Para Amaro Gómez-Pablos, periodista chileno de TVN, "es triste admitirlo, pero el cierre de TVN en Venezuela nunca fue un gran tema en Chile. Ensimismados por nuestra propia contingencia, desatendimos el tijeretazo aplicado a nuestra señal en su país", reconoce el periodista chileno.

Aclara, sin embargo, que desde TVN se prefirió hacer foco en "la censura a otros medios en Venezuela por solidaridad gremial y porque todos estos acontecimientos de arbitrariedad eran ocasión propicia para interpelar desde nuestro canal a los defensores del Gobierno venezolano".

Se refiere Gómez-Pablos, "a figuras jóvenes y emergentes del Partido Comunista Chileno como Camila Vallejo y el senador Alejandro Navarro; quizás el hombre en Chile más cercano al chavismo, con Chávez y con Maduro", expone el periodista chileno para esta investigación.

El cierre de este medio en Venezuela lejos de provocar una postura firme por parte del Gobierno de Chile -al ser TVN la señal estatal de ese país- sólo cuidó a conveniencia las relaciones entre Hugo Chávez y la presidenta Michelle Bachelet, quien guardó silencio ante la medida calificada por otros sectores de la sociedad como arbitraria en ambos países.

"En relaciones internacionales, y en especial con países hermanos, tenemos cuidado de no emitir juicios antes de tener todos los antecedentes. Probablemente haya habido atrasos. No quisiéramos señalar ningún culpable", declaró sin claridad la vocera del Gobierno de Chile, Pilar Armanet, acusada por la oposición de su país -al igual que Michelle Bachelet- de no defender con firmeza lo que se consideraba como un atropello contra la señal estatal chilena en Venezuela.

"Es ridículo y absurdo que se obligue a un medio internacional a comunicar las cadenas nacionales internas", reseñó el diario chileno La Tercera y la agencia internacional EFE citando las palabras del diputado de ese país Jorge Tarud, quien emplazó a la presidenta Michelle Bachelet a que con el cierre de TVN defendiera los intereses de Chile y no los de su Gobierno.

De igual manera, desde Santiago de Chile, el senador Víctor Pérez pidió al Gobierno llamar a consulta a la capital chilena al embajador de este país en Venezuela, Claudio Herrera.

"Hay que reaccionar con firmeza ante la administración venezolana y que el embajador chileno en Caracas sea retirado para que informe lo ocurrido con la clausura de los canales de televisión", dijo Víctor Pérez, quien también alertó sobre violaciones a la libertad de expresión en Venezuela, país que abrió sus puertas a los chilenos cuando la dictadura de Augusto Pinochet. La historia es cíclica, pero con el devenir del tiempo todo cambió.

Sobre Venezuela el senador chileno aseguró que desde hace mucho tiempo que no se respetan los derechos fundamentales de las personas y por lo tanto Chile no podía seguir guardando silencio porque a su juicio los convertía en cómplices.

Señalaba el senador que las acciones de Hugo Chávez "no son sólo contra un sector político, sino que atentan contra el Estado", y que en ese sentido la presidenta Bachelet debía ser garante de la institucionalidad.

El senador Víctor Pérez dijo que Chile intentó mantener buenas relaciones con los países de la región. "Pero, eso no significa permitir que Chávez se dé el lujo de amenazarnos, insultarnos y cuestionar las líneas editoriales de la televisión chilena", agregó.

Añade Amaro Gómez-Pablos que "el atropello a TVN en Venezuela se vio en Chile como algo pequeño y quizá muy autorreferente cuando se contrasta con los manotazos de censura aplicados a los medios venezolanos independientes o de la oposición", concluye el periodista del medio estatal chileno, cuya señal se restituyó en Venezuela a las pocas semanas, después de resolver los supuestos trámites administrativos que alegaba el Gobierno de Chávez. RCTV Internacional, entretanto, seguía cerrado.

Apagar la luz

Casi tres años después del cierre de RCTV en señal abierta y televisión por suscripción, el periodista de la casa Pedro Guerrero comparaba esta situación con los 33 mineros chilenos, conocidos en todo el mundo en el año 2010 por permanecer 69 días con vida a 720 metros bajo tierra, al noreste de la ciudad de Copiapó.

Para Guerrero la comparación tiene sentido, pues en ese momento la unidad de prensa de RCTV se mantenía operativa, pero su trabajo no era visible en Venezuela. "Somos los mineros chilenos", se repetía Guerrero, "porque aunque estábamos vivos nadie en la superficie podía vernos. Producíamos un noticiero que no tenía lugar donde verse, al menos no en Venezuela", revive visiblemente conmovido este periodista egresado de la Universidad Católica Andrés Bello.

Su cara se desdibuja mientras hace un esfuerzo en recordar cómo se fue despidiendo uno a uno sus compañeros, quienes se marcharon de RCTV por cuenta propia o por medida de reducción de personal, hasta llegarle a él su turno de apagar la luz.

"Hoy 1ero de noviembre de 2012 llegó a su fin *El Observador*, en fin, el equipo de prensa. Hoy, los no más de 20 que quedamos, apagamos la luz, cerramos la puerta, ponemos el candado a la redacción, con la esperanza de que jamás sea vulnerada por la mentira, la indignidad y la venta de principios", colgó en su cuenta personal de Facebook como comentario a una foto donde aparece abrazado entre sus amigos periodistas del canal: Isabel Mavárez, Pedro Nikken, Javier García, Noé Pernía, entre otros.

Señala que el noticiero del canal, *El Observador*, empezó a sufrir una serie de cambios siempre en desmejora. "Se producían tres emisiones, luego fueron dos, para pasar a una. Después fue ninguna, pero salíamos a las 12:00 de la noche en la señal internacional de Caracol Televisión, de Colombia, que se veía en Venezuela".

Pero la censura cruzó el límite fronterizo. El poder de Chávez llegó a Colombia para sacar del aire al noticiero de RCTV. "Caracol Televisión nos dijo que no podía sacrificarse por nosotros y así nos sacaron otra vez del aire... otro cierre más. Producíamos entonces un noticiero que no salía para ningún lado. Aunque sí nos veíamos en Aruba... pero no sabíamos quiénes nos veían allá. Mmmm... siempre me reprocho no escribir algo, quizás un libro, porque parecíamos realmente a los mineros chilenos", recordó el exreportero de RCTV, quien junto a su compañera Ana Virginia Escobar sueña con volver.

"La circunstancia hará que Radio Caracas vuelva con más credibilidad de la que siempre tuvo, de eso estoy plenamente segura. De igual forma sé que estaré presente en *El Observador* para informar nuestro regreso en señal abierta. Eso algún día pasará y yo estaré ahí", contestó Ana Virginia Escobar en entrevista concedida a TalCual, tras cumplirse un año de RCTV Internacional.

¿Regresar o no? Sólo lo dirá el tiempo, retoma Guerrero quien después de su paso por RCTV, hizo carrera como gerente de comunicaciones en el sector bancario y después emigró de Venezuela para unirse a las filas de Telemundo, en Estados Unidos, tras cumplirse 10 años del cierre del canal.

"No sé si algún día volveré a RCTV, es lo que todos queremos. Pero eso depende de muchas cosas, empezando por la posibilidad de que el canal regrese, que es lo más importante", concluye Pedro Guerrero cabizbajo, con la voz quebrada y sus lagrimales a punto de desbordar.

Sentencia

El último episodio del cierre de RCTV llega a su fin el 8 de noviembre de 2015 con el dictamen de la Corte Interamericana de Derechos Humanos.

El órgano señaló que la decisión de Chávez constituye una violación a los derechos humanos porque, "no sólo afecta a la persona jurídica que constituye un medio de comunicación, sino también a la pluralidad de personas naturales, tales como accionistas o los periodistas que ahí trabajan", destacó el organismo internacional.

Pese a que Chávez alimentaba la tesis del golpismo como razón suficiente para no renovar la concesión a RCTV, nunca hubo ni proceso formal ni sentencia jurídica en Venezuela, que demostrara la vinculación de este medio de comunicación con los sucesos del golpe de Estado que recibió el mandatario el 13 de abril de 2002.

En la nota de El Universal titulada *El Estado admite que no justificó su decisión contra RCTV*, el periodista Juan Francisco Alonso dejó en evidencia los detalles sobre el juicio contra el canal celebrado en mayo de 2014 en la CIDH.

"Siendo que estaba por extinguirse la concesión de RCTV no había una razón propiamente dicha que obligara al Estado a renovarla", admitió el abogado del Gobierno José Leonardo Suárez, quien alimentó la suspicacia del magistrado costarricense Manuel Ventura con una capciosa pregunta que éste le formuló:

"¿La razón —entonces— para no renovarle la concesión a RCTV es que no hubo razón?", consultó el jurista, quien recibió un "no" como repuesta del abogado del Gobierno.

"A la pregunta de los abogados de la planta sobre si entre los motivos para no extenderle el permiso para operar figuraba la presunta comisión de algún delito, Suárez respondió secamente: 'no". Reseñó también el diario El Universal.

Planteado en esos términos, RCTV no cometió delito, por tanto no habría razón para no renovar su concesión.

Los medios no son intocables

Mariana Bacalao, investigadora y profesora de Opinión Pública de la Universidad Metropolitana (Caracas), señala que ante el ataque a los partidos en Venezuela, por su nivel de credibilidad, medios como El Nacional, El Impulso, El Tiempo, RCR, Versión Final y Televen fueron conducidos por la sociedad a asumir posiciones políticas ante el deterioro de la democracia. Eso automáticamente los convirtió en adversarios del régimen de Chávez, entre aciertos y excesos, que los condujeron por caminos de censura y autocensura.

"Una de las cosas que hizo Chávez fue ahogar a los partidos políticos, eliminar los subsidios, donaciones, financiamientos. En ese sentido, se cometieron excesos en aras de defender la democracia, que llevó a los periodistas y los medios a moverse hacia un espectro donde dejaron de ser mediadores, para convertirse en algunos casos en actores y protagonistas de su propia noticia, por defender el sistema de Gobierno donde pueden ejercer con libertad: la democracia", arguye Bacalao.

Asimismo, la Sociedad Interamericana de Prensa (SIP) precisa, en exclusiva para esta investigación, que las democracias disponen de mecanismos para canalizar los excesos que en nombre de la libertad de expresión puedan cometer los medios.

"Los medios no son intocables. Si los ciudadanos sienten que algún medio cometió excesos, tienen los caminos expeditos de la justicia para formular sus reclamos. Y los jueces deben actuar aplicando la doctrina de la jurisprudencia interamericana, establecida por la Corte Interamericana de Derechos Humanos durante décadas. Salvo que cometan infracciones flagrantes a la Constitución en las democracias las emisoras serias y profesionales consiguen fácilmente que se les renueven las concesiones", explicó la SIP, en la vocería de quien para el momento fuera el director de la Comisión de Libertad de Prensa e Información de esta organización, Claudio Paolillo.

"En los países menos democráticos o, directamente, no democráticos, como es el caso de Venezuela, el Gobierno —ni siquiera el Estado; el Gobierno— decide quiénes pueden usufructuar las frecuencias y quiénes no en función de las líneas editoriales de las emisoras. A RCTV el presidente Chávez no le renovó la concesión porque fue una de las pocas emisoras que no se avinieron a su exigencia de que fuera dócil al poder", argumenta el periodista uruguayo.

Sostiene que siendo las frecuencias radioeléctricas patrimonio de la humanidad, las concesiones de radio y televisión deben ser administradas con criterios de derechos humanos. "Las frecuencias radioeléctricas son patrimonio de la humanidad. Pertenecen al público. No pertenecen ni al Estado ni a los que las utilizan. Lo que ocurre en todo el mundo es que, como se trata de un espectro limitado, alguien tiene que administrarlo", concluye el también escritor y director del semanario Búsqueda, de Uruguay.

¿Por qué fue un cierre?

Bernardo Pulido, abogado venezolano especializado en Derechos Humanos, destaca que en 1987 el Estado venezolano renovó la concesión a Radio Caracas Televisión por 20 años, con derecho a una renovación automática por 20 años más.

Sin embargo, la Ley Orgánica de Telecomunicaciones sufrió una modificación en el año 2000 estableciendo que las concesiones radioeléctricas no deben durar más de 25 años, pudiendo ser renovadas siempre que el titular se haya comprometido con las disposiciones previstas de la ley.

"Al tener estos argumentos encontrados, Conatel debió dar nuevos títulos a todos los concesionarios por el período que contemplaba la nueva ley. Bajo ese concepto, la concesión del canal hubiese sido hasta 2025. Pero como la administración pública no tiene la obligación de dar ese permiso, se le debió dar ese título por el remanente del tiempo, autorizando la posibilidad de una renovación pues el nuevo reglamento elimina la posibilidad de que esa renovación sea automática mediante una solicitud introducida por el titular", refuerza el abogado.

A los fines de la renovación, la norma prevé una serie de obligaciones finalmente acatadas por este medio, propiedad del grupo Empresas 1BC. Pero Conatel alegó la necesidad de crear otro medio, "cosa que es incongruente porque ya RCTV tenía un derecho preexistente sobre esa señal. Incluso, nos explicaron que técnicamente la señal del canal 3 tiene la misma fuerza que la del canal 2. Lo que significa que dos medios hubieran podido coexistir en el mismo espectro radioeléctrico en los canales 2 y 3", señala Pulido.

Al consultar al abogado sobre el derecho que tendría el Estado de renovar o no concesiones, califica como falsa esta premisa pues asegura que jurídicamente los Estados no tienen derechos. E insiste, al igual que la SIP, que las frecuencias radioeléctricas deben ser administradas con criterios de derechos humanos. En democracia las obligaciones son vinculantes, explica.

En este sentido, la lectura es clara: la concesión radioeléctrica no es un favor, ni responde a un criterio discrecional o del "si yo quiero" del Estado. RCTV cumplió con todas las obligaciones exigidas en la ley; tal como reconoció el propio Gobierno de Venezuela en el juicio que se desarrolló en Costa Rica. RCTV no cometió delito, tal como admitió el Estado venezolano allá en San José.

"Los Estados no tienen derechos, sino competencias y el deber de administrar. Los derechos son de los ciudadanos a tener acceso a la información y libertad de expresión. Cualquier decisión debe estar justificada, pues RCTV como concesionario cumplió con sus obligaciones", enumera el abogado, egresado de la Universidad Católica Andrés Bello.

"RCTV no tenía procedimientos administrativos abiertos. Pagaba sus impuestos, los fondos de tecnología y de responsabilidad social. Al estar todo en regla, el Estado está obligado a responderle positivamente a RCTV. Jurídicamente fue un cierre", culmina Bernardo Pulido.

Año 2007
El acoso sistemático contra los periodistas de Venevisión

El cierre de Radio Caracas Televisión en el año 2007 no sólo generó un gran malestar en la población venezolana, sino también movió los cimientos del canal que hasta ese momento había sido su histórico competidor: Venevisión.

Un sentimiento de rabia, indignación e injusticia empezaba a surgir puertas adentro del canal de La Colina. Artistas, periodistas y trabajadores de este medio de comunicación veían con rechazo la línea informativa que asumía Venevisión ante el arbitrario cierre de RCTV, en la que se les prohibió mencionar al aire el nombre de Radio Caracas Televisión y por el contrario debían simplemente decir "un canal de televisión al que no se le renovó la concesión".

Al ver las barbas de su vecino arder, Venevisión puso las suyas en remojo por temor a la censura y las represalias del Gobierno de Chávez. En Venevisión no se llamaron las cosas por su nombre con respecto a este caso. Ni reconocían que se trataba de una medida arbitraria ni tampoco decían el nombre de la víctima. Tampoco una noticia generada por el cierre de RCTV abría el noticiero del canal y mucho menos un equipo de prensa cubriría una protesta de calle por este hecho, para luego transmitirla. Aunque se cubrían algunas de estas manifestaciones, esas informaciones no siempre salían al aire.

La gente comenzó a darse cuenta de toda esta línea editorial. Venevisión le daba la espalda al canal que por 53 años estuvo en los hogares de los venezolanos.

Fueron los reporteros y camarógrafos los que pagaron los platos rotos, siendo objeto de maltrato y rechazo por parte de los ciudadanos, que los acusaban de ser cómplices de la censura.

Para esta fecha, los periodistas promovieron reuniones con la directiva del canal para exigir equilibrio informativo. Nada de esto tuvo resultado y por el contrario se le comenzó a colocar especial atención a todo aquel que pedía información justa y balanceada.

Sin embargo, dicen que el miedo es libre, y así fue en el caso de los trabajadores de Venevisión. No todos tuvieron el coraje y valor de enfrentarse a la directiva del canal ni tampoco a la Organización Cisneros. Unos porque temían perder sus puestos de trabajo y otros porque llevaban años esperando por ascensos laborales. Temían represalias en su contra.

A pesar de esto se alzaron algunas voces. Si alguien no tuvo miedo en condenar el cierre de RCTV fue la actriz venezolana Fabiola Colmenárez, uno de los talentos femeninos más importantes del momento. Era la reina de la pantalla, la misma que protagonizó la novela *Cosita Rica* en 2003 con su papel Paula C, o la que animó el *Miss Venezuela*, la lotería, o la protagonista la película de cine *Miranda regresa*, que trataba sobre el precursor de la independencia.

Fabiola Colmenárez venció el miedo y salió al paso. Se opuso abiertamente a lo que desde el Gobierno se hacía contra RCTV y no titubeó en denunciar la censura que se imponía desde Venevisión. Pero su rebeldía le salió cara. La botaron.

"Para el 2007 con el cierre de RCTV empecé a grabar videos en apoyo al canal sin imaginar que eso iba a tener alguna consecuencia. Para mí fue natural. ¿Cómo no apoyar algo que me parece injusto?", reflexiona 11 años después la actriz venezolana y ahora activista política sobre su despido de Venevisión.

Fabiola no sólo grababa videos en apoyo a RCTV sino que también se sumaba a las protestas de calle que convocaba el recién articulado Movimiento Estudiantil de 2007 encabezado por los estudiantes Yon Goicoechea, Stalin González, David Smolansky, Freddy Guevara, Manuela Bolívar, Juan Andrés Mejía, entre otros, ante el rechazo de este cierre y la reforma de la Constitución que Hugo Chávez planteaba para imponer la reelección indefinida.

"Todo esto empezó a desatar la polémica. Me sumé a las protestas de los estudiantes y lo hice como artista, así como lo hicieron también artistas como Danielita Alvarado, Mónica Spear, Amanda Gutiérrez. Con la diferencia que casi todos esos artistas habían trabajado allí (en RCTV). En mi caso siempre trabajé en Venevisión", explica Colmenárez. Trece años para ser exactos de relación laboral tuvo esta actriz con este canal que para este momento prescindía de sus servicios.

Para aquellos años, esta actriz comenzaba a grabar la novela *Torrente* junto al actor Luciano D'Alessandro. Era la protagonista de la historia. Ya había firmado contrato y tenía en sus manos los libretos de los primeros seis capítulos. Estaba estudiando el personaje y preparada para arrancar un nuevo proyecto.

Sin embargo, algo raro sentía en el ambiente. Cuando llegó el día en que Venevisión le debía pagar su sueldo revisó su cuenta bancaria y no estaba lo que le correspondía. El despido ya era un hecho. Estaba fuera del canal, aunque nadie se lo había dicho.

Luego de esto, Fabiola recibió una llamada de la secretaria del departamento legal del vicepresidente del canal, Manuel Grijalba, y le preguntaron si era actriz o activista político. "Les respondí que era las dos cosas. Yo estoy levantando la voz por algo que considero injusto", afirma Colmenárez.

A partir de aquí comenzó una disputa legal, de la que Fabiola no quiso extender por mucho tiempo. Venevisión desconocía que ella era actriz de esa planta televisiva y rompieron el contrato al que ella nunca tuvo acceso, ni siquiera cuando lo firmó por lo que nunca tuvo prueba física de su vinculación laboral más allá de los libretos que tenía o de las fotos de prensa donde salía en el stand del canal junto al otro protagonista.

"Esas fueron mis pruebas, pero al final no me importó empezar una querella legal con ellos porque para mí era un tema moral, de principios y valores. Yo sabía que estaba contratada por ellos y ellos también lo sabían. Era público y notorio", afirma Fabiola.

Una vez consumado su despido la actriz decide hacer una rueda de prensa a las afueras de Venevisión para denunciar todo lo que estaba ocurriendo. La mayoría de los medios privados estaban presentes y a través de esos micrófonos dijo:

"Yo respeto la posición que toma el canal porque están en todo su derecho como venezolanos. Si a ellos les parece que yo políticamente les resulto incómoda, qué sé yo por qué, yo los respeto como venezolana y creo que toda Venezuela debe respetarlo, pero yo lo que sigo ponderando y denunciando es el odio y la violencia que hay en este país. A mí no me van a callar ni siquiera porque me quiten un puesto de trabajo".

Aunque no querelló contra el canal, sí buscó a sus amistades. Sin embargo, lamenta recordar que muchos periodistas escandalizados por lo que ocurría con RCTV le pidieron que no hiciera aquella rueda de prensa para denunciar el atropello que ocurría contra ella.

A pesar de esto recuerda con cariño que Joaquín Riviera, productor de Venevisión, le pidió que dejara una ventana abierta con el canal. "Fue el único que me llamó. Él nunca me dijo qué debía decir y qué no, cosa que le agradezco porque en el fondo me dio la libertad de decir lo que yo quisiera. Pero lo que pasaba con Venevisión ya no tenía reverso, no por ellos sino por mí. Yo no estaba dispuesta a estar de vuelta en un lugar donde no podía expresar en la calle mi pensamiento. Esto era mucho más agresivo para mí", dice.

La actriz no recibió ni una sola llamada de la directiva cuando la botaron, pero asegura que nadie le quitó "lo bailado" (como dice el refrán popular) ni el reconocimiento de la gente. "No recibí llamadas de nadie. Sentí el poco apoyo de muchísimos compañeros. El apoyo fue nulo. En esa rueda de prensa (donde denunció su despido) sólo se aparecieron los actores Albi de Abreu, Javier Vidal, Amanda Gutiérrez, personas que han sido coherentes en el tiempo", asegura.

Para ella el cierre de RCTV fue injusto y acusa a Winston Vallenilla, quien fue actor y animador de RCTV y paradójicamente asumió años después la presidencia del canal que sustituyó su señal, Tves, de no sólo acabar con el espectáculo de la televisión, sino que lamentó que esté acusado de mal manejo de los fondos de ese canal. "Analizando el cierre de RCTV con los años te das cuenta que no dejó nada positivo. Esto fue a propósito, para mí una estrategia cubana, porque entre menos volumen tengan tus artistas que penetren en el corazón del pueblo apagas también tu voz", lamenta.

Pero la persecución contra Fabiola Colmenárez no quedó allí. Desde el Gobierno no estaban satisfechos de haberla sacado de la pantalla de Venevisión sino que también querían eliminar cualquier posibilidad de trabajo en otros espacios.

El ministro de Cultura del momento, Francisco "Farruco" Sesto, arremetió contra ella condenando que desde la Villa del Cine (institución del Estado) se le haya ofrecido la oportunidad de protagonizar la película *Miranda regresa*, un film venezolano que trata sobre la vida de Francisco de Miranda, precursor de la independencia americana, en donde también participó el actor estadounidense

Danny Glover interpretando a un esclavo haitiano. Para esa oportunidad, el ministro de Cultura dijo en referencia a Colmenárez: "Debemos preguntarnos: ¿Es un error haber permitido que este personaje menor del fascismo criollo hubiese trabajado en una película de la Villa del Cine? A partir de ahora tendremos que cuidarnos de la selección de actores a fin de no brindarle gratuitamente espacios de comunicación a los pequeños soldados oposicionistas de la guerra mediática".

Y sus palabras se convirtieron en acciones. El exministro de Cultura comenzó una cacería de brujas en su contra y llamaba a los directores de las obras o dueños de las salas de teatro para impedir que Fabiola tuviera espacio en obras de teatro. "Fue muy sutil (su acoso) porque no estaba escrito en ningún lado, pero él llamaba a los directores para decirles que no quería que yo estuviera en las obras. Incluso yo no podía presentarme en ningún teatro público del país", recuerda.

Paradójicamente la actriz no tiene nada malo que decir sobre la Villa del Cine. Asegura que desde que la invitaron a participar en la película siempre respetaron su posición política porque el arte siempre se impuso. "Fui tratada como una princesa, como una estrella. Jamás se me cuestionó lo que pensaba políticamente" y recuerda un episodio muy particular con el propio presidente Hugo Chávez.

"La primera presentación que se hace de la película (*Miranda regresa*) no me invitaron porque era para Chávez, pero el día del estreno yo digo que soy la protagonista, que tengo que ir, y llamé a los productores y me dieron las entradas. Ese día me fui hasta donde el diseñador de moda Hugo Espina, me vestí con mis mejores ropas porque yo era la protagonista de esa historia. Chávez llegó muy tarde, súper impuntual, terrible. Ese día él llegó con el presidente de Ecuador, Rafael Correa. Cuando Chávez llegó al teatro yo no me quería ni levantar, pero Jorge Reyes (también protagonista de la película) me dice que era de mala educación (...) y tenía razón. Me volteé y lo conocí. No hay ni una sola foto pública de ese encuentro", expone la protagonista de la cinta.

Fabiola se acuerda que en aquella premier Chávez tuvo un derecho de palabra y cuando le tocó hablar nombró a todos los que participaron: maquilladores, los que recogían cables, los actores, pero nunca la nombró a ella, la ignoró desde el primer momento. "Ahí conocí a un Chávez diferente, un gran comunicador. Sin duda era un encantador de serpientes", dice.

Sobre Chávez, la actriz ya había tenido un acercamiento con este personaje y fue gracias a la novela que protagonizó llamada *Cosita Rica*, escrita por Leonardo Padrón, quien reflejó las marchas y contramarchas que se registraban para los años 2003 - 2004 en Venezuela, donde la legitimidad de Chávez no vivía precisamente su mejor momento.

Al lado de Fabiola Colmenárez estaba el actor colombiano Rafael Novoa como protagonista, y con ellos Carlos Cruz, con un personaje característico y carismático inspirado en Hugo Chávez. Además Lourdes Valera, quien interpretaba a la violenta dirigente del chavismo Lina Ron, con el personaje La Chata, y Gledys Ibarra, que metaforizaba a la mujer de origen popular, la madre venezolana Patria Mía.

De acuerdo con el testimonio de Fabiola, en principio, la novela se iba a llamar *Primera Dama*, y se narrarían los acontecimientos de la esposa del presidente de la República, Hugo Chávez de aquel entonces: María Isabel Rodríguez.

Sin embargo, el argumento cambió por uno más contundente, uno que reflejara la Venezuela marcada por el espiral de violencia y autoritarismo de personajes como Chávez y su fiel seguidora Lina Ron. Y así fue. La novela tuvo grandes niveles de audiencia y además causó malestar en el Gobierno por lo que en varias oportunidades levantaron el teléfono para pedir bajarle el tono a la telenovela.

Sobre esto, Fabiola asegura que esta novela "fue la última que se hizo en libertad" porque para la época se estaba aprobando la Ley de Responsabilidad Social en Radio y Televisión, que para diversos sectores fue un instrumento legal que limitaba la libertad de expresión en Venezuela.

La novela causó tanta controversia que la propia Lina Ron le regaló a la actriz venezolana Lourdes Valera, quien interpretaba a esta dirigente política, un libro firmado por ella, y además la llamó por teléfono. Algo que hizo, por cierto, el mismo Chávez con el actor Roberto Lamarca por la novela *Por estas calles*. Un gesto que no le gustó para nada a la actriz, tal como admitió en una entrevista concedida para el periódico TalCual.

"A mí me dolió mucho que Lina atacara a Leonardo Padrón (escritor de la novela) en un programa que transmitió Televen porque al final el escritor le dio una humanidad (en la novela) que creo que ella no tenía como ser humano. Le puso una circunstancia hermosa (simbólica) como la muerte de sus hijos: uno en una marcha opositora y otro robando (porque era delincuente). En Twitter la gente me pregunta por qué no hacen la segunda parte de *Cosita Rica*", señaló la actriz en febrero de 2012.

Al mismo periódico Leonardo Padrón comentó que junto *Amores de fin de siglo* de RCTV (otra de sus obras), *Cosita Rica* ocupa un lugar importante al retratar a dos personajes tan controversiales como Chávez y Lina Ron. "Esos fueron Carlos Cruz y Lourdes Valera como intérpretes. Olegario, que era Chávez, la gente lo quiso porque era muy carismático y al venezolano le encanta reírse. Pero con La Chata plasmé ese chavismo rabioso e irreflexivo. Pero gracias al discurso de la ficción tejí un discurso donde a ese personaje la vida le dio unas cuantas lecciones. Para ese rol elegí a Lourdes porque era muy versátil pues me podía dar la temperatura rabiosa de Lina Ron, y el humor que yo le ponía como punto de fuga a esa rabia. Ella era perfecta y Carlos Cruz también el apropiado para un personaje como Chávez".

En uno de los capítulos de esta novela, titulado *La patria en el suelo*, se retrató la recordada agresión que propinó la Guardia Nacional contra la abogada Elinor Montes, a quien arrastró por el suelo tomada del cabello en una protesta de la sociedad civil contra el régimen de Chávez el 27 de febrero de 2004 en una marcha convocada por lo coalición opositora Coordinadora Democrática, situación que fue reflejada a través del personaje Patria Mía en esta producción de Venevisión.

La agresión contra Elinor Montes, quien fue arrastrada por el piso tomada por el cabello, le provocó hemorragias internas, desprendimiento de raíz y alopecia. "Cualquier parecido con la realidad es pura realidad. La 'Patria' en el suelo", denunció Venevisión en los promocionales de este capítulo. "No en vano ese personaje (el de Elinor Montes) estaba en la piel de Gledys Ibarra, porque ella tiene el arquetipo de la mujer humilde venezolana. Ella está multiplicada en los ojos humillados y de protesta que hay en todas partes", recordó el escritor de *Cosita Rica* Leonardo Padrón en entrevista al diario TalCual.

Esta telenovela, en definitiva, fue un espejo de la realidad agitada, movida y polarizada que vivía Venezuela, y para aquellos años (2002, 2003, 2004) Venevisión todavía estaba dispuesto a asumir los riesgos de transmitir ese tipo de contenido de denuncia social y política contra el régimen de Chávez. Sin embargo, esta postura no duraría mucho más tiempo.

Una editorial sesgada

Las irregularidades que cometieron en Venevisión contra RCTV las confirman los propios periodistas que estuvieron trabajando en ese entonces. La orden estaba dada: Ningún comunicador social podía mencionar en pantalla el nombre de Radio Caracas Televisión ni tampoco referirse a lo que ocurría con ellos. Siempre se informaba al aire del "canal 2" o "un medio privado", pero no de RCTV por su nombre.

La periodista María Alejandra "Nanda" Salas, quien trabajó hasta el año 2008 en Venevisión, asegura que muchos periodistas se sintieron afectados por esta medida. "Nos costaba el tema de no afrontarlo como información, aunque nosotros entendíamos que por ser competencia directa qué le podía importar a Venevisión el cierre de su principal competidor", asegura Salas.

Sin embargo, explica que a su juicio se trataba de una medida ilegal y que era una manera de coartar la libertad de información. Afirma que en Venevisión el cierre de RCTV nunca existió como noticia. "La información sí salía, pero no podíamos decir que era RCTV porque era una marca. Imagino que por ahí venía la estrategia, de no darle fuerza a tu principal competidor", afirma.

Recuerda que vivió momentos muy duros sobre todo por la línea editorial que desde la gerencia se imponía y admite que el día del cierre de RCTV estuvo en su casa tomando calmantes porque no paraba de llorar junto a su mamá. "Para Venevisión la noticia no fue el cierre de RCTV sino el inicio del nuevo canal TVES", lamenta la periodista quien egresó de la Universidad Central de Venezuela y emigró en 2017 para irse a la cadena Telemundo.

De esta línea editorial sesgada otro periodista que también da fe de lo mismo es Marco Antoima, quien se desempeñó por más de 10 años como jefe de Asignaciones en Venevisión.

Este comunicador social señala como responsable de todas las censuras, presiones y hostigamiento contra los trabajadores de esta empresa a Carlos Bardasano, uno de los vicepresidentes de la Organización Cisneros, quien además tenía como encargo ocuparse del departamento de prensa.

Una tarea que, a juicio de Antoima, la cumplió al pie de la letra al venderse como imprescindible en el manejo de las relaciones con el Gobierno. El exjefe de Asignaciones cuenta que meses antes del cierre de RCTV su equipo de reporteros comenzó a recibir descalificaciones en las calles al ser acusado de no decir la verdad y de ser cómplices de la censura que estaban implementando en Venevisión.

"Ante esto los reporteros pidieron una reunión para decir que eran agredidos por la gente y exigieron una mejor política informativa. Fue en este momento cuando Bardasano comenzó a señalar y a observar a los periodistas que estaban en esta situación. No se aceptó la disidencia ni que nadie estuviera en contra del cierre", denuncia.

Sobre Bardasano, la periodista Karla Salcedo Flores coincide con Antoima y asegura que este vicepresidente de la Organización Cisneros es el principal responsable de la autocensura en Venevisión y de colocar una alfombra roja para que el partido de Gobierno se vea beneficiado. Recuerda que, en más de una oportunidad, "Delcy Rodríguez siendo canciller de la República lo llamaba (a Bardasano) para exigirle que quitara alguna noticia, o algún *insert* informativo".

En su caso, denuncia que siempre fue presionada al momento de hacer entrevistas. "Querían darte una lista exacta por temas de lo que podías hablar y de lo que no podías preguntar", pero destaca que siempre rebelde y en defensa de un Periodismo libre nunca hizo caso y trataba de preguntar lo que consideraba oportuno. "Por eso me sacaron de las entrevistas, por no ser leal a una línea editorial parcializada con el Gobierno", afirma.

Una situación que confirma Antoima al denunciar que eventualmente Bardasano giró la orden de nunca más sacar en vivo a Salcedo Flores por temor a lo que ella podía decir en pantalla mientras estuviera al aire. Pero Salcedo no sólo identifica a Bardasano como censor de la información sino que también señala a Sol Vargas, gerente de Información, y Belkis Sánchez, productora ejecutiva del noticiero.

Ellas dos "en llave con Bardasano editaban noticias opositoras para que salieran poco tiempo al aire y seleccionaban con pinzas las frases de líderes opositores que podían salir en los noticieros. Cuando un reportero preguntaba y se quejaba, inmediatamente entrábamos en algo que llamamos lista negra y ya empezabas a estar fichado". Toda esta presión puso punto final al trabajo que Salcedo Flores había hecho por más 10 años en Venevisión. "Renuncié para respetar mi ética periodística.

Embarazada de 8 meses preferí salir de una empresa que cada día irrespetaba más a sus periodistas y pretendía llevarnos a todos poco a poco a materializar la autocensura y hacer oídos sordos ante lo que pasaba en el país", expresa.

Pero la figura de Carlos Bardasano está llena de contrastes. Para el periodista Napoleón Bravo, quien trabajó en Venevisión, el mérito de este alto ejecutivo es mantener abierta la empresa en un escenario adverso.

"Carlos Bardasano tiene un trabajo que es muy difícil, que es mantener la estación. En ese sentido es oportuno preguntarse: ¿Dónde está RCTV? Cerrada. ¿Dónde están sus trabajadores? Desempleados. ¿Y dónde está Venevisión? Abierta, pero trabajando como se hace en las dictaduras, como trabajaba RCTV por cierto en la dictadura de Pérez Jiménez. En una dictadura, bien sea la de Franco, la de Pinochet o la de Fidel Castro, no hay libertad de expresión", asegura Bravo.

A juicio del exconductor del programa *24 horas*, Carlos Bardasano ha tratado de mediar con los diferentes protagonistas de lo que está sucediendo en Venezuela para que el canal 4 siga siendo una empresa en el aire y estable. "Eso es lo que ha hecho Carlos Bardasano. Y lo ha hecho excelentemente bien desde mi punto de vista, porque ahí está Venevisión abierta", dice el periodista porque a su juicio lo que tanto Cisneros como Bardasano tienen que hacer es que su empresa sobreviva y "la sociedad no le puede pedir otra cosa".

Para Dynalba Salas, periodista de Venevisión en la década de los 90, Carlos Bardasano es un hombre que a su entender "se formó con Gustavo Cisneros en una gran parte de su desempeño profesional, con lo cual, como líder de ese grupo tiene extremadamente claros los intereses con miras a relacionarse con este Gobierno. Siempre he creído que cualquier posición que se asemeje a la de Carlos debe ser una de las cosas más difíciles de manejar para cualquier ser humano".

Agrega que el rol que le ha tocado desempeñar a Bardasano está sujeto a presiones de todo tipo, especialmente externas, "bajo premisas muy específicas, con las cuales cualquier tipo de relacionamiento que tú quieras, puedas o debas tener está marcado por una profunda tensión y una profunda dificultad. En ese sentido, la figura de Carlos Bardasano coincide con la de muchos ejecutivos de medios", describe Salas, quien reconoce a este gerente como un hombre inteligente, con valores y a quien considera su amigo, que posicionó en su época a Venevisión como una marca de vanguardia en el Periodismo televisivo.

Sin embargo, tanto Salas como Bravo opinan de una persona que no tuvieron como jefe en los años recientes, porque ambos salieron del canal mucho antes del año 2007. Lo que quiere decir que ninguno de los dos vivió la situación de acoso y persecución que denuncia el resto de los periodistas consultados para esta investigación.

Un paso más allá

Las presiones que recibieron los periodistas y trabajadores que querían informar de manera equilibrada en Venevisión fueron diferentes a la que se registraba en otros medios de comunicación durante la época de Chávez. Aquí no sólo se era víctima de la censura por parte de la directiva sino que existió una política sistemática de acoso en su contra al punto que muchos de los periodistas que ya renunciaron temen actualmente dar sus testimonios para denunciar todos los atropellos.

Fueron pocos los periodistas y trabajadores de esta planta que accedieron a dar su nombre y su apellido, y denunciar abiertamente en esta investigación el acoso del que fueron víctimas. La mayoría teme, luego de haber renunciado hace muchos años, que los tentáculos de la Organización Cisneros lleguen hasta donde están actualmente y les cierren futuras puertas laborales.

Uno quien no tuvo miedo es Rafael Garrido, periodista que trabajó casi 13 años en este canal. A través de su testimonio se confirmó que desde el Gobierno se giraban órdenes expresas para Venevisión indicándole qué debían hacer.

"Por ejemplo, Teresa Maniglia (directora de prensa del Palacio de Miraflores) daba las instrucciones de quién iba a entrevistar a Chávez", y asegura que las preguntas que los periodistas le hacían al jefe de Estado eran las que les daban desde el Ministerio de Comunicación e Información.

En cuanto a la línea informativa de Venevisión, Garrido cuenta que en los años en que estuvo en el canal Carlos Bardasano, vicepresidente de la Organización Cisneros, también tenía una lista de personas vinculadas a la oposición a las que se les prohibía cubrir. Entre ellos el político Alejandro Peña Esclusa, la dirigente María Corina Machado y la diputada Delsa Solórzano. Una lista que podía ir variando en el tiempo.

Ejemplos como estos sobran. Garrido, que cubrió por varios años a Chávez, asegura que cuando le correspondía viajar con el mandatario venezolano le indicaban lo que no debía decir. "Esto fue una de las cosas que motivó mi salida de Venevisión. A mí no me despiden, yo renuncio a Venevisión y cuando lo hice le digo al vicepresidente que las cosas que estaba haciendo el canal yo no lo puedo seguir haciendo porque yo tengo que verle las caras a mis padres. Yo no puedo verlos a los ojos. Yo le dije que prefería irme tranquilo y no tener más problemas, yo no sirvo para hacerle el juego a ustedes y menos al Gobierno", dice.

Este periodista denuncia que no fue suficiente el haberse ido del canal. Una vez fuera comenzó a trabajar con el exalcalde opositor del municipio Sucre, Carlos Ocaríz, como director de Atención al Ciudadano. La sorpresa que se llevó fue que un día, y luego de estar un año ocupando esa dirección, el dirigente de Primero Justicia lo botó de su cargo por instrucciones de arriba. "Llamaron a Carlos Ocaríz para que me botara y me botó. Y Carlos me lo dijo: 'te boto porque me lo pidió Bardasano'. No tengo ningún temor en decirlo", denuncia Garrido.

Lo mismo le pasó cuando trabajaba como jefe de prensa de la dirigente de Vente Venezuela, María Corina Machado, a quien también la llamaron "para amenazarla y ella le dijo que yo era su jefe de prensa y que lo hacía muy bien". María Corina no lo botó.

Sobre los atropellos que se registran puertas adentro de este canal y el acoso que sufren los trabajadores que ya han renunciado, a Garrido no le tiembla la voz para señalar, así como lo hizo Marco Antoima, Karla Salcedo, y otros periodistas que prefieren guardar el anonimato, a Carlos Bardasano, como el responsable de esta política sistemática de persecución.

Las represalias en contra de Garrido no se detuvieron. Cuando llevaba un tiempo fuera de Venevisión, botaron también a su novia y actual esposa Rita De Martino, quien se desempeñaba como redactora en el canal de La Colina.

Sobre este episodio denuncia que la despidieron exclusivamente por ser su novia, según le dijo un trabajador de Recursos Humanos a De Martino al momento del despido.

Después de este incidente, su esposa fue contratada por el canal de noticias Globovisión, pero nuevamente "Bardasano llamó a la directiva de Globo y la botan". Todo esto le hace pensar que se trata de una política sistemática de persecución "obsesiva" en contra de los trabajadores y los que alguna vez estuvieron en la nómina de ese canal.

La censura y las presiones también se hicieron presentes en el interior del país. Prueba de esto es lo que ocurrió con la corresponsalía de Venevisión en el estado Anzoátegui con la periodista María Gabriela Rondón, quien apenas fue contratada en el año 2011 le pusieron las reglas claras y le dijeron que tenía que cubrir obligatoriamente a Tareck William Saab, quien para la época era el gobernador de Anzoátegui, cada vez que tuviera una pauta.

El testimonio de Rondón confirma la utilización este canal para beneficiar a los voceros del oficialismo. Asegura que mientras estuvo al frente de esta corresponsalía existió una rivalidad entre Tareck William Saab y Jonathan Marín, alcalde de Guanta y "amigo de Carlos Bardasano".

Recuerda que en una oportunidad "en el hospital Razzetti (estado Anzoátegui) habían muerto 16 recién nacidos en un tiempo que no era normal, pero Jonathan Marín, alcalde de Guanta, tenía una inauguración de una cancha y me mandaron a cubrir la pauta del alcalde, y no lo que ocurría en el hospital, por lo que sentí mucha frustración. La prioridad era cubrir sus pautas (las oficialistas) aunque no tuviera sentido noticioso".

Esta periodista lamenta que debido a estos criterios informativos la gente siempre la tildó de chavista y que trabajaba para la alcaldía, pero destaca que "siempre fue una orden directa del canal y de Bardasano".

Todo se iba poniendo peor

Como si no fuese suficiente todo lo que vivieron los trabajadores de Venevisión en el año 2007 con el cierre de RCTV, al llegar el 2009 el ambiente de trabajo comenzó a empeorar luego de la creación de una cuenta de Twitter llamada @VVPeriodistas, desde la cual salían noticias sin ningún tipo de censura sobre las decisiones de la directiva o el hostigamiento del cual eran víctima los trabajadores de esta planta por parte de los directivos.

Los venezolanos habían encontrado en las redes sociales una herramienta contra la censura, y el uso de Twitter se multiplicó en el país.

Antoima asegura que la cuenta publicaba informaciones que eran ciertas y a partir de su creación "Bardasano quiso saber quiénes eran los que estaban detrás de la cuenta y como no tenía elementos, se terminó señalando a los que se sabían que no tenían una posición a favor del Gobierno de Chávez. De ese grupo, que era la mayoría, comenzaron a seleccionar a personas. El primer responsable, según él (Bardasano), era Rafael Garrido".

A pesar de estos señalamientos, Garrido sale al paso y afirma que "está de más decir que yo no soy la cuenta VV Periodista, ni siquiera sé quién es. Me llegaron a contactar un par de veces, pero para mí siempre ha sido alguien de la directiva del canal porque la cuenta divulgaba información que no manejaban los reporteros ni el personal común de redactores, ni periodistas o secretarias".

Sobre el contenido de lo que la cuenta publicaba, Garrido afirma que se trataba de detalles de la línea informativa del canal, la jerarquización de las noticias en el noticiero a favor del Gobierno, y este tipo de detalles sólo lo manejaban desde la directiva. "Para mí siempre ha sido alguien de la directiva, pero eso es casi que imposible de demostrar", asegura Garrido.

Este periodista asegura que Bardasano mandaba a poner papeles en los pasillos del canal diciendo que actuar bajo seudónimos en redes sociales era delito. "Yo no tengo ningún estupor de decir el nombre de él. Bastante que me ha perseguido a mí y a muchas personas y le ha hecho daño simplemente por hacer el trabajo", apunta.

A su juicio, esta cuenta tuvo tanto efecto dentro y fuera del canal por la ausencia de información y las personas acudían a las redes sociales para enterarse de lo que ocurría. "VV Periodistas fue demostrando paulatinamente la censura que ocurre en el canal, de la que son partícipes muchos reporteros ya sea por complacer o porque te invitaban a hacerlo" admite.

El nivel de acoso dentro de Venevisión llegó a tal punto que un grupo de periodistas tuvo que ir a declarar al Cuerpo de Investigaciones Científicas Penales y Criminalísticas (CICPC) porque investigaban presuntos delitos informativos. El primer citado fue Antoima, exjefe de Asignaciones.

"Un día estaba en mi oficina y me llaman para decirme que en el departamento de seguridad estaban unos funcionarios del CICPC que querían hablar conmigo. Yo voy hasta allá y ellos me dicen que me traían una citación para la próxima semana y que era una investigación relacionada con la cuenta VV Periodistas que difamaba a gente del Gobierno y del canal, y como yo era el jefe querían que les contara cómo se trabajaba ahí. Les dije que no tenía problema y como era las 9 ó 10 de la mañana le dije a Sol Vargas, gerente de Información, que un carro del canal me llevara y me esperara mientras declaraba", explica Antoima.

De ese episodio recuerda que los funcionarios del CICPC le dijeron que la investigación tenía que ver con una denuncia que puso el entonces gobernador de Aragua Rafael Isea por algo que se habría colocado que afectó a este dirigente del PSUV.

"Pero mi sorpresa me la llevo al día siguiente cuando llego a la oficina a las 7 de la mañana y Bardasano me confirma que él ya tenía el texto de mi declaración del día anterior en el CICPC sobre VV Periodistas", recuerda. Lo que le hace pensar que los propios funcionarios le pasaban toda la información a este vicepresidente de la Organización Cisneros. Al CICPC fueron a parar varios periodistas. No sólo Antoima, sino también la comunicadora social Yenny García quien tuvo una de las peores experiencias durante el interrogatorio porque fue tratada "como una verdadera delincuente".

Rafael Garrido, quien fue acusado ferozmente de ser la cabeza de esta cuenta, nunca fue citado. Sin embargo, afirma que un día, harto de los señalamientos, agarró su computadora para irse voluntariamente hasta el CICPC para que los funcionarios la revisaran como muestra de que no tenía nada que ver, pero su abogado le recomendó que no lo hiciera porque le podían sembrar cualquier cosa que lo vinculara con la cuenta de Twitter.

De todas estas denuncias y citaciones al CICPC nunca hubo ningún resultado, ni imputados, ni nada. Todo se quedó en amedrentamiento, en señalamientos y sobre todo en acoso que causó que "muchos periodistas fueron tratados por psicólogos por todo lo que vivieron", según una de las fuentes que trabajó en Venevisión y que prefirió proteger su identidad por miedo a que Bardasano le cierre puertas laborales en el futuro. Esta persecución comenzó a deteriorar el ambiente de trabajo en el departamento de prensa y no volvió a hacer lo que era en los años 2000 cuando la mayoría de los periodistas consultados coinciden en que se podía informar libremente.

"El asunto aquí es que durante 10 años se aplicó una política de persecución, hostigamiento, retaliación y de señalamientos contra un grupo de periodistas y el único pecado es que éramos de oposición. Si eres de oposición ya eras mal visto por Bardasano", denuncia Antoima.

Esta forma de gerenciar el departamento de prensa generó consecuencias negativas en el desarrollo profesional de los reporteros y anclas del canal. Los que eran considerados incómodos al Gobierno fueron apartados y disminuidos. Entre ellos Anna Vaccarella, quien nunca más volvió a tener la oportunidad de hacer reportajes propios, entrevistar a personajes del Gobierno o hacer las coberturas de los eventos religiosos que se realizaban en

Venezuela y de la cual ella tenía vasta experiencia. Sólo la limitaron a leer noticias. De resto no podía hacer más nada.

Otras fuentes aportaron a esta investigación que la periodista se negaba a hacer entrevistas en los términos de autocensura sugeridos por el canal 4. Sobre esto, Antoima confirma que en más de una oportunidad Vaccarella le planteó hacer reportajes especiales y nunca fueron transmitidos. "Era una manera de fastidiarla. Nunca salían al aire y sabíamos que un reportaje de Anna Vaccarella no va a dejar de salir porque estuviera mal hecho. La política era yo te persigo, te acoso para que te vayas. La idea no era botar a nadie sino hacer todo lo posible para que te fueras. Así lo hicieron con muchos periodistas, igual conmigo".

Otro caso fue el de Unai Amenábar también ancla del noticiero estelar quien afirma que luego de saberse su posición sobre las cosas que estaban ocurriendo pasó a ser "un jarrón chino".

Este periodista pasó por muchos momentos incómodos, recuerda. Uno de ellos fue cuando se vio en la obligación de desconocer la orden que le habían dado de no nombrar al aire a RCTV cuando el Gobierno lo cerró. Otro encontronazo que tuvo fue cuando luego de perseguir por varios meses a Luisa Estela Morales, presidenta del TSJ para aquel entonces, decide finalmente concederle una entrevista dos días antes del cierre de RCTV y un directivo le dice que no le preguntara nada sobre ese caso, a lo que ella respondió: "¿Qué? No. Claro que sí, que pregunte lo que quiera".

Esto le pasó en varias oportunidades. "Con el general Alberto Müller Rojas me dijeron que me pusiera de acuerdo con el entrevistado para ver qué le iba a preguntar", recuerda. A lo que se negó y respondió que él le iba a preguntar lo que él consideraba. "Si mi criterio no te gustaba, que otro lo hiciera", decía Amenábar a sus jefes. A él lo daban por ser un caso perdido al desconocer las instrucciones que venían de arriba.

La reacción a esta posición fue asignar a Eduardo Rodríguez como el único periodista -o uno de los pocos- que podía entrevistar a las personalidades del Gobierno. Ni Anna Vaccarella ni Unai Amenábar podían hacerlo. "A mí me fueron apartando como una especie de jarrón chino porque fueron pasando varios incidentes", añade.

Consultado sobre por qué las entrevistas a funcionarios del alto Gobierno las hacía Eduardo Rodríguez, Unai señala que "si él duerme tranquilo con su conciencia, eso es problema de él. Yo no lo hago. Yo no pacto las entrevistas. Cuando (los jefes) me insistían en ese punto porque Eduardo no tenía problemas en hacerlo, pues chévere, que lo haga Eduardo", resume el periodista.

Para Unai la verdadera defensa de la libertad de prensa se da a puerta cerrada. Añade que las "peleas sabrosas" se dan puertas adentro de la oficina con el jefe diciéndole: "esto no lo voy a hacer aunque me cueste el puesto de trabajo' y no en una plaza con 500 personas aplaudiéndote. Eso es un show", agrega.

Para él, los periodistas no terminan de entender que ellos están "para encontrarle las verrugas al poder, para ser incómodo. Yo no estoy ahí para ganar un concurso de popularidad. Yo hago lo que tengo que hacer porque lo tengo que hacer".

De su salida del canal no tiene los mejores recuerdos. A él no le renovaron el contrato, lo que califica como una manera de botarlo "porque venía siendo incómodo, y todo esto venía incrementado a medida que fue pasando el tiempo era: no digas, no veas, no hables". Fue así como un viernes normal de trabajo su productor le dijo que no viniera el lunes próximo porque ya él tenía quien lo sustituyera en su puesto. A Unai nadie lo llamó para decirle adiós, ni para agradecerle su trabajo. De esta manera se le puso fin a 17 años de carrera en Venevisión.

Con el tiempo y después del año 2009 "a Venevisión comenzaron a ingresar periodistas vinculados al Gobierno y llegó un momento en que Bardasano controlaba todo, absolutamente todo" dice Marco Antoima. Desde la secretaria que se contrataba, pasando por el motorizado hasta los periodistas, revela. "A estas alturas yo no entiendo por qué una persona de alto rango de una organización tiene que decidir qué secretaria contratamos, qué redactor contratamos, qué motorizado contratamos, qué reportero contratábamos. Sí sé lo de los reporteros porque en algún momento de esos años, la política era que el reportero que viniera tenía que ser chavista. Eso era público. Era una condición que él ponía", afirma el exjefe de Asignaciones.

Sobre esta denuncia agrega que nadie se lo puede desmentir porque esto se lo decía la gerente de información Sol Vargas. "Muchas veces mandaban a investigar el entorno de esa persona (reportero): si tenía alguna relación con políticos, si tenía o no novio, o quién era el esposo. Eso era un motivo para no contratarte", agrega. Antoima responsabiliza a las periodistas Liz Flores y a Sol Vargas "de ejecutar todas las decisiones de Bardasano dentro del canal".

Para este periodista, "la actuación de Bardasano y Liz Flores parece más de funcionarios del Gobierno que un ejecutivo y trabajador de una empresa privada.

Las decisiones buscaban beneficiar más al Gobierno que a la propia empresa. Venevisión también es víctima de Bardasano".

Prueba de esto, según el exjefe de Asignaciones, es que todos los periodistas que entraron después de la creación de la cuenta VV Periodistas estaban relacionados o fueron recomendados por personas del Gobierno. "Por cierto, algunos de esos reporteros se voltearon (a la oposición) y era la peor traición que se le podía hacer", afirma.

Otro de los aspectos que Bardasano decidía, según Antoima, era qué reportero salía o no al aire. Por ejemplo, ni Karla Salcedo Flores ni Santiago Gutiérrez lo podían hacer. "Yo asumo que él (Bardasano) pensaba que iban a utilizar la microonda para hablar mal del Gobierno, cosa que es una falta de respeto porque cuando tú no tienes confianza en el periodista tienes que botarlo. Pero ¿por qué preferiste esta política sistemática de persecución y acoso?", se pregunta Antoima.

Finalmente, Marco Antoima concluye que en el caso del departamento de prensa de Venevisión es una minoría que sometió a una mayoría, así como pasa en Venezuela. "Si algo le puedo recriminar al resto de los directivos (de la Organización Cisneros) es que nos dejaron solos, nos entregaron a Bardasano. Es como cuando tú sabes que a la vecina su esposo le grita, la maltrata y tú no haces nada. (De parte de la Organización Cisneros) nunca hubo la intención de acercarse a nosotros y averiguar qué estaba pasando. Todo el mundo en Venevisión sabe lo que ocurre en prensa y nadie hace nada".

Sobre las irregularidades que ocurrieron en Venevisión durante el mandato de Hugo Chávez hay mucho más que contar.

Para esta investigación fue mucho más lo que se dijo *off the record* que lo que los periodistas quisieron denunciar. Sin embargo, los comunicadores sociales que para este trabajo dieron su nombre y su apellido contaron toda su verdad y lo hicieron con la esperanza de dar a conocer toda la censura, abuso y persecución que desde este canal se impuso sobre reporteros, redactores, actores que alguna vez trabajaron en el canal de La Colina.

Otros prefirieron no dar sus nombres, pero aportaron detalles a la investigación.

Sea como sea el objetivo de hacer públicas todas estas denuncias es animar al resto de los colegas a sumarse a este esfuerzo y develar quiénes ejecutaron esta política sistemática de acoso en contra de la verdad y la dignidad.

Para esta investigación se intentó obtener la versión de la gerencia de Información del canal, a la que se le solicitó una entrevista que hasta la fecha de edición de este libro no fue respondida.

Año 2007
Canal I: El equilibrio en un país polarizado no tuvo cabida

Pasados cinco meses del cierre de RCTV, nace Canal I en víspera de una reforma constitucional que pretendía dar luz verde a la reelección indefinida al presidente Chávez en Venezuela. El 5 de octubre de 2007, Wilmer Ruperti, empresario dedicado a la industria petrolera, benefactor de la revolución, dio inicio a esta televisora que buscaba convertirse en el punto de equilibrio de una sociedad polarizada.

Este medio de comunicación se fundó con el propósito de reconciliar en una pantalla a un país segregado entre las señales de Globovisión y Venezolana de Televisión. La tarea no era sencilla, por eso Canal I intentó cambiar paradigmas con el eslogan 'equilibrio en la información'. Cumplirlo o no era el costo de su credibilidad.

"Aquí tiene que haber ponderación, aquí tiene que haber equilibrio. Aquí la gente se tiene que olvidar de extremismos, radicalismos. Aquí la gente se tiene que olvidar que se tienen que morir 6 mil personas en un momento determinado para tumbar al Presidente de la República. Aquí los medios de comunicación tienen que dedicarse a su trabajo y no al trabajo político; dejen a los políticos lo que tienen que hacer los políticos. Aquí tenemos que dedicarnos a hacer Periodismo...", declaró Ruperti en una entrevista concedida a su propio medio de comunicación en *Contrapeso*, programa conducido por los periodistas Idania Chirinos y Vladimir Villegas, en 2008.

Contrapeso era el programa con mayor audiencia de ese canal para aquella época. Idania Chirinos es una periodista aguda, crítica del modelo político que proponía Hugo Chávez y Vladimir Villegas, un periodista y político afecto al proceso revolucionario.

Sin embargo, todas las promesas del empresario y dueño del canal, Wilmer Ruperti, al poco tiempo se convirtieron en sal y agua. No cumplió con sus palabras. Corría el año 2008 y los hilos del poder se tejían para sacar de la pantalla a quien siempre cerró filas a favor del Partido Socialista Unido de Venezuela.

Vladimir Villegas sería esta vez víctima de censura y sectarismo por quienes hasta hacía poco habían sido sus compañeros de Gobierno. Villegas acompañó al presidente Chávez mucho antes de llegar al poder. Fue uno de los que redactaron la Constitución de 1999 y disfrutó de las altas esferas del poder, ocupando la vicepresidencia de Relaciones Exteriores, la embajada de Venezuela en México y la presidencia de Venezolana de Televisión, principal canal del Estado.

Para ese año Villegas ya no era el mismo. El Gobierno había revelado sus verdaderas intenciones y con la reforma de la Constitución de 2007 planteaba la reelección indefinida y una serie de alteraciones en materia de derechos humanos, como la eliminación del acceso a la información en un Estado de excepción.

Para ese año Villegas ya había expresado su descontento con el chavismo y las relaciones comenzaron a tensarse luego que el Gobierno sancionó a su hermano Mario Villegas, redactor de la Oficina de Prensa del Seniat (órgano de recaudación tributaria), por escribir contra el Gobierno en el diario vespertino El Mundo. Mario, sin previa consulta ni notificación, fue enviado arbitrariamente a Santa Elena de Uairén, específicamente a dos horas de carretera de Boa Vista, por su postura crítica contra el poder. Entre más lejos mejor, esa era la lógica, como castigo.

Este hecho motivó a Vladimir Villegas a expresar su solidaridad hacia uno de sus hermanos, con el que, en muchas ocasiones, como él mismo admite, discutió "en decibeles a veces peligrosos entre seres humanos" por sus diferentes posturas del Gobierno de Chávez. Sin embargo, esta vez Vladimir tensó la cuerda con el chavismo y no dudó en rechazar esta decisión que la calificó como "stalinista".

Decidió entonces publicar una columna titulada *Un Gulag en el Seniat* en el diario El Nacional y fijar postura sobre esta acción que se emprendía contra su hermano, censurado por su columna en El Mundo.

Aquí Vladimir descargó su frustración contra el Gobierno. "Estoy plenamente convencido de que esta decisión es un pase de factura por sus posiciones políticas (...) Mario es excesivamente escrupuloso con sus obligaciones laborales.

Podrán acusarlo, por ejemplo, de que no se quiso poner una camisa o una gorra roja, pero jamás de que dejó de hacer su trabajo como periodista. De paso es bien odioso y reaccionario, y nada revolucionario eso de obligar a la gente a vestirse de determinado color, y aún a sabiendas de que no comulga con la ideología de quien da la orden", se lee en su columna.

Pero hay más. Vladimir seguía alzando la voz contra un Gobierno que a su juicio cada vez se alejaba más de sus valores y principios socialistas.

"El envío de Mario a ese Gulag seniatizado es una señal preocupante. (...) Te mando al lugar más lejano posible para que tus ideas no me ladillen (molesten). Y si me reviras te boto y punto. Esa, mi estimado José David Cabello (presidente del Seniat y también hermano de Diosdado Cabello), es de las cosas que hicieron fracasar unas cuantas revoluciones, incluida la soviética. (...) Si pretendían que con esta medida apestosa a stalinismo doblegarían la posición política de Mario, pues creo que están plenamente equivocados (...) Es una paradoja que, en medio de una revolución que proclama la defensa de los trabajadores, un luchador social como Mario, de destacada trayectoria sindical dentro y fuera del gremio periodístico, sea víctima de un atropello de esa naturaleza, el cual también ha afectado, aunque en menor medida, a otros trabajadores de esa institución. Quien tenga ojos que vea y quien quiera callar que calle".

Así fue cómo se empezó a hacer evidente sus diferencias con el Gobierno. Toda esta cantidad de críticas que este exmilitante del PSUV descargó contra la cúpula del poder fue lo que motivó a que William Ruperti, dueño del Canal I sacar del aire el programa *Contrapeso*.

Fue Ruperti quien decidió cerrar el programa donde Villegas tenía su propia vitrina. Curiosamente, "el cierre no fue por Idania, fue por mí", adelanta Vladimir. Una decisión paradójica si se considera que la opositora al Gobierno de Chávez era Idania Chirinos y Vladimir, hasta ese momento, era una ficha del Gobierno.

"El señor Ruperti llegó a la conclusión de que no podía seguir en el programa porque ya no le servía. Me dijeron que el programa no se iba a grabar más porque se iban a hacer algunas reestructuraciones, pero ya uno sabía por dónde venían", recuerda Vladimir.

Él nunca se creyó el cuento: no era normal que un programa con tan poca duración al aire (siete meses) sufriera una "reestructuración". Con esta decisión salió del aire el programa más visto de Canal I.

Para esta época, María del Pilar "Mari Pili" Hernández, presidenta del canal y militante del PSUV, estaba de viaje. Sin embargo, para Villegas su postura silente terminó convalidando esta decisión en donde se terminaba imponiendo el dedo inquisidor de una censura que no perdonaba la disidencia, ni siquiera de un antiguo compañero de partido.

Hernández, presidenta de Canal I, defendió la postura de la empresa tal como se lee en una entrevista publicada en el diario TalCual hecha por el periodista David Ludovic donde descartó que la salida de *Contrapeso* obedeciera a la censura.

"Desde hace tres o cuatro meses en el programa faltaba Vladimir o Idania, y la idea del programa es que tenga dos conductores, dos visiones de un sólo país. En el nuevo contrato buscamos estipular como requisito que si alguno de los animadores faltara haya una penalización de carácter económico o no se reconozca el programa".

"Si nosotros pagamos por un programa con dos periodistas, ¿por qué recibir uno con uno solo?", respondió Hernández al diario TalCual, periódico que desnudó el eufemismo que utilizan los medios para deshacerse de un periodista por razón de censura. Fueron los mismos argumentos que, por cierto, utilizó La Tele para salir de la periodista Marietta Santana. Nada casual.

"No es 'salida' sino 'reestructuración'. Un argumento similar al 'cese de concesión' con el que se cerró RCTV, es el que la presidenta de Canal I usa para justificar la salida del programa *Contrapeso*", redactó el periodista de TalCual, David Ludovic, en su entrevista con la censora Mari Pili Hernández. Más claro, imposible. La censura tiene su propio lenguaje. En la "reestructuración" está la clave.

Vladimir Villegas, por su parte, desmintió a la empresa y señaló que Hernández le pidió no declarar sobre ese asunto ante la prensa porque ella lo pensaba arreglar. "Con ella (Mari Pili Hernández) llegué hablar y me decía que por qué estaba declarando. Y ella me decía que eso se lo ponía más difícil", cuenta Villegas.

Pero la historia no terminó allí. Según las informaciones que posteriormente obtuvo Vladimir, el Gobierno presionó al Canal I a través de agentes del Seniat. O sacaban a Villegas del aire o la agencia nacional de tributos comenzaría con la cacería a buscar hasta el último detalle para multarlos con cuantiosas sumas de dinero.

Su salida fue súbita. "Me dijeron que el programa iba a una reestructuración y me fui, más nunca volví", acotó. Todo pasó tan rápido que ni siquiera recogió parte de sus cosas personales. Admite que sintió "arrechera" (rabia en Venezuela). Sabía que "se estaban moviendo los hilos del poder para sacarme de la pantalla". Sin embargo, nunca pidió hablar con Ruperti y aunque sí conversó con Mari Pili Hernández del asunto, "nunca me chupé el dedo. (Ella) nunca hizo resistencia y con eso convalidó la decisión, pero el miedo es libre", dice.

Asegura que Hernández nunca favoreció el escenario del equilibrio, "incluso hubo despidos de otros colegas, cerraron otros programas. Una gestión muy modesta en cuanto a resultados y donde se cometieron atropellos contra otros colegas, no me queda la menor duda". En la actualidad, tanto Mari Pili como Vladimir son compañeros de trabajo en Unión Radio. "La vida sigue", asegura Villegas.

No hubo "guayabo"

Con todo lo que le estaba pasando a Vladimir Villegas (no sólo se separaba del Gobierno, sino que era sacado al aire) asegura que "no hubo guayabo, yo tengo la piel muy dura y he pasado muchos años en la política, he recibido golpes".

Aunque admite que sí quería continuar con su programa *Contrapeso* no lo iba a hacer en condiciones indignas. "Para mí fue mucho más importante la dignidad. Me sentí digno y tranquilo con mi conciencia y me ayudó a ver de dónde me estaba saliendo. A ver un poco el modelo en el cual no había cabida para la crítica. Creo que fue un momento (el cierre de su programa) que sumó para irme distanciando (del Gobierno)", cuenta Villegas.

Pero eso no bastó para que este exmilitante del PSUV terminara de poner punto final con Chávez. La gota que derramó el vaso fue la agresión a los periodistas de la Cadena Capriles, en la que 12 reporteros de los diarios Líder, El Mundo y Últimas Noticias fueron agredidos cuando repartían volantes a favor de la libertad de expresión en una avenida céntrica de Caracas. Lo calificó como un acto fascista.

Vladimir admite que su distanciamiento no fue repentino. "Fue un proceso de dos años", recuerda. En medio de aquellos días, la segregación contra él aumentaba. En una oportunidad Tareck El Aisami, quien era ministro de Interior Justicia para aquella época, llamó a Henri Falcón, exgobernador de Lara, cuando todavía militaba en el PSUV, para decirle que el Gobierno manejaba información de reuniones entre él y Villegas. "A lo que Henri le contestó: Vladimir es mi amigo; y Tareck le respondió: pero él es nuestro enemigo".

Persona no grata

Para el año 2009, Villegas ya era un personaje estigmatizado para el Gobierno. "Cuando Henri (Falcón) sale (del Gobierno) yo asumo una postura más clara. Sí me costó. Yo tuve un conflicto que me duró muchos meses, cuidado si no dos años. Un conflicto de acostarme y levantarme con el mismo pensamiento de cómo hacer para decir las cosas que creía. Para mí fue un conflicto y cada vez que me tocaba escribir la columna de El Nacional sufría muchísimo porque era caminar sobre cáscaras de huevos y no romperlas, pero poco a poco fui soltándome y entendiendo que tenía que ser auténtico y en la medida que lo hice comencé a dormir mejor", admite.

Este proceso de desprendimiento obligó a Vladimir a quitarse el bigote que siempre lo caracterizó como señal de querer mayor privacidad en su vida y evitar que lo reconocieran en la calle. "Quería tener un poco más de intimidad, buscaba un poco de tranquilidad e introspección. Fueron noches muy largas pensando qué hacer", repasa el expresentador de Canal I.

Sin embargo, cada uno de sus pasos fue consultado y apoyado por su esposa, la periodista Egilda Gómez, quien además trabajó por varios años como fotógrafa de Chávez. "Todo este proceso lo fuimos viviendo juntos. Quizás ella comenzó a decepcionarse antes que yo porque estuvo muy cerca del poder, ella vio muchas cosas que quizás yo no pude ver".

Hegemonía comunicacional

Para Villegas, el comportamiento del Gobierno con los medios de comunicación corresponde a un sólo objetivo: alcanzar la hegemonía comunicacional.

Explica que durante la administración de Hugo Chávez hubo varias etapas. "La primera de confrontación pareja entre medios y Gobierno que culminó con el referéndum revocatorio de 2004 y se inició allí una etapa de vuelta a cierta normalidad que no culminó del todo, pero tuvo un punto de quiebre. Es allí cuando muchos medios comenzaron a volver a su papel sin dejar de ser críticos y algunos mantuvieron una línea de confrontación entre RCTV y Globovisión, pero en general se vio un retorno a la búsqueda del centro de su función".

Sin embargo, a su juicio el Gobierno de Chávez en vez de bailar al ritmo de esta nueva situación, que era un poco más tranquila por parte de los medios, decidió apertrecharse y "comenzaron los planes de crecimiento de los medios del Estado, la ampliación, radicalización y luego la psuvización de los medios del Estado, que es un concepto que me atribuyo".

Para Vladimir, quien es el hermano de Ernesto Villegas, un alto funcionario del gabinete de Chávez y Nicolás Maduro, el Gobierno se volvió cada vez más sectario, incluso con los propios partidos políticos aliados del PSUV. "Ellos se quejaban y se quejan de que son excluidos de los medios del Estado. Son contados con pinza los momentos en que los aliados aparecen en los medios del Estado".

Considera que se trata de un proceso muy severo de radicalización de los medios públicos haciendo uso y abuso por parte del PSUV. En todo caso, los 14 años de Chávez sirvieron, agrega Vladimir, "una gran lección para los periodistas: no podemos enajenarnos, no podemos olvidarnos de nuestra condición porque al final somos asalariados. Tan asalariados es el muchacho de VTV que le dice camarada a Diosdado, como asalario es el de un medio privado que le dice horda a un chavista".

Sin embargo, admite que toda esta polarización política "nos llevó a esto y esa es la gran lección: que el periodista recupere su rol y que se separen los intereses de la empresa de los intereses del trabajador".

Habla Idania Chirinos

Lo que comenzó como contrapeso, terminó con sobrepeso. La dupla que Idania Chirinos y Vladimir Villegas forjaron se convirtió en una verdadera carga para el equilibrio informativo que predicaba Canal I. Idania Chirinos recuerda que en este medio había un espacio de debate entre personas con diferentes conceptos de la política.

"*Contrapeso* era el reflejo de lo que los venezolanos quieren ver en pantalla porque debemos disentir con pasión, pero con respeto. Con la posición que se quiera, pero sin matarse, con la defensa de los puntos de vista de cada quién, pero sin querer eliminar al otro. Es decir, podemos discutir nuestras diferencias, pero no tenemos que intentar eliminar a la otra parte.

Los venezolanos hemos convivido durante años, y *Contrapeso* revivió esa parte. Es lo único que me explica que luego de tantos años la gente quiera que el programa vuelva", cuenta Chirinos.

Considera que fueron sacados del aire "porque a alguien se le antojó que Vladimir (Villegas) ya no podía tener más pantalla". Idania no recuerda exactamente en qué momento cambiaron las cosas en el canal, pero admite que si Vladimir Villegas ya no estaba a su lado en el programa ella no tenía pensado permanecer en ese lugar.

"Sin Vladimir no tenía sentido seguir. Yo suelo ser bien leal con mis amigos. No era discutible para mí hacer el programa con más nadie que no fuera él", confiesa la periodista.

En el set de *Contrapeso* se desarrollaron encuentros memorables entre simpatizantes y opositores a Chávez. En una de sus emisiones, el diputado oficialista Luis Tascón cuestionó al economista y político Teodoro Petkoff "¿cómo después de haber sido parte de la izquierda insurgente de los años 60, comandante guerrillero y preso político del puntofijismo, ocurrió esa transición ideológica de la izquierda al neoliberalismo por parte de Teodoro Petkoff?".

A lo que el propio Petkoff respondió: "¿Puedo responder ya mismo? OK, me gustaría conocer entonces cómo fue la transición ideológica del adeco Luis Tascón a chavista. Eso es algo que debería tratar de explicarle al país", señaló Petkoff entre risas y con una suspicaz franqueza que despuntó las carcajadas del invitado y los presentadores. Poco después respondió a la pregunta:

"A estas alturas del juego la gente debe entender mis razones de por qué hace nueve años dije que no iba a apoyar a este Gobierno. ¿Por qué?, porque precisamente soy de izquierda. No hay manera de ser de izquierda y estar con este Gobierno (el de Chávez). Porque soy de izquierda estoy en la oposición. Creo que lo que hace este Gobierno no puede ser considerado en estricto sentido de izquierda", contestó Petkoff, director del diario TalCual, en el programa *Contrapeso*.

Con estas libertades editoriales se manejaba Canal I. A las controversiales palabras de Petkoff se suman las que meses después ofreció la periodista de El Nuevo País Patricia Poleo desde el exilio en el año 2008, tras ser acusada del homicidio del fiscal Danilo Anderson. En esta entrevista, la periodista llamó nueve veces cobarde a Chávez. Situación que dejaba entrever la libertad con la que se manejaba este medio de comunicación crítico e independiente. Al menos durante las pocas semanas que duró *Contrapeso*.

"Chávez se comportó como un cobarde el 11 de abril, como un cobarde. Anden y entrevisten a Otto Gebaguer en la cárcel y pregúntenle cómo le lloró Chávez. ¿Y por qué está preso Gebaguer en Ramo Verde? Porque vio llorar a Chávez, porque Chávez le rogó que no lo matara y él como buen oficial de la Fuerza Armada le dijo 'yo no estoy aquí para matarlo sino para custodiarlo'. Por eso está preso 17 años".

"Entonces él es un cobarde, él es un cobarde. Y los militares saben que Chávez es un cobarde. ¡Chávez es un cobarde! El hecho de que yo esté aquí en los Estados Unidos en vez de estar en mi país es porque Chávez es un cobarde. Lo que ha hecho con todos los exiliados es cobardía, lo que ha hecho con los presos políticos y exiliados, eso es cobardía", respondió Poleo, seguido de la pregunta de Idania Chirinos:

- ¿No es cobardía que tú estés en Estados Unidos en vez de estar en Venezuela?

- Cobarde hubiera sido si me quedara en Venezuela sometida a esta barbaridad y que mi familia se arruinara, respondió Patricia Poleo a Canal I desde su entrevista en el exilio.

La credibilidad ante todo. El nivel de debate de *Contrapeso* permitía romper los paradigmas de la producción del programa, que vendía a Vladimir como el periodista chavista y a Idania como la opositora. Al final, la pregunta más difícil que recibió Patricia Poleo vino de la presentadora que se supone sería del mismo bando; así como el programa fue sacado del aire por el periodista que se supone representaba al chavismo.

De eso se trata el Periodismo. El equilibrio y la veracidad de *Contrapeso* era integral. Considera Idania que el Gobierno de Hugo Chávez proponía un modelo "en el que si decides apartarte te execran". Y eso fue lo que le pasó a Vladimir, agrega. "No sólo lo habían sacado del aire, también lo sacaron de la Cancillería, le asaltaron la oficina, le rompieron su computadora. Todo por disentir".

Para esta periodista, su colega Vladimir Villegas "fue una persona importante en el Gobierno, y a alguien le parecía que no podía tener una tribuna tan importante". Sin embargo, ella es clara y no sataniza al presidente de Canal I Wilmer Ruperti, por el devenir de su proyecto televisivo.

"El dueño del medio tiene derecho a hacer con su medio lo que crea a convenir, porque en mi casa yo hago lo que yo creo que tengo que hacer. Yo no puedo ir al medio de otro a hacer lo que yo quiero hacer". Por lo que afirma que en todos los medios donde ha trabajado comparte de alguna manera lo que los dueños deciden hacer. "Así fue con Venevisión, Unión Radio, Televen, CMT y Canal I hasta que ya no lo compartí y me fui", justifica.

Actualmente, Idania Chirinos vive en el exterior. El cierre de 34 emisoras en el año 2009 y la presión sobre los medios hizo que no dudara en aceptar una importante oportunidad como presentadora y directora de información del canal de noticias colombiano NTN24.

A pesar de la lejanía, la periodista quien hizo carrera en Unión Radio, Venevisión y CMT se mantiene unida a Venezuela. Tanto que no pierde un segundo para reivindicar el Periodismo que se hace en el país, donde no se tiene acceso a la fuente oficial, donde se agreden a periodistas y se sortean cientos de obstáculos para obtener la información. Asegura que todo esto cambiará "cuando cambiemos de Gobierno, cuando no sea un régimen, cuando tengamos una democracia plena nuevamente y no una democracia participativa donde el señor participa lo que va a hacer", dijo con sarcasmo.

A su juicio, el Periodismo venezolano ha sido absolutamente combatido. "Tienen años tratando de acabar con nosotros y no han podido. Los periodistas venezolanos han dado una batalla importante y hay medios como TalCual y su editor Teodoro Petkoff que jamás van a traicionar sus valores", agrega la comunicadora social, egresada de la Universidad Católica Andrés Bello.

Por eso para ella Hugo Chávez "será recordado como el hombre que cerró a Radio Caracas Televisión, un canal de 50 años. Igual que será recordado a nivel petrolero por despedir a 20.000 trabajadores que andan por el mundo aumentando la producción de crudo de otros países. Hugo Chávez también cerró 34 emisoras de radio y dejó sin trabajo a la mitad de los periodistas de este país".

Sobre *Contrapeso*, un año y un mes después de su salida del aire, el programa regresa con el mismo esquema: con una periodista independiente y otro asociado al chavismo. En este mismo orden, eran Milagros Socorro y Francisco "Fraso" Solórzano, quien a los tres días al aire se quedó solo, pues su compañera renunció. Sí, a los tres días. Milagros Socorro dijo no sentirse cómoda y así la historia se repitió.

La posición de una reportera

En los inicios de Canal I este medio de comunicación empezaba a ser una propuesta de ese Periodismo aspiracional que se enseñaba en las universidades, con una línea editorial que a todas luces apuntaba a ser equilibrada. Bajo estas premisas Jennifer López, periodista de Venevisión, renunció a su cargo de redactora para asumir la oportunidad que le brindaba Canal I como reportera. Como periodista pensó –"¿por qué no?"- que podía existir una propuesta que escapara a esa polarización televisiva que ubicaba a los chavistas en Venezolana de Televisión y a los opositores en Globovisión.

"Canal I se nos presentó como un proyecto distinto que nos inspiró a muchos colegas a pensar que se podían hacer cosas diferentes, que se podía cambiar paradigmas partiendo de la premisa del equilibrio. Sin embargo, fue muy ingenuo de nuestra parte pensar que Canal I no terminaría pareciéndose a la autocensura de Venevisión o al sesgo de Globovisión y VTV", reconoce Jennifer López, quien sin darse cuenta empezó a ser una periodista incómoda en ese canal por aplicar los mismos criterios de equidad que le exigían los valores de esta empresa, propiedad de Wilmer Ruperti, y dirigida por la periodista Mari Pili Hernández.

Sostiene que con Mari Pili las cosas empezaron a cambiar, pues Canal I se empezó a radicalizar. "De entrada ella es una persona dura, pero siempre hablaba con vocecita suave, pero ella es una persona muy radical. Su entrada significó un cambio en la línea editorial. Con su administración llegó la censura. Por ejemplo, decía: este partido no va, eso no lo metas, quítale esto o lo otro . Se cubrían igual las ruedas de prensa de chavismo y oposición, pero se iban cortando de acuerdo con los intereses de los medios".

De pronto, las coberturas presenciales de la Asamblea Nacional dejaron de hacerse, para retransmitir la señal del canal institucional de la Asamblea, ANTV. "Pero ya de por sí eso representaba un sesgo, pues nos obligaban a replicar una información que ya era controlada por el Estado y que abiertamente favorecía al chavismo", puntualiza la periodista, con cada vez menos responsabilidades como reportera, por la posición de bajo perfil que asumió Canal I, desde su línea informativa.

El respaldo de Canal I a Globovisión

Pero las injusticias no sólo ocurrían en Canal I, sino también desde las fuentes oficialistas en contra del canal Globovisión, quienes se negaban a dejar pasar a la reportera Beatriz Adrián a una de sus habituales ruedas de prensa, a la que Jennifer sí se le permitió el acceso. Pero su instinto gremial se despertó ante lo que consideraba un atropello contra una colega.

"Mi compañero Hernán Lugo, de El Nacional, me comenta lo que le pasó a Beatriz. En eso ambos pensamos que lo más conveniente era retirarnos y de esta manera no convalidar la arremetida del partido de Gobierno contra la prensa. Pero esto era una decisión personal que en nada tenía por qué comprometer al medio que represento. Por eso llamé al canal para participar mi decisión de irme, sí... pero dejando en el PSUV las cámaras de Canal I para que de igual manera se cubriera la pauta".

Hernán Lugo, de El Nacional, le dice que no dejaron pasar a Globovisión. Ambos pensaron que lo más conveniente "era no convalidar con nuestra presencia esa injusticia. Por eso llamé a Canal I y les participé mi decisión de retirarme de modo personal", informa la reportera quien consultó si también podía retirar el equipo del canal.

Sin nada más que esperar, llamó a la coordinadora de prensa encargada Karina Rico. Para mala suerte de Jennifer, su colega no era la responsable del cargo, así como tampoco ella era la titular de la fuente del PSUV. La suerte ya estaba echada.

"Sí, realmente no era mi día, pues Karina Rico le estaba haciendo el quite a Nairobi Pinto y yo le estaba haciendo la suplencia a Jesús Manzanares. Lo cierto es que le consulté lo que estaba pasando con Beatriz Adrián recalcándole que no estaba de acuerdo con eso y que queríamos retirarnos para darnos apoyo como gremio", comenta Jennifer, quien precisa que recibió la aprobación de retirar los equipos, en una posición editorial que colocó a Canal I en respaldo a Globovisión.

"Efectivamente, ella me autorizó a regresar a canal, con todo y equipo, alegando que la información se podía cubrir por medios oficiales. Luego Mario Silva, en su programa *La Hojilla*, del canal del Estado saca las imágenes de Beatriz Adrián intentando entrar al PSUV. Dijo que no sabía en qué conspiración estaban los periodistas y entre esas periodistas me mencionó. También citó a Canal I y dijo 'yo no sé qué es lo que quiere Canal I porque su reportera se salió", dijo Silva en actitud amenazante, provocando de inmediato el despido de la reportera, por instrucción directa del dueño del canal, asevera.

"Wilmer Ruperti llama para mandarme a botar. Lo más triste es que la coordinadora encargada de ese día, Karina Rico dijo que mi decisión fue inconsulta. Pero jamás reconoció ante la directiva del canal que fue ella quien tomó la decisión editorial", afirma López.

Acto seguido, ocurrió el desenlace, el trago más amargo. Un procedimiento ejecutado para intentar quebrar la moral de una periodista, que desde la moral y la ética había reivindicado las buenas prácticas de un canal que se traicionó a sí mismo, al ofrecer lo que no podía cumplir: ser equilibrado.

Jennifer fue finalmente fue desalojada, como quien hubiere cometido un delito. "Cuando eso pasa se activa un protocolo con personal de seguridad: te quitan el carnet, supervisan tus últimos minutos en las instalaciones mientras recoges tus cosas y te acompañan a la puerta. No lloré porque no me sentí mal por lo que había hecho. Sí me fui decepcionada de que existan medios como Canal I. Allá adentro no conté con nadie, ni una sola persona que se pronunciara sobre la decisión que se tomó en mi contra", explica la periodista, egresada de la Universidad Santa María y profesora de esta casa de estudios.

Con el tiempo el noticiero del canal desapareció, y así se fueron desapareciendo los rostros del Periodismo audiovisual que nutrían esa pantalla. El equipo que reunía Canal I se desintegró. Los periodistas fundadores Shía Bertoni, Arausi Armand, Isnardo Bravo, Angélica Lugo, Elías Petrascu, Margarita Toledo, Roxanna Infante, Sergio Novelli y la internacionalista Giovanna de Michele finalmente se retiraron y con su partida se desmanteló el proyecto de canal de noticias.

Predicarlo no fue suficiente. El equilibrio, finalmente, fue una carga que Canal I no pudo soportar. La hegemonía comunicacional de Chávez hizo mella en medios como este que intentó, sin éxito, ser un punto equidistante a la polarización.

Año 2009
El año en que masacraron a la radio venezolana

Un viernes, bien entrada la noche, y en la víspera del primero de agosto cuando el país estaba disfrutando de sus vacaciones, por estar en asueto escolar, el Gobierno venezolano anunció que el 32 % del espectro radioeléctrico sería sometido a revisión y las emisoras que no se ajustaran a la ley se les retiraría la concesión para seguir transmitiendo.

La amenaza se tradujo en 32 emisoras de radio y 2 de televisión cerradas en todo el territorio nacional. La orden la dio Diosdado Cabello, quien para ese entonces se desempeñaba como ministro de Obras Públicas y Vivienda, y director general de la Comisión Nacional de Telecomunicaciones, Conatel. "Dicen que el Gobierno está detrás de los radiodifusores, pero solamente estamos cumpliendo con lo que dice la ley", afirmó Cabello, al anunciar "las primeras 34 decisiones que tomamos".

Esta fue la versión oficial. Según el Gobierno las frecuencias que fueron sacadas del aire fueron por problemas en la renovación de las concesiones o por el fallecimiento del titular de la concesión. El Gobierno alegaba que las licencias no podían ser hereditarias.

Para ese entonces Cabello denunciaba: "los dueños de medios hicieron negocios y estafaron a la gente que se le dio la concesión para que radiodifusores de familia se adueñaran del 32 % del espectro radioeléctrico, y después dicen que no hay latifundio mediático".

Explicó que no estaban revocando concesiones sino aplicando la ley. "Es una acción de justicia frente a personas que durante décadas han utilizado ilegalmente esos medios", dijo al recibir en las puertas de Conatel a un grupo de oficialistas que fueron en respaldo de la medida del cese de las frecuencias radiales.

Fue así como Conatel cerró 32 emisoras y 2 televisoras regionales ubicadas en distintos rincones del país. De estas emisoras, siete transmitían en el Distrito Capital, y cinco formaban parte del circuito CNB: 102.3FM Caracas, 101.1FM Valencia, 94.5FM Rubio, 96.1FM Punto Fijo y 102.1FM Maracaibo. La excusa del Gobierno fue: "democratizar el espectro radioeléctrico".

Las frecuencias de las emisoras de radio y tv fueron retiradas por fallecimiento del titular de la concesión (el Gobierno se rehusaba a que fueran hereditarias), por vencimiento de la licencia sin que se haya renovado adecuadamente la concesión o porque Conatel consideró improcedente o incompleta la solicitud de cambio de la titularidad.

Sin embargo, Nelson Belfort, presidente del Circuito Nacional Belfort (CNB) y expresidente de la Cámara de Radiodifusión, considera que "hubo una selección predeterminada y muy sospechosa de todas las emisoras que cerraron". Belfort es el principal propietario de CNB, que tenía 11 emisoras y al que se enlazaban parcialmente a otras 30 en todo el país, con programas de variedades, de información y con una opinión editorial opositora, incluido el popular programa *Aló Ciudadano*.

La Cámara de Radio Venezolana también se pronunció anunciando que el cierre de las 34 estaciones era "un pase de factura a las emisoras que se ponen del lado de los ciudadanos, una acción arbitraria e ilegal que viola la libertad de expresión, los derechos al debido proceso y a la defensa, y el derecho al trabajo de centenares de personas".

El Circuito Nacional Berlfort fue el gran perdedor con esta decisión. Su presidente, Nelson Belfort, detalla que antes del cierre "éramos un grupo a nivel nacional de diez emisoras de radio. De manera directa quedaron sin trabajo 240 empleados, sin contar los talentos indirectos que dependían de nosotros".

Las instalaciones de CNB, ubicadas en la urbanización La Carlota en el este de Caracas, fueron diseñadas exclusivamente para el funcionamiento de la radio; sin embargo, años después del cierre esos espacios quedaron reducidos a máquinas de escribir y paredes desoladas. A lo largo de sus pasillos se observan colgados los premios que alguna vez recibieron y carteleras que rezan: "Tenemos tanto miedo que... ¡Seguiremos informando!".

Belfort recuerda con nostalgia que la carta de Conatel, en la que se exigía el corte de la transmisión, la recibió un técnico a primeras horas de la mañana el sábado 1ero de agosto de 2009. Fue un momento duro. Con esa decisión centenares de trabajadores se quedaban sin empleo y se cerraba una ventana informativa.

Hasta la fecha de edición de este libro, el dial de CNB Caracas estaba ocupado por la radio de la Asamblea Nacional, que tomó la frecuencia apenas una semana después del cierre de la emisora comercial. Se convirtió en un brazo propagandístico del Gobierno de Hugo Chávez, y luego del 6 de diciembre del 2015 cuando la coalición de la oposición Mesa de la Unidad Democrática ganó los dos tercios del Parlamento, se negaron a que fuera manejada por esta coalición opositora.

Radiografías

"¿Quién nos va a escuchar los problemas?, pues para las emisoras comunitarias o las que son del Gobierno no existen fallas de luz ni inseguridad? Si estaban asaltando un lugar, si no había luz, si faltaba medicinas en un hospital o si se nos inundaba la casa lo decíamos por Órbita".

Estos fueron algunos de los testimonios de radioescuchas recogidos por el equipo de periodistas de El Nacional conformado por Karem Racines,

Miriam Blanco, Eleonora Delgado y Yelitza Izalla, en posteriores entregas con los casos de Playa 106.9, en Vargas; Radio Bonita y Sol Stereo en Guatire; CNB 94.5 FM en Rubio y Órbita 107.5 FM en Puerto la Cruz, otras de las estaciones masacradas durante el Gobierno de Hugo Chávez.

Con en el cierre de las emisoras hermanas Metropolitana, en sus diales AM y FM, la región de Altos Mirandinos quedó sin emisoras comerciales, una vez ejecutado en el año anterior 2008 el cierre de Máxima 98.5 FM por un procedimiento administrativo de Conatel, informó el también periodista de El Nacional Daniel Murolo, quien destacó el impacto significativo que esta noticia tuvo para las localidades dormitorio como Carrizal, Los Teques y San Antonio de los Altos, que perdieron la información veraz sobre el tránsito en la única arteria disponible para llegar a Caracas, la carretera Panamericana.

Cerradas se quedaron

Ninguna de las 34 emisoras cerradas corrió con suerte. No existe caso en el que hayan procedido los amparos constitucionales ni las medidas cautelares presentadas ante el Tribunal Supremo de Justicia para solicitar protección al derecho al trabajo. Tampoco tuvieron efecto las denuncias hechas por Belfort ante organismos internacionales como la Comisión Interamericana de Derechos Humanos (CIDH).

Cerrar CNB no le bastó al Gobierno. Otros diales fueron tomados por emisoras comerciales, como los casos de Bolívar 96.9FM, ahora Radio Nikra; Carabobo 100.1FM, actualmente radio Wama; y Zulia 105.1FM que se conoce hoy como la Radio del Pop. Mientras esto ocurría, la prensa internacional narraba atónita el desparpajo de Chávez para referirse al régimen de libertades de su país:

"El presidente Hugo Chávez aseveró este sábado que ningún país 'puede competir en libertad de expresión' con Venezuela, en un momento en que su Gobierno cerró una treintena de emisoras y ha sido criticado de querer arremeter contra los medios de comunicación privados", así lo informó el diario ABC Color, de Paraguay, en una nota que resalta la inconsistencia de la palabra del mandatario con sus propias acciones.

Con el mismo enfoque el medio digital Infobae, de Argentina, también destacó el contradictorio discurso de Chávez. "Dificulto que haya un país que pueda competir con nosotros de pelo a pelo en libertad de expresión. Estoy feliz por ello, no estoy preocupado', consideró el caudillo caribeño, que en la última semana redobló su embestida contra la prensa con el masivo cierre de medios", reflejó este medio desde Buenos Aires.

A partir del 2009, la radio venezolana quedó masacrada. Los programas de opinión disminuyeron y comenzó una nueva y oscura etapa: la auto-censura. Periodistas y emisoras de radio cuidaban lo que decían, pensaban una y dos veces las decisiones antes de tomarlas. Un mal movimiento y Conatel los cerraba.

El cierre de 34 emisoras no fue un hecho aislado. Formó parte de un proyecto hegemónico por parte del Gobierno de Chávez para instaurar una hegemonía comunicacional.

Prueba de esto fueron las declaraciones de Andrés Izarra, quien para el año 2007 era ministro de Información y Comunicación, y reconoció la necesidad de avanzar hacia una "hegemonía comunicacional" al servicio del socialismo y planteó la lucha ideológica en términos gramscianos.

De esta manera, para Izarra el control estatal de la información sería una herramienta clave en la difusión de los nuevos valores del "socialismo del siglo XXI" que están en la cima de la agenda oficial. Y es por eso que el Gobierno gasta millones y millones de dólares en adquirir cada vez más medios, con un apetito que parece insaciable.

Según la memoria y cuenta del Ministerio para la Comunicación e Información (Minci) para el año 2011 en Venezuela operaban 938 radios y televisoras. De ese número, 660 eran privadas; 235, comunitarias; y 43 públicas. Justamente por estas cifras es que el Gobierno siempre ha dicho que la empresa privada es mayoría en el espacio radioeléctrico.

Sin embargo, lo que los números no dicen es la autocensura que los propios medios tuvieron que emplear para no irritar ni molestar a las autoridades. Para el año 2009 los antecedentes en materia de libertad de expresión intimidaban a los dueños de medios y periodistas. El cierre de 34 emisoras fue un hecho como también el cierre de RCTV. Eso no fue ficción, fue una realidad y las radios tuvieron que adaptarse.

Frecuencias radiales ilegales

Otro de los problemas que surgieron para este año fue la proliferación de frecuencias radiales de forma ilegal debido a que existían muchas concesiones vencidas, pero que de igual forma seguían funcionando. Sobre este punto Belfort aseguró que "todos en Venezuela siguen trabajando de esta manera (con la concesión vencida)". A su juicio, el Gobierno no las cierra porque no consiguen el motivo político para hacerlo. Aunque considera que "ahora la moda no es cerrar, sino comprar medios. Si te pones duro, te cierro. Si accedes, te compro".

En una nota publicada en el diario El Nacional titulada *Hasta 6 años de espera tienen emisoras de radio para renovar concesiones*, firmada por la periodista Maru Morales, la presidente de la Cámara Venezolana de la Industria de la Radiodifusión, Enza Carbone, denunció que para el año 2015 las concesiones de más de 80 % de emisoras afiliadas a la Cámara se encuentran vencidas y están a la espera de su renovación. Lo que revela que esta situación no sólo se presentó en 2009 sino que se mantuvo en el tiempo.

A este contexto se le suma que según un censo interno de la Cámara Venezolana de la Industria de la Radiodifusión realizado en 2014 arrojó más de 100 afiliados a la espera de la renovación de la concesión, pero para el 2015 la cantidad de emisoras esperando por su renovación era de 300 y ninguna recibió respuesta en todo ese año. Conatel no dijo que sí ni no. Sólo se mantuvo en silencio. Según Carbone las solicitudes pueden esperar hasta 6 años para tener algún tipo de respuesta sobre la renovación o no de la concesión.

En junio del 2015, el Estado venezolano acudió ante el Comité de Derechos Económicos, Sociales y Culturales de la ONU para el examen sobre el cumplimiento del pacto internacional de derechos civiles y políticos. En esa oportunidad el representante fue William Castillo, presidente de Conatel, quien en su exposición en Ginebra aseguró que 60 % de las FM (equivalente a 469 emisoras) está en manos privadas, que en total hay 162 radios AM y 117 concesiones de televisión abierta.

Sin embargo, en ningún momento explicó cuáles eran los criterios para asegurar la asignación transparente de las frecuencias. La respuesta tampoco está en la memoria y cuenta 2014 de Conatel, en la cual se evidencia que ninguno de los seis proyectos que desarrolló esta institución estuvo orientado a descongestionar el cúmulo de solicitudes provenientes del sector privado para la renovación de concesiones, permisos o habilitaciones. Sólo el Proyecto 121109 tuvo el objeto de "brindar apoyo técnico para iniciar los trámites de regularización" exclusivamente a los medios comunitarios.

Nelson Belfort, presidente del Circuito Nacional Belfort (CNB), calificó esta situación como una gestión "poco transparente" por parte de Conatel en la asignación de frecuencias y la renovación de permisos y concesiones. "Por un lado, es clara la politización del ente regulador y por otro está la presunción de que el ente regulador está actuando con ineficiencia, quizá con un personal que no tiene capacitación y eso retrasa los procesos".

Cada vez más el Gobierno cumplía su palabra: la hegemonía comunicacional anunciada por el ministro Andrés Izarra.

Año 2009
Proyecto de Ley de Delitos Mediáticos:
Cárcel para los periodistas

El 30 de julio de 2009 fue una fecha oscura para la libertad de expresión en Venezuela. Ese día, Luisa Ortega Díaz, fiscal General de la República, presentó el proyecto de Ley de Delitos Mediáticos ante la Asamblea Nacional para limitar la libertad de expresión. Sí, así como se lee.

La máxima autoridad del Ministerio Público asistió al Parlamento para alegar que con esta nueva normativa se le haría frente "a las nuevas formas de criminalidad surgidas como consecuencia del ejercicio abusivo de la libertad de información y opinión". Esta funcionaria consideraba que se debían poner "límites" a la información para subordinarla a la seguridad del Estado.

"No podemos avalar ni hacernos cómplices de que los medios no tengan un límite a la información, porque eso atenta contra la seguridad de la Nación (...) Está en juego la seguridad de la Nación frente a la libertad de expresión ", aseguró la funcionaria en su discurso en la Asamblea Nacional, televisado y reseñado así por medios públicos y privados.

La fiscal proponía castigar con pena de cárcel de dos a cuatro años a las personas, periodistas y/o dueños de medios que divulgaran lo que se podría interpretar como noticias falsas. También se pretendía eliminar el derecho a la protección de las fuentes que revelaran información, lo que quiere decir que cualquier periodista que se negara a traicionar a sus informantes podía ser castigado con prisión de seis meses a dos años.

Toda esta propuesta de la fiscal generó mucha polémica. Teodoro Petkoff, director del diario TalCual, salió al paso ante este proyecto de ley y dedicó su editorial titulada Ley Censura publicada el 31 de julio de 2009.

"Bien habría podido la Fiscal Luisa Ortega redactar su 'humilde proyecto' de Ley Especial contra Delitos Mediáticos con sólo tres artículos.

"Artículo 1: Se derogan los artículos 57 y 58 de la Constitución, relativos a la libertad de expresión y de información, así como cualquier otro que colida con el artículo 2 de esta ley.

Artículo 2: El Ministerio Público calificará como delito mediático punible toda información u opinión que sea publicada o difundida por medios impresos, televisivos o radiofónicos. Los jueces sancionarán con penas de seis meses a cuatro años de prisión a todo imputado por el MP, so pena de destitución inmediata.-

Artículo 3: Se faculta al Presidente de la República y a los ministros del Interior y de Defensa para calificar estos delitos.

Este proyecto de ley, que infortunadamente para ella quedará asociado a su nombre para siempre, es probablemente el texto legal más salvaje y brutal que haya sido conocido por el país en su historia contemporánea. Tiene que ser enviado a todos los Gobiernos de América, a todos los medios de comunicación del mundo, para que todos puedan apreciar, por sí mismos, ante qué engendro totalitario y dictatorial está colocado nuestro país. No se necesita, ni siquiera, comentarlo. Es tan obvio, tan desnudo, en su intención represiva, que se explica por sí solo...", cierra Petkoff su editorial.

Pero no sólo TalCual reaccionó contra la Ley de Delitos Mediáticos. Últimas Noticias, Dominical, Líder, El Mundo y el sitio web Cadena Global, (marcas que agrupaba la Cadena Capriles) vaciaron en letras su descontento, planteando lo que ninguna redacción de periodistas había pedido antes: la renuncia de Luisa Ortega Díaz.

En un comunicado con fecha 4 de agosto de 2009 todos estos periodistas emplazaron a la funcionaria: *"Exigimos la renuncia de la fiscala general, Luisa Ortega Díaz, por actuar de espaldas a la Constitución de la República Bolivariana de Venezuela al presentar ante la Asamblea Nacional el mal llamado Proyecto de Ley Especial contra Delitos Mediáticos, acción que nada tiene que ver con el Ministerio Público. Con esta conducta, la alta funcionaria incurrió en usurpación de funciones y obvió, además, su razón de ser como garante de los derechos ciudadanos, intentando criminalizar el ejercicio de la libertad de expresión".*

Otro que rechazó las intenciones de la Fiscal fue el Comité para la Protección de los Periodistas (CPJ, por sus siglas en inglés) asegurando que "este proyecto es reminiscente de las oscuras épocas de las dictaduras latinoamericanas con sus cláusulas arcaicas para los llamados 'delitos mediáticos'", aseveró el coordinador senior del programa para las Américas del CPJ, Carlos Lauría, según publica la ONG Espacio Público en su sitio web.

El CPJ resaltó que este proyecto "viola estándares internacionales en materia de libertad de expresión y contradice la creciente tendencia de opiniones legales internacionales de que los periodistas no deben ser encarcelados por su labor informativa".

Otra de las violaciones de esta propuesta por parte de la fiscal, tal como se lo dijeron los periodistas de la Cadena Capriles, era que ella no estaba facultada para presentar propuestas de leyes ante a la Asamblea Nacional. Así lo demuestra el artículo 204 de la Constitución de la República Bolivariana de Venezuela.

Artículo 204. La iniciativa de las leyes corresponde:

1. Al Poder Ejecutivo Nacional.

2. A la Comisión Delegada y a las Comisiones Permanentes.

3. A los y las integrantes de la Asamblea Nacional, en número no menor de tres.

4. Al Tribunal Supremo de Justicia, cuando se trate de leyes relativas a la organización y procedimientos judiciales.

5. Al Poder Ciudadano, cuando se trate de leyes relativas a los órganos que lo integran.

6. Al Poder Electoral, cuando se trate de leyes relativas a la materia electoral.

7. A los electores y electoras en un número no menor del cero coma uno por ciento de los inscritos e inscritas en el registro electoral permanente.

8. Al Consejo Legislativo estadal, cuando se trate de leyes relativas a los Estados.

Por ningún lado aparece el fiscal general. Este extracto de la Carta Magna demuestra que por ningún lado se prevé que un funcionario del Ministerio Público puede proponer leyes ante el Poder Legislativo. Sin embargo, el 30 de julio de 2009, Ortega Díaz hizo caso omiso y presentó este proyecto dentro de la Asamblea Nacional. Un momento oscuro para la libertad de expresión.

Desde el chavismo la Fiscal recibió apoyo. José Vicente Rangel, periodista y exvicepresidente de Venezuela, mano derecha de Chávez, aseguró que: "Cualquiera puede expresar lo que quiera, libremente y sin censura en este país, pero debe responder ante la ley por lo que diga y por lo que denuncie. Estar de acuerdo o no con lo planteado por la fiscal general de la República, Luisa Ortega Díaz es parte del derecho que tiene cada quien a opinar y es un atributo esencial de la libertad imperante en Venezuela. Lo inaceptable es que ahora se pretende quemar en la hoguera de la irracionalidad a una funcionaria honesta y preocupada por la suerte del país", declaró en Televen en su programa *José Vicente Hoy*, del día 16 de agosto de 2009.

No era de esperarse otra posición de José Vicente Rangel, cuyo nombre se asocia a las salidas de César Miguel Rondón y Marta Colomina de Televen y Teodoro Petkoff de El Mundo. Diosdado Cabello también recibió con beneplácito esta propuesta de ley.

Para ese entonces, además de ser el ministro de Obras Públicas estaba encargado de Comisión Nacional de Telecomunicaciones, la misma que a RCTV Internacional y al menos 34 emisoras de radio. "No es la libertad de expresión la libertad más sagrada que pueda existir", afirmó Cabello, quien respaldó con contundencia la propuesta de la fiscal general, ganada a castigar con cárcel los supuestos delitos mediáticos.

"Creo que la fiscal lo explicó muy bien, todo tiene sus límites", expresó en esa oportunidad. Incluso aseguró que deseaba que desde la Asamblea Nacional se apruebe una propuesta de esa naturaleza, "que le ponga límite a lo que aquí algunos llaman la sacro libertad".

Sin consenso entre chavistas

Pasados seis días de la presentación de esta propuesta todo cambió. La bancada del PSUV (partido de Gobierno) informó que no hubo consenso en la comisión de Medios de la Asamblea Nacional para aprobar la Ley de Delitos Mediáticos.

"Queremos reiterar que no es verdad que en esta Asamblea exista o haya llegado una propuesta de Ley que contenga 17 artículos. Lo que el país contempló el pasado jueves, no es otra cosa que los aportes de la Fiscala (...) Nosotros a partir de allí, hemos convenido que es necesario considerar todos los elementos jurídicos que tenemos a mano en contra del terrorismo mediático, convocando a los consejos comunales, trabajadores y estudiantes, a continuar en un debate en el que la sociedad venezolana debe seguir participando", señaló el diputado Manuel Villalba (PSUV), tal como lo evidencia la edición del diario Últimas Noticias del 5 de agosto de 2009.

Como él, la diputada para la época y periodista Desiré Santos Amaral también supo cubrir las espaldas de la fiscal general alegando que en Venezuela habría suficientes leyes que regulen el comportamiento de los medios de comunicación, por lo que no haría falta considerar la "humilde propuesta" de la fiscal, como ella la calificó.

Una "humilde propuesta", sí, que contemplaba condenas de hasta 4 años de prisión, no sólo para los trabajadores de la prensa, sino a "toda persona que divulgue a través de un medio de comunicación social, noticias falsas que ocasionen grave alteración a la tranquilidad pública, pánico en la población", entre otros aspectos que establecía el artículo 5 del anteproyecto. Es decir: cualquier ciudadano de a pie.

Luisa Ortega Díaz explicaba ante la AN que existía "sensación de impunidad" promovida por los medios de comunicación y que se generaba un clima de inseguridad que, a su juicio, son los pecados capitales de los periódicos, televisoras, radioemisoras y medios digitales.

Palabras más, palabras menos, atribuyó a la prensa todo lo que como funcionaria no pudo cumplir al país en materia de justicia, que quedó en entredicho en su informe de gestión entre 2008 y 2011. Ahí se reveló que del total de 1.963.907 casos presentados, sólo en 204.121 (10,39 %) prosperaron en juicios. Más claro: en ese período 9 de cada 10 delitos quedaron impunes en Venezuela en la administración de Luisa Ortega Díaz.

Para ella, aún así, la impunidad era una sensación estimulada por la prensa. Pero nada de esto la saciaba. La fiscal tenía hambre de censura. "No estamos planteando que se vulnere la libertad de expresión (...) Pero esa libertad de expresión tiene un límite. Reclamo que se le ponga un límite a ese derecho", sentenció la fiscal.

Para ella era más importante regular la libertad de expresión que cumplir con su trabajo y disminuir los índices de criminalidad en un país cada vez más violento.

Una de las voces disidentes dentro del chavismo que se opuso a este proyecto de ley fue el diputado oficialista Luis Tascón, del partido Nuevo Camino Revolucionario, quien denunció que se trataba de una iniciativa de corte fascista.

"Ese proyecto de ley corresponde a la época de Mussolini, Pinochet, Hitler y los militares argentinos, pero jamás a nuestro proceso revolucionario (...) es una aberración, es grotesco", dijo en aquella oportunidad. Incluso, Tascón recordó que en Venezuela ya existe un Código Penal y una Ley de Responsabilidad Social en Radio y Televisión para castigar este tipo de delitos. "En la Ley Resorte y en el Código Penal ya hay mecanismos legales que existen para eso... Esas normas son coherentes, fueron consultadas y se hicieron con cuidado.

Ahora bien, si la fiscal no tenia atribuciones constitucionales para presentar un proyecto de ley ante la Asamblea Nacional, ¿qué la motivó a hacerlo? Meses antes, específicamente, el 28 de mayo de 2009, Hugo Chávez, desde La Cañada estado Zulia, le dijo enérgicamente:

"Señora fiscal, le hago un emplazamiento público para que usted, con sus fiscales, cumpla con su obligación (sancionar medios de comunicación), ante el pueblo que para eso están allí. Señora presidenta del Tribunal Supremo (Luisa Estella Morales) con todos los magistrados y tribunales cumplan con su obligación que para eso están allí y, si no, renuncien y que gente con coraje asuma".

Sin embargo, para Ortega sus palabras no fueron "ni ataque ni regaño", como lo escribió el periodista Juan Francisco Alonso de El Universal en una nota donde se explica que la titular del Ministerio Público justificó el emplazamiento de Hugo Chávez porque a su juicio él tenía, cómo presidente de la República condición de hacerlo.

"La Constitución le impone al Presidente la obligación de garantizar los derechos de los ciudadanos, en consecuencia para él cumplir con esa obligación puede perfectamente emplazar a los demás representantes de los poderes, puede perfectamente exigir y emplazar también al resto de los ciudadanos, porque él está obligado a cumplir con esa garantía (...) Él hacía un emplazamiento a que se cumpliera con el deber que tienen todos los entes públicos y yo creo que está en su derecho como jefe de Gobierno", afirmó la funcionaria durante una rueda de prensa celebrada en la sede de su despacho.

Nuevamente, con este hecho, se demostró cómo Chávez movía los hilos del poder a través del Ministerio Público, dejando cada vez más en entredicho la separación de poderes. Esa que dejó en evidencia nueve años ante medios de comunicación, específicamente el 8 de junio de 2017, cuando la fiscal admitió estar plegada a la corriente ideológica de Chávez, en medio de su separación de la línea de Nicolás Maduro: "El chavismo es una filosofía de vida y este es el principal legado del presidente Chávez", dijo Luisa Ortega Díaz ante medios de comunicación.

¿Así o más claro? El tiempo demostró una vez más que en Venezuela nunca hubo separación de poderes. Al menos no desde el Ministerio Público.

Año 2009
Cadena Capriles: La justicia que nunca llegó

El 13 de agosto de 2009 decenas de periodistas de la Cadena Capriles caminaron desde la Torre La Prensa (su sede ubicada en el centro de Caracas) hasta la esquina Veroes para protestar, con volantes y carteles en mano, contra de la Ley Orgánica de Educación que tenía un contenido sancionatorio contra los medios, que en ese momento se discutía en la Asamblea Nacional.

Habían pasado 14 días desde que la fiscal Luisa Ortega pedía cárcel para los periodistas en el Parlamento cuando el Gobierno decidió modificar la estrategia.

Una vez anulado el proyecto de Ley de Delitos Mediáticos, su contenido sancionatorio migró de un instrumento a otro, en la nueva Ley Orgánica de Educación, con la que el Gobierno buscaba sacar del aire cualquier programa de televisión o radio en el momento que él dispusiera, en nombre de la protección de los niños y adolescentes.

Otro veto al Periodismo. Ya no fue Luisa Ortega Díaz, ahora era otros funcionarios que la promovieron. Los periodistas de la Cadena Capriles defendieron libertad de prensa. Esta vez con su sangre.

Motivados por esta situación, un grupo de periodistas de El Mundo, Últimas Noticias y Líder decidió ocupar las calles cercanas a la antigua sede de la Cadena Capriles para informar sobre las pretensiones del Gobierno. La iniciativa no duró mucho. Un grupo de simpatizantes del Gobierno, trabajadores del canal Ávila TV y miembros de la Fundación Simón Rodríguez, atacaron con golpes, patadas y palos a los periodistas. Todo por una razón: eran "escuálidos", como llamaba Chávez a sus opositores. La agresión fue salvaje.

Jesús Hurtado, periodista de El Mundo y para ese entonces miembro del Sindicato Nacional de Trabajadores de la Prensa, intentó mediar, pero el diálogo no dio resultados. Gleixys Pastrán, una de las reporteras de Últimas Noticias agredidas, cuenta que los violentos gritaban que las calles eran del pueblo y que por lo tanto no tenían derecho a realizar esa manifestación.

No le dio tiempo de escapar. Sorpresivamente una mujer la tomó por el pecho, la empujó y la tiró contra el piso. Todo por entregar volantes a favor de la libertad de expresión. En total, 12 periodistas resultaron heridos. La agresión duró aproximadamente 15 minutos hasta que los comunicadores lograron escapar y llegar hasta la Torre La Prensa, a tres cuadras de lo sucedido.

La violencia tenía un objetivo: impedir que en el corazón de Caracas, ese mismo donde se ha intentado construir una versión moderna del Muro de Berlín para negar el paso de los "contra revolucionarios", fuera ocupado por ciudadanos que en su legítimo derecho protestaban pacíficamente en defensa de la libertad de expresión.

Fracturas craneales, cortaduras y contusiones cerebrales fueron algunas de las lesiones que recibieron los 12 periodistas heridos. Los más agredidos fueron Fernando Peñalver, con una grave herida en la cabeza producto de un golpe; Ubaldo Arrieta, a quien le rompieron la nariz, y Marco Ruiz, quien terminó vomitando sangre.

La periodista Ingrid Rojas declaró ese día a Venevisión, desde el centro médico donde fueron atendidos, que los agresores los sorprendieron "con palos picados y afilados, piedras, patadas y golpes". Esta fue la respuesta que recibieron cuando estaban con unos volantes y unos cartones. "No podíamos competir en igualdad de condiciones con ellos", recuerda.

Lo mismo opina Fernando Peñalver, quien para ese momento se desempeñaba como redactor de deportes para Últimas Noticias. "Recuerdo que no habían pasado ni 20 minutos de la protesta cuando se nos acercó un grupo de personas de forma agresiva diciéndonos que estábamos ocupando espacio revolucionario y que nos teníamos que ir", cuenta.

Peñalver recuerda que los pocos hombres que estaban - la mayoría de los manifestantes eran mujeres periodistas – decidieron levantar las manos en símbolo de paz porque no querían confrontación con nadie.

"Sin embargo, a los pocos segundos vemos que nos empiezan a golpear y la muchacha del programa *Zurda Konducta*, Llafrancis Colina, también conocida como La Negra, empezó a gritar que nosotros le estábamos cayendo a golpes a las mujeres del sitio. Todo con la intención de evitar que los transeúntes nos ayudaran. ¿Quién nos iba a ayudar si nos estaban acusando de golpear a unas mujeres?", se pregunta Peñalver.

A Fernando la suerte no le acompañó ese día. Fue atacado en la cabeza con un objeto contundente, "a traición" como el mismo lo califica porque lo golpearon por la espalda y sin que él pudiera ver. Por esta razón no es capaz de reconocer a quien le fracturó el temporal derecho de su cráneo. Por meses sufrió de mareos y por 21 días no pudo volver a trabajar.

Peñalver recuerda que una vez fueron atendidos en la Policlínica La Arboleda, ubicada en el centro de Caracas, llegó una fiscal del Ministerio Público pidiendo los detalles de lo ocurrido. Peñalver se resistió. "Sabía que ella no podía garantizarme ni mi seguridad ni la de mi familia". Se lo dijo. "Si yo le cuento todo, usted no podrá garantizarme que ese expediente no llegue a manos de los Tupamaros o los colectivos y no vengan por mí o mi familia". La fiscal no dijo nada, bajó la mirada.

Para Peñalver la agresión no sólo fue física, días después el conductor del programa *La Hojilla*, Mario Silva, lo descalificó por casi 40 minutos a través del canal del Estado, Venezolana de Televisión.

El periodista recuerda que ese día tenía en su oficina unos palitos de música para hacer claves del son cubano y decidió llevárselos a la protesta para hacer más ruido. Sin embargo, Mario Silva aseguraba que se trataba de "luchacos", un tipo de arma tradicional de las artes marciales formada por dos palos muy cortos unidos en sus extremos por una cadena. Para Peñalver, la vendetta moral fue tanta o más dolorosa que la misma agresión.

Toda esta violencia fue en principio cuestionada y rechazada por diversos sectores de la sociedad. Muchos expresaron su indignación y exigieron que las autoridades capturaran a los agresores. Una justicia que nunca llegó.

De víctimas a victimarios

A los pocos días de la agresión y al mejor estilo del realismo mágico, quienes sufrieron lesiones, hematomas y hasta fracturas craneales pasaron de víctimas a victimarios. El presidente, Hugo Chávez, no dudó en calificarlos de provocadores.

"Como se ha dicho no andaban haciendo labor de periodistas, andaban en una marcha... repartiendo unos volantes, haciendo actividad proselitista contra la Ley de Educación. Y según tengo entendido, y hay hasta pruebas, provocando a gente del pueblo que estaba por aquí y que estaba por allá", aseguró el presidente Chávez.

Asimismo, recomendó a sus seguidores "no caer en provocaciones, denunciar los provocadores más bien". Les pidió también "fortaleza, coraje y nosotros listos para enfrentarlos en cualquier terreno. No queremos violencia, pero tenemos que estar preparados para cualquier cosa", agregó Chávez el 19 de agosto de 2009 contra los periodistas de Líder, Últimas Noticias y El Mundo.

Sin perder tiempo y en respuesta a las declaraciones del jefe de Estado, el diario El Universal, en su edición del 20 de agosto de 2009, reseñó las declaraciones de Gregorio Salazar, expresidente del Sindicato Nacional de Trabajadores de la Prensa: "Ahora él, Chávez, asume la mentira como una política de Estado. A despecho del trabajo de la Fiscalía, de los cuerpos policiales e inclusive al propio pronunciamiento del PSUV, han comenzado una serie de declaraciones en cascada en las que se ha terminado por acusar y exigir prisión para César Bátiz y Marco Ruiz (periodistas agredidos)".

Las declaraciones de Chávez apuntaban a que los periodistas de la Cadena Capriles salieron a provocar a los ciudadanos y por eso fueron agredidos. Esta postura no tardó en ser replicada por otros voceros del Gobierno. La periodista María del Pilar (Mari Pili) Hernández (quien fue presidenta de Canal I) no valoró como hecho punible los golpes contra los periodistas. Por el contrario, calificó como delincuentes a los periodistas agredidos.

En una entrevista transmitida por Venezolana de Televisión (VTV), en el programa *Dando y dando*, Hernández cuestionó que El Mundo, Últimas Noticias y Líder publicaran en sus páginas los rostros de los agresores y los marcara en círculos rojos. Al respecto Mari Pili aseguró que "la violencia no se puede resolver con violencia, y eso es violencia: que agarres a una gente y les encierres sus rostros en círculo, y los identifiques como si fueran delincuentes".

Destacó que si alguno de los involucrados "estaba preso por averiguaciones, todos los que participaron en la riña, incluyendo los trabajadores de Últimas Noticias, debían estar presos también". Cárcel para las víctimas pidió Mari Pili.

"El problema es que los medios de comunicación social se convirtieron en jueces, y ese juez del tribunal 16 de Control no está metiendo preso al imputado por tener elementos de convicción. Lo está metiendo preso en La Planta porque Últimas Noticias se lo ordenó", señaló la periodista, cuestionada por el gremio periodístico como la censora del Gobierno que sacó a los periodistas Jennifer López, Vladimir Villegas e Idania Chirinos de Canal I. Otro quien se sumó a las palabras de Mari Pili fue el exministro de Economía y Finanzas, Alí Rodríguez Araque, quien acusó a los periodistas agredidos de "provocadores" y destacó que los comunicadores no actuaban como periodistas, sino que estaban fijando una posición política. Si ese fuera el caso, y planteado en los términos del ministro, ¿fijar una postura política en la Venezuela de Chávez es merecedora de una paliza? Es la gran incógnita. Araque también criticó la "desmedida" cobertura que le dieron los medios de comunicación a este hecho.

De todo esto el diario El Universal salió el 20 de agosto de 2009, haciendo una lectura clara del paradójico conflicto, en el cual las víctimas con hematomas, contusiones y fracturas craneoencefálicas serían los responsables de sus propias lesiones, según el Gobierno.

"Como un intento de instaurar la lógica del absurdo en Venezuela fueron calificadas las declaraciones del presidente Chávez y de algunos voceros oficiales en las que se pretendió convertir a los agresores de los periodistas de la Cadena Capriles en víctimas y a las víctimas en provocadores y agresores", redactaron los periodistas Reyes Theis y Vivian Castillo, sobre el pronunciamiento del gremio.

Periodistas temen que palabras de Chávez generen más ataques tituló así El Universal, dejando en evidencia la violencia de Estado ejercida por Chávez contra los comunicadores sociales.

"El temor que tenemos es que cuando los voceros del Gobierno y las instituciones rechazaron las agresiones sentíamos cierto alivio. Pero cuando se cambia esta apreciación, quedamos a expensas de que nos vuelvan a agredir, porque si el propio Presidente está diciendo que somos unos provocadores, cualquiera tiene la justificación para agredirnos", declaró en la rueda de prensa el periodista de El Mundo Jesús Hurtado, otro de los periodistas agredidos, ofendidos y además responsable de su propia agresión, por la que incluso debería estar preso, de acuerdo a la lógica de Hugo Chávez, Alí Rodríguez Araque y Mari Pili Hernández.

El poder de Chávez

Durante los primeros días después de la agresión, el Cuerpo de Investigaciones Científicas, Penales y Criminalísticas (CICPC) logró recoger suficientes evidencias para determinar los responsables y el Ministerio Público identificó a los agresores a través de videos y fotografías in fraganti proporcionados por los testigos del suceso.

Sin embargo, las víctimas nunca tuvieron acceso al expediente del caso evitando que se continuara con el proceso legal. Este informe tenía las declaraciones de las víctimas, las pruebas presentadas ante la Fiscalía, videos, fotografías de los agresores, descripción de los hechos, revisiones médicas e imágenes de las cámaras de seguridad de las zonas aledañas.

El expediente estuvo "desaparecido" desde septiembre de 2009 hasta octubre de 2012. Más de tres años. Toda esta situación indignó a Peñalver, y en su blog *Rebotando Hoy* narra la travesía que tuvo que hacer, junto al abogado de la ONG Espacio Público Oswaldo Cali, para encontrar su expediente.

Tanto Fernando como Oswaldo tuvieron que visitar más de tres instituciones públicas. Ninguna le daba respuesta ni siquiera mostrando el número del expediente emitido por el CICPC ni el de Medicina Forense. Del Ministerio Público pasaron a la Fiscalía 36, de ahí a la 52 y de ahí al departamento de Delitos por Legitimación de Capitales. Todo un peloteo administrativo. Más de dos horas y luego de errar en todas las instituciones donde había ido a buscar su expediente llegó a la sede principal del Ministerio Público en la avenida Urdaneta donde una abogada finalmente le dice que el documento reposaba en la subdirección de Delitos Comunes. Sin embargo, les negaron el acceso. "No lo pueden ver", fueron las palabras de la funcionaria.

Posterior a este incidente, el abogado designado por la ONG Espacio Público asistió nuevamente para solicitar el expediente. Estuvo al menos tres veces en el Tribunal 16 de Control para pedir la celeridad en el caso, hasta que finalmente en octubre de 2012 apareció en la oficina del fiscal 52.

Oswaldo Cali explica para esta investigación que una vez que fueron agredidos los periodistas de la Cadena Capriles "el Ministerio Público se esforzó en recoger muchas pruebas y las investigaciones marchaban a una velocidad sorprendente, pero todo se paralizó cuando el presidente Hugo Chávez dijo que los periodistas habían provocado esa agresión".

A partir de ahí, recuerda Cali, abogado egresado de la Universidad Metropolitana, se redujo el proceso de la investigación y hasta el expediente se desapareció. Lo que ocurrió con este caso fue un verdadero peloteo. Difirieron las audiencias orales y de presentación preliminar debido a la inasistencia injustificada de los procesados en libertad, se pospusieron seis veces las audiencias por falta de algún requisito y la Fiscalía aseguró que el expediente no tenía una relación clara de los hechos concretos. La defensa apeló las decisiones; y así pasaron años buscando una justicia que nunca llegó.

Finalmente, el 8 de noviembre de 2013, el Tribunal 16° de Primera Instancia en lo Penal en Funciones de Control del Área Metropolitana de Caracas anuló la acusación que el Ministerio Público realizó en contra de los tres presuntos responsables de agresiones a los periodistas de Cadena Capriles.

Este sobreseimiento hizo que Gabriel Jesús Uzcátegui Beumont, Jorge Henrique Vásquez Genés y Luis Alejandro Santana Marquina, identificados por el CICPC como agresores, disfruten en libertad. Lo máximo a lo que estuvieron sometidos fue a un régimen de presentación cada 30 días, pero nunca recibieron una condena por estos delitos.

Este tribunal, por cierto, es el mismo que en 2014 llevó el caso del dirigente del partido Voluntad Popular, Leopoldo López por estar acusado de instigación pública, daños a la propiedad en grado de determinador, incendio en grado de determinado y asociación para delinquir.

El juzgado declaró sobreseída la causa y la justicia que tanto buscaron nunca llegó. Con esta decisión, el tribunal desechó un expediente de más de 1500 páginas con pruebas, declaraciones a testigos, fotografías y videos donde estaban plenamente identificados los responsables. Al final la palabra de Hugo Chávez se impuso; y el sistema judicial complació al mandatario.

La justicia nunca llegó a estos 12 periodistas, al menos no en revolución. Todo esto como un recordatorio de que las democracias no son sólo elecciones. Incluye también la separación de los poderes públicos, el respeto a los derechos humanos, la libertad de expresión y de prensa. Todos estos aspectos ausentes o muy frágiles en la Venezuela de Chávez. Este caso lo evidencia.

La solidaridad del gremio

Un hecho de esta magnitud generó rechazo por parte del gremio de periodistas y trabajadores de la prensa. La misma tarde de la agresión, el personal de El Universal acudió a la sede de la Cadena Capriles en actitud de protesta y para solidarizarse con sus colegas. Al día siguiente de la agresión, los tres medios de este grupo, se alinearon en la misma editorial.

¡Basta de violencia! titularon unánimes los periódicos Últimas Noticias, Líder y El Mundo. Sería la primera vez que los tres diarios deciden abrir con la misma información.

Hasta Eleazar Díaz Rangel, director de la Cadena Capriles, y simpatizante del Gobierno de Hugo Chávez se pronunció: "junto con expresar nuestra más categórica condena a un hecho tan cobarde, merecedor del repudio de todos, demandamos una rigurosa y rápida investigación que permita establecer las sanciones correspondientes. Hechos como este no pueden repetirse. Se hace indispensable el llamado a las autoridades gubernamentales y la dirigencia política a estos grupos fanatizados".

Se trató de una acción que retaba a las autoridades que él mismo apoyaba. Aún así lo hizo, pero su postura firme no duró mucho tiempo. Los mismos periodistas agredidos aseguran que aunque reconocen su apoyo le faltó contundencia al rechazar las acusaciones que hizo Chávez cuando calificó a los periodistas como "provocadores".

Año 2010
A la mujer ni con el pétalo de una rosa

Corría el año 2010. Hugo Chávez prometía que Venezuela tendría el sistema eléctrico más seguro del continente o que "le torcería el pescuezo" al dólar paralelo que para la época iba por 10 bolívares, y aceleraba el paso de las expropiaciones y confiscaciones de toda empresa que él consideraba que era de interés para la nación.

Para aquel año las denuncias sobre una posible injerencia cubana en la Fuerza Armada Nacional tomaban más fuerza por diferentes voceros. Uno de ellos fue el general Antonio Rivero quien le puso fin a su carrera militar luego de denunciar que uniformados cubanos habían asistido a reuniones de alto nivel, entrenaron a francotiradores venezolanos, obtuvieron conocimiento de las comunicaciones y aconsejaron a los militares en búnkeres subterráneos construidos para almacenar y ocultar armas.

Toda esta situación levantó el interés de la prensa y ante el hermetismo del Gobierno sobre estas denuncias la periodista Adriana Núñez, que trabajaba en aquel año para Televen, aprovechó la oportunidad de preguntar sobre este tema en medio de una rueda de prensa que el jefe de Estado, Hugo Chávez, daba con motivo a las elecciones primarias del Partido Socialista Unido de Venezuela, desde la escuela Manuel Palacio Fajardo ubicada en el sector 23 de Enero de Caracas.

Núñez hizo tres preguntas en su intervención como acuerdo con otros dos periodistas que estaban en el lugar, Cecilia Caione de Últimas Noticias y Hernán Lugo de El Nacional, porque sólo dejaban hacer una pregunta a todos los medios nacionales que estaban ahí presentes. Entre los tres se pusieron de acuerdo y ella fue la seleccionada.

"Como siempre en los temas de Miraflores (Gobierno), llega una persona que dice 'pónganse de acuerdo quién va a preguntar'. Por lo general es una por los medios privados (nacionales) y otra por los internacionales. Ese día había muchos periodistas (...) Nos pusimos de acuerdo qué íbamos a preguntar. Entre Cecilia Caione, Hernán Lugo y yo empezamos a diseñar las preguntas. Pienso entonces que podía preguntar sobre la denuncia del general Antonio Rivero de los supuestos militares cubanos que estaban en labores venezolanos. A Hernán también le pareció que esa debía ser la pregunta y Cecilia me dice 'si yo pregunto lo haría sobre el parlamentarismo comunal", recuerda Núñez.

Sin embargo, este no era el sistema tradicional de escogencia de los periodistas que tenían derecho de hacerle preguntas al jefe de Estado. "Debo hacer la salvedad que antes hacían (el departamento de prensa de Miraflores) unos sorteos ficticios donde se elegía a un periodista de un medio privado, pero del periodista que cayera bien y que ellos estuvieran seguros que no representaba una amenaza (era quien podía preguntar)", recuerda Núñez. Pero ese día no fue así y esta modificación hizo que el Presidente enfrentara por televisión abierta la solicitud de dar alguna respuesta sobre las múltiples denuncias de una presunta injerencia cubana dentro de la Fuerza Armada Nacional.

Todo esto desató su ira. Chávez, vestido de militar, y acompañado del más alto cuadro del PSUV arremetió contra la periodista. "Tus tres preguntan tienen un mismo código. El código de Televen (...) Yo le voy a dar vuelta al coco porque ciertamente las tres preguntas ninguna tiene que ver con las elecciones de hoy (...) No será que el canal donde tu trabajas tiene una línea, una línea porque es un canal privado que se prestó al golpe de Estado.

Esto hay que recordarlo y tú que eres una mujer joven tienes que saberlo. Televen se prestó para el golpe de Estado. Allá se reunían. Incluso esto lo sabe el señor Camero (dueño de Televen). En ese tiempo los perdonamos. (...) Ojalá que canales como Televen rectificaran, pero es que tienen una sola línea, entonces mandan aquí a una periodista a levantar a un proceso electoral y lo menos que pregunta es de eso", fueron parte de las palabras de Chávez hacia Núñez.

Ante esta respuesta la periodista confiesa que en una oportunidad lo conversó con un colega que le preguntó qué haría si un día en público Chávez arremetía en su contra a lo que ella le respondió que como era una persona muy tímida, que no le gustaba el espectáculo, no iba a saber qué hacer.

Pero le tocó el momento y no le quedó de otra que concentrar su energía en afirmar que no estaba haciendo nada malo porque llevaba todo el día cubriendo el proceso electoral y que sus preguntas correspondían al interés de la gente en saber de otros temas nacionales.

"En ese momento, aunque mucha gente decía que tenía aplomo, estaba desencajada. A mi juicio yo no tenía aplomo, pues me desencajó ver cómo un Jefe de Estado se comía a una muchacha de 27 años. Entonces decirte en qué pensaba, pues es mentira: yo pensaba sólo en mí misma, en cómo me veía en pantalla o si mi gestualidad me delataba en cámara. Ni si quiera lograba escuchar qué decía porque yo me desconecté", recuerda Núñez, quien también hizo carrera Quinto Día y Unión Radio.

En pleno altercado, a la periodista de Televen se le viene a la mente que la estrategia de los canales del Estado era enfocar su rostro en el caso de llorar. "Ellos te enfocan la cara a ver si sueltas una lágrima, si tú te pones retrechera o cualquier cosa para graduar tu reacción. Y yo me chequeaba en un televisor que estaba arriba y me decía, 'oye no estoy tan mal'", asegura.

Mientras el jefe de Estado le respondía a sus preguntas y le reclamaba el tipo de inquietudes que tenía, Adriana tomó su celular y comenzó a escribir el reporte en su celular a lo que Chávez no aguantó y le dijo '¿ah, ya le estás escribiendo a los Camero, porque esa pregunta lleva el código Televen?", al tiempo que le sugirió que antes de hacer preguntas debía estudiar primero para imprimirle mayor profundidad.

Núñez rechaza esta acusación. Para ella fue una ofensa. "Los periodistas sabemos que un jefe no les va a mandar a hacer preguntas que sólo saben hacer periodistas. Y más ahora cuando a los medios no les interesa que hagan preguntas, especialmente ahora cuando las cosas están como están. Por ellos mejor que te quedes callado", reflexiona.

Sobre este altercado expresa que recibió el apoyo del resto de sus colegas que estaban en el lugar y el periodista Hernán Lugo, de El Nacional, le gritaba: "¡dile que somos tooodooos!" para que se entendiera que las preguntas respondían a los intereses de los colegas de El Nacional, Televen y Últimas Noticias.

En esa oportunidad Chávez también le reclamaba que no le preguntara cosas relacionadas a las elecciones internas del PSUV, a lo que ella se defendió diciéndole que esas interrogantes son temas que le importaban al país. "Traté de mantener la cordura, pero qué iba a hacer si el Presidente, acompañado de Cilia Flores, Jorge Rodríguez y Andrés Izarra, todos viéndote como un perro. ¿Qué voy a hacer? Me quedé callada, esperando que me cayera ese chaparrón pues no soy retrechera", dice.

A su juicio, Chávez era "una figura intimidante, magnética, impresionante, seas tú o no partidario del oficialismo", al tiempo que tuvo la oportunidad de viajar a China y Portugal con el líder venezolano y "recuerdo que en este país había una ley que planteaba que la gente que estaba ilegal en Europa fuera devuelta a sus países de origen. Y yo, que tengo cara de portuguesa aunque no lo soy, me atacó porque le pregunto sobre el tema. En ese instante juega a hacerme él las preguntas y ponerme a mí del otro lado. Me dice 'y a ti te parece justo que una madre con sus hijos deba devolverse a su tierra donde ha perdido todo... ustedes los europeos'. 'Yo no soy europea', respondió la reportera, egresada de la Universidad Católica Andrés Bello.

Chávez no perdió ni un segundo en arremeter y llevar sus respuestas al campo personal del periodista. "Le insisto que no lo soy, pero qué le va a importar a él lo que le digo cuando estaba ensimismado en pensar lo que quería. También me pasó en China que le pregunté por la campaña de John McCain cuando aspiraba a la presidencia de Estados Unidos. Él dijo algo de Chávez recuerdo, y me responde con otra pregunta. Le interesó saber si me había leído a Mao. Entonces de la forma más jocosa dice, 'no, pero es que tú tienes cara de niñita. ¿Qué tienes tú? ¿16 años?' Su estrategia era alabarte para ponerte de su lado o te atacaba fuertemente. A una una colega pelirroja le dijo, "Sonsiré (Luna), qué bonito nombre, qué bello tu cabello, ese rojo Sonsiré. Ese rojo encendido". Por esto digo que para bien o mal, es una figura magnética y que cuando estaba molesto se le notaba", concluye Adriana Núñez.

Más ataques

Transcurrido los primeros meses del 2010, la oposición y el Gobierno se vuelven a ver las caras en una nueva contienda electoral en donde se decidiría la suerte de la Asamblea Nacional que hasta ahora estaba siendo controlada por el partido PSUV.

Al llegar septiembre de ese año y una vez terminan las elecciones, los resultados favorecieron al Gobierno, con el detalle que la mayoría de los electores (el 52 %) había votado por las fuerzas opositoras a Hugo Chávez y aún así el Gobierno se llevó la mayoría de los curules del Parlamento.

¿Cómo se podía entender que sacando menos votos el Gobierno se llevaba casi todas las plazas de diputados? Esta fue la pregunta que le hizo la periodista Andreína Flores de Radio Francia Internacional en una rueda de prensa que tuvo el mandatario nacional con corresponsales extranjeros para informar sobre los resultados que anunció el Consejo Nacional Electoral.

Previo a este encuentro el ministerio de Información preseleccionó por sorteo a cuatro periodistas para que hicieran sus preguntas a Chávez. Seleccionaron a un representante de Telesur, a uno cubano, uno ruso y a Andreína Flores, quien además se desempeñaba como corresponsal de RCN de Colombia.

Su pregunta en torno al número de diputados que sacó el Gobierno en comparación con los que obtuvo la oposición quien se llevó la mayoría de apoyo popular en aquella jornada electoral molestó al jefe de Estado a tal punto que por más de 15 minutos lo que hizo fue irrespetarla además de acusar a Radio Francia de no haberle dado un derecho a réplica exigido por él.

"Usted ha hablado de 5,4 millones de votos para el Partido Socialista Unido de Venezuela (PSUV) contra 5,3 millones de la Mesa de la Unidad Democrática y la diferencia entre ambas cifras es de apenas 100.000 votos. Para muchos, sobre todo para aquellos que nos escuchan en otros países, es difícil de entender que obteniendo casi el mismo número de votos que el PSUV, la oposición haya alcanzado 37 escaños menos. Me pregunto si se estaría confirmando la tesis de la oposición que sostiene que la redistribución del peso de los circuitos electorales se hizo con toda la intención de favorecer al PSUV, o quizás, pero todavía peor, el voto del PSVU sería el que vale por dos", preguntó Flores.

La pregunta desató una andanada de críticas. Estaba molesto. Se le notaba. Le faltó echar espuma por la boca. Pasó casi 30 minutos arremetiendo contra ella y contra Radio Francia Internacional a quien acusó de "transmitir mentiras sin rubor" y de falta de ética. Además señaló a Flores de no conocer la Constitución venezolana. "Yo creo que tú no la conoces porque la respuesta está ahí. Tu pregunta me deja ver que ignoras un poco de cosas", señaló Chávez en aquella oportunidad.

La periodista al igual que lo hizo Adriana Núñez en su oportunidad se quedó firme, apegada a sus preguntas y ni se inmutaba. Flores por el contrario salía al paso y contestaba los señalamientos que hacían en su contra. Le recordó al Presidente que si ella conocía o no las leyes venezolano era irrelevante porque el objetivo de la rueda de prensa es que Chávez explicara el porqué de los resultados electorales a una audiencia extranjera.

Esta firmeza Chávez no la perdonaba y volvía a arremeter. Acusó a Andreína Flores de "hacer una pregunta configurada de manera extraña y gelatinosa". Para el líder venezolano su pregunta no tenía fundamentación lógica porque "pareciera que tú ignoras totalmente, como si vivieras en la luna, por esto te he preguntado de dónde tú eres, Andreína", dijo Chávez a la periodista.

En esta oportunidad, se le notaba cómo estaba desencajado. Intentaba responder la pregunta, buscaba dentro de sus papeles, cambiaba el tema, empezaba frases que no terminaba y retomaba con otro tema del que no estaba hablando anteriormente.

Minutos después Chávez dijo que esas elecciones no tenían nada que ver con la cantidad de votos que sacaran porque se trataba de circunscripciones. "Estas elecciones están montadas en un método, que no es el único país, en Venezuela, donde eso ocurre", dijo Chávez al tiempo que citó Brasil, Argentina y a naciones europeas que, a su entender, utilizan un sistema de representación.

Después de este incidente, los periodistas que estaban presentes en esta rueda de prensa apoyaron a Flores no sólo por las groserías que recibió sino todas las difamaciones que el jefe de Estado dijo en su contra y en contra del medio para el que trabajaba.

Cuando Chávez se sentía acorralado por preguntas que buscaban desnudar la verdad recurría al insulto, a la descalificación en términos personales y profesionales en contra del comunicador social.

Pasó con el reportero de Univisión de Estados Unidos, Jorge Ramos; el periodista del diario Correo del Caroní del estado Bolívar, Ramsés Ulises Siverio; con la corresponsal de CNN de Estados Unidos en Venezuela, Patricia Janiot; la corresponsal de RCN de Colombia, Carmen Andrea Rengifo; y el corresponsal de O Globo Pablo López Guelli de Brasil. También con Andreína Flores y Adriana Núñez.

Él no distinguía si agredía a hombre o mujer. Sólo arremetía contra la prensa libre e independiente. A Chávez se le olvidó en varias oportunidades el viejo refrán que dice: "a la mujer ni con el pétalo de una rosa".

Año 2010
Globovisión: La contrapantalla de Miraflores

Si hubo un medio de comunicación que comprendió la naturaleza de Hugo Chávez como presidente, ese fue Globovisión: canal de noticias que inició transmisiones en Caracas el 1 de diciembre de 1994. Pero fue hasta 1998 que esta televisora empezó a cobrar un estelar protagonismo con un verbo informativo de denuncia, que incomodó tanto, pero tanto al poder.

Nitu Pérez Osuna, la primera mujer reportera de Globovisión, recuerda que el canal empezó con sus transmisiones bajo el mandato del presidente Rafael Caldera. "Se trataba de un canal especializado en noticias, como de pronto lo era Meridiano Televisión en la fuente de deportes. No hay nada más bello que un inicio, como un bebé: verlo dar sus primeros pasos, su primera sonrisa, su primer éxito, su primer fracaso, su primer tropiezo" dice la periodista.

En la víspera de elecciones presidenciales, en marzo de 1998, nació un programa inminentemente electoral *Yo Prometo* bajo su conducción, que se estrenó con Hugo Chávez como candidato. Pero en el tiempo también entrevistó a otras figuras relevantes del chavismo.

"En *Yo Prometo* entrevistamos a Nicolás Maduro, Cilia Flores, Diosdado Cabello, Iris Varela. Entrevistamos a todos los líderes del PSUV que era el MBR200 en ese momento. Globovisión era un canal de periodistas profesionales, que nos reuníamos entre todos los programas para hacer un balance equilibrado. En esa época, del 94 al 98, teníamos adecos, copeyanos, masistas, teníamos un Congreso y su presidente era Henrique Capriles Radonski. Teníamos una democracia", responde Pérez Osuna.

Sin embargo, esta apertura del Gobierno fue cambiando en el tiempo. A partir del año 2000 los funcionarios del Gobierno de Chávez dejaron de dar declaraciones a este medio.

Desde lo más alto del poder se giraban instrucciones claras a sus principales voceros y militancia a no responder entrevistas a este canal de televisión, donde muy difícilmente se hacían preguntas complacientes, como las que acostumbraban a hacer medios del Estado u otros privados que se movían entre las líneas de la censura y la autocensura.

Esto ocurrió en el año 2000, precisa Nitu Pérez Osuna, "cuando Chávez ordenó a todos sus funcionarios que no declararan a Globovisión. Era una orden", explica la periodista, quien agrega que ante la ausencia de la vocería oficial, el canal apeló a los micros segmentados que denominaron *Usted lo vio*, donde Globovisión tomaba fragmentos de entrevistas que ellos daban a otros medios.

Usted lo vio era una serie de micros segmentados, que solían dejar en evidencia a altos funcionarios de Gobierno con frases o declaraciones contundentes, de alto impacto en la opinión pública, que comprometían su credibilidad.

"¡Levanten la mano lo que se consideran golpistas! Oigan bien la pregunta para que la prensa mundial le responda de alguna manera a los que andan diciendo que un golpista amenaza la democracia, bueno, aquellos que se consideren golpistas, levanten la mano!", recogió un Usted lo vio del 24 de julio de 1998, en un acto donde el candidato Hugo Chávez se autoreconocía golpista en un actividad de masas en el centro de Caracas. Este era uno de los micros que le refrescó la memoria a un país que no la tiene, especialmente cuando tiempo después Chávez empezó a negar su origen golpista, para catalogar su acto como una rebelión popular. Por eso molestaba tanto los *Usted lo vio*.

El poder del Estado

La línea editorial crítica y retadora al poder desató una ola de persecución que se sostuvo a lo largo de la gestión de Hugo Chávez. Desde este Gobierno se buscaron varias formas de cerrar a Globovisión a través de multas mil millonarias, persecuciones, amenazas a anunciantes. Siempre buscando una manera de darle la vuelta para que no se viera como una medida dictatorial.

Para el año 2009 el canal 33 enfrentó un procedimiento sancionatorio. El Seniat, organismo gubernamental que administra los impuestos en Venezuela, impuso una multa de más de 2 millones de dólares por la cesión de espacios a organizaciones civiles y políticas durante el paro petrolero y general de 2002- 2003.

Les pasaron una vieja factura de hacía 7 años atrás. Esta penalización se sumaba a otra multa impuesta en el año 2003 de 300 mil dólares por presuntamente el uso ilegal de frecuencias.

Todo esto ocurrió en el primer semestre del 2009 cuando más de medio centenar de policías, militares, abogados y fiscales del Ministerio Público se pre- sentaron en la casa de Guillermo Zuloaga, dueño de Globovisión en una operación encabezada por Wilmer Flores Trosel, director del Cuerpo de Investigaciones Científicas, Penales y Criminalísticas (CICPC). Flores Trosel dijo que este nuevo procedimiento se debía a que en aquel lugar "fue detectado un lote importante de vehículos que se encuentran en estado de ocultamiento".

El detective se refería a 26 carros -que pertenecen a dos concesionarios Toyota, también propiedad de Guillermo Zuloaga, aparcados en un terreno contiguo a la casa", recogió el diario El País, de España, el 23 de mayo de 2009.

Mientras se desarrollaba el allanamiento, Flores Trosel hizo caso omiso a la exigencia de la consultora jurídica de Globovisión y de su dueño Guillermo Zuloaga, Perla Jaimes.

"¡Hasta que yo no revise esta orden judicial, usted no pue... Usted tiene que... usted tiene que esperar, deténgase! Esto es un atropello, no me toque", increpaba a los representantes del Gobierno la abogada Perla Jaimes, mientras intentaba impedir el paso de los cuerpos de seguridad del Estado.

"Yo, como representante del inquilino y dueño de la casa, le doy entrada a quien yo considere pertinente. Ahora, quien está entrado sin mi permiso, está violando un domicilio", continuaba explicando la abogada.

¿Usted es abogada, usted es abogada?, le increpaban a Perla Jaimes los funcionarios del CICPC. "Sí soy abogada", replicó con contundencia la jurista, quien forcejeó contra más de una decena de funcionarios armados, que entraron por las malas y a la fuerza a la propiedad del dueño de Globovisión, incluso desconociendo la condición de mujer de la abogada, quien fue maltratada durante los jalones y empujones del violento allanamiento.

Flores Tosel, entretanto, declaraba por otra parte de la vivienda ante los medios de comunicación del Estado. "Aquí están todos los organismos necesarios: Indepabis, INTT, el Ministerio de Comercio con la finalidad de resguardar la legalidad de este acto. Vamos a verificar la procedencia...", señaló Flores Trosel quien fue interrumpido por el planteamiento de la reportera de Globovisión Katherine Torres:

"En las inspecciones a otros concesionarios el procedimiento comienza por Indepabis, que es el que hace el llamado a los cuerpos policiales. Y en caso de que proceda llegan esos funcionarios. ¿Entonces por qué en esta oportunidad llega primero el CICPC a hacer el allanamiento", cuestionó la reportera y mientras al unísono se oían las palabras de Perla Jaimes:

"¡Esto es un procedimiento arbitrario! Usted está asaltando este inmueble con personas que no están facultadas para este allanamiento. Esto es un procedimiento arbitrario", insistía la consultora jurídica de Guillermo Zuloaga, dueño del canal de noticias asediado por el Gobierno de Hugo Chávez.

Pero el imputado negó todos los cargos, reseñó BBC Mundo. "Todos estos carros tienen sus títulos de propiedad y certificado de origen y esperamos que sean devueltos, porque no hay razón para que sigan detenidos".

"Definitivamente creo que es algo para asustar a Globovisión, cosa que nunca van a lograr. Tenemos que estar claros y que lo sepa el Gobierno, que cerrar medios de comunicación no es una manera de ocultar la realidad", declaró el dueño del canal de noticias, Guillermo Zuloaga, a la BBC, al tiempo que su representante legal fue citada por el Ministerio Público para comparecer por el delito de obstrucción a la justicia, previsto y sancionado en el artículo 110 de la Ley Orgánica del Poder Judicial.

En este momento la noticia no sólo era el dueño del canal, sino también su abogada. Otro ejemplo más de cuando los medios son noticia.

"Es una arbitrariedad más. Es un descaro. O es desconocimiento o es la aplicación de un derecho que desconocemos, porque ciertamente ni son los mismos hechos, ni la doctora Perla Jaimes está investigada por el caso que se investiga al doctor Zuloaga. Por lo tanto no procede esta acumulación de causa", señaló Yenny Tambasco, la abogada de la consultora jurídica acusada Perla Jaimes.

Toda esta situación fue calificada como una cayapa contra Globovisión. Buscaban la manera de asfixiarlos, fastidiarlos y perseguirlos para que bajaran el tono de su línea informativa. El acoso llegó al punto que no sólo le hicieron allanamientos a las propiedades de Zuloaga, sino que también confiscaron trofeos de caza (cabezas de animales) que tenía este empresario en su casa por supuestamente estar ligado al ejercicio ilegal de esta actividad. Finalmente Zuloaga fue imputado formalmente por cargos de usura.

Autocensura en Globovisión

Fue en el año 2010 cuando el Gobierno colocó a Globovisión en el mismo lugar de medios como Venevisión, La Tele, Unión Radio, Canal I y Televen, que hasta ese momento eran señalados de haber negociado un "bajón de intensidad" (algunos más que otros) de sus líneas editoriales, a cambio de la posibilidad de seguir operando en señal abierta, sin mayores restricciones a las ya conocidas hasta ese entonces.

Para los accionistas de Globovisión este año no fue fácil, pues en el tablero de juego se negociaba no sólo un medio de comunicación exitoso en términos comerciales, sino el patrimonio de uno de los dueños del canal, específicamente Nelson Mezerhane, propietario también del Banco Federal, cuyo eslogan posicionó en la gente la frase "ni un pelo de tonto", que Mezerhane (por cierto) tampoco tenía.

La periodista Nitu Pérez Osuna explica que el Gobierno comenzó a amenazar a Mezerhane con quitarle el Banco Federal, y en su defecto quebrarlo, sino se le bajaba el tono de las críticas al Gobierno a través de Globovisión. "El primero que quiso comprarle el Banco Federal fue José Zambrano, presidente de Banorte, un tipo del régimen, que lo mandaron a comprar este banco. Ante esto Mezerhane puso un precio exorbitante a sus acciones como para que le dijeran que no, y para tener tiempo de maniobrar ante un Gobierno que estaba tan débil que en algún momento pudiera caer", asegura.

Cuando ya queda claro que Mezerhane no vendería el banco comenzó la presión del Gobierno. "El que más presionó se llamó José Vicente Rangel, junto con Tobías Nobrega y Alí Rodríguez Araque", agrega Pérez Osuna.

Pero no sólo querían quitarle el banco a Mezerhane sino también pidieron la cabeza de Alberto Federico Ravell, quien no sólo era el director general del canal sino también "el espíritu y alma" de ese medio de comunicación según la conductora de *Yo Prometo*.

La salida de Ravell se consolidó en el año 2010 y fue tan controversial como poco clara. Para ese año, Guillermo Zuloaga ya estaba hablando con el Gobierno de vender el canal, pero era una información confidencial que incluso se llegó a negar públicamente.

"Ante todo eso, Alberto Ravell devela ante la opinión pública que el canal está en venta, y ahí hubo un problema entre Guillermo Zuloaga y Alberto, botándolo del canal. Esa es la historia real", sincera Nitu Pérez Osuna sobre la salida del alto ejecutivo del canal.

Zuloaga no le perdonó a Ravell que informara sobre el ofrecimiento "a escondidas" que estaba haciendo el Gobierno de comprar el canal que hasta ese momento había sido bastión de lucha en defensa de la democracia y la libertad de expresión. Sin embargo, cuando el dueño del canal decide informar él mismo la salida de Ravell a través de sus pantallas no hizo mención a nada de esto sino todo lo contrario.

Aseguró que "Globovisión ni se compra ni se vende". Pero era mentira. Las conversaciones ya habían comenzado y Ravell había develado el plan. "A partir de este instante dejo de ser director de Globovisión... Me pidieron la renuncia... No renuncié... Seguimos en contacto", fue el mensaje que escribió Ravell anunciando su despido en la red social Twitter.

Ante esta situación, Zuloaga decide dar su versión de los hechos y a través de las pantallas de su canal aseguró: "Le informamos al país que Alberto Federico Ravell ya no forma parte de la dirección general del canal, pero sigue siendo accionista de este medio de comunicación. Globovisión ni se compra ni se vende (...) En estos momentos hay gente muy interesada en utilizar la salida de Alberto Federico Ravell para quebrantar nuestra credibilidad", explicó Guillermo Zuloaga a quien justo para ese momento se le había levantado las medidas cautelares de un juicio penal que aplicaba contra su persona.

"Por eso quiero ser yo mismo quien aclare que en nada tiene que ver la salida de Alberto Federico Ravell de esta empresa con la suspensión de las medidas. Señores, trabajadores de Globovisión, televidentes, anunciantes y todos nuestros amigos les ratifico que la salida de Alberto Federico Ravell fue debido a diferencias entre él y yo. Yo no negocio ni he negociado nada con este Gobierno", aseguró Zuloaga.

Después de su despido, Ravell recibió el apoyo de los trabajadores del canal en una editorial respaldada por el personal de la empresa, en un comunicado leído por la periodista Gladys Rodríguez.

"Con este hasta luego de Alberto Federico Ravell a los trabajadores nos queda el compromiso de mantener el profesionalismo en la pantalla de Globovisión, dando la cara por quienes desde la casa confían en nuestra palabra. Sabemos que la información tiene y ha tenido un alto costo para quienes la damos y eso nos hace más responsables. Cumplir esta tarea con el corazón será la mejor manera de agradecerle todo lo que aprendimos de él y demostrarles a los televidentes, a ustedes, que seguimos comprometidos con el país, con nuestros valores y principios, la libertad y la democracia", rezaba el comunicado.

Sobre Ravell, el periodista y ahora activista político Roland Carreño, exconductor del programa *Buenas Noches*, asegura que el que era director de Globovisión nunca bajó la cabeza ante el Gobierno. "Cuando salió del canal se sintió su ausencia. Él siempre nos reunía y estaba muy pendiente porque estaba permanente encima de la noticia. En su oficina había 8 televisores, tenía sintonizado al mismo tiempo VTV, CNN, le televisión colombiana, la argentina", recuerda.

Mientras que Pérez Osuna califica a Ravell como "un tipo combatiente" que además de periodista era abogado. "Él nos dio absoluta libertad. No voy a decir que no hubo momentos. A mí por ejemplo me censuraron dos o tres programas que no salieron al aire, pero de 18 años que te hayan censurado esa cantidad es nada", agrega.

Entre los programas que le censuraron a esta periodista recuerda que uno se trató de una entrevista que ella le hizo al dirigente político Alejandro Peña Esclusa "donde todo lo que dijo en ese programa pasó completo como si él fuera un profeta. Ese me lo censuraron y me dolió profundamente". El otro programa fue uno donde estaba la astróloga Adriana Azzi donde habló de la muerte de Chávez y de su enfermedad cuando nadie hablaba de esta situación todavía, y el otro incidente fue con una entrevista a Alfredo Weil "donde dijo que iba a haber un gran fraude en las elecciones con Chávez y me dijeron que aquí no se podía hablar de fraude".

Estos tres programas censurados le dolieron a Pérez Osuna, pero destaca que fueron tres episodios puntuales y que cuando hace el balance a lo largo de su carrera en este canal fue más lo bueno que lo malo.

Por otro lado, el poder iba cerrando acceso a las fuentes oficiales a la prensa, pero Globovisión perfeccionaba sus métodos para dar con esas informaciones que el Gobierno se negaba a dar a conocer, señala la periodista Andreína Itriago, quien formó parte de la unidad de investigación, a la que pertenecieron otros colegas como Andrea Quiroga, Fernando Tineo, María Iginia Silva, Mari Triny Mena, Gabriela Perozo, Verioska Velazco, Reimy Chávez Perche, entre otros.

Ellos hacían seguimiento a temas de largo aliento, con alto impacto en la opinión pública. Por eso, la unidad de investigación utilizaba métodos no convencionales como cámaras ocultas, con bolígrafos, lentes y llaveros que grababan. Se utilizaban en casos donde el derecho periodístico prevalecía en casos de que se intentara ocultar información de origen público. Para eso había que tomar ciertas medidas.

"En nuestro caso no podíamos tener la pretensión normal de salir en pantalla porque nos exponíamos. Cuando yo iba a la Maternidad Concepción Palacios debía ir como una ciudadana más. Y si me identificaban como reportera, por ser un rostro visible, se perjudicaba la investigación. Entonces al momento de presentar el reportaje en pantalla colocábamos nuestras voces en off e imágenes de apoyo", reveló Itriago.

"En Globovisión se hacían muchos temas de investigación, otros más de profundidad como el estado de las alcantarilla y las labores de mantenimiento que no se hacían en los municipios. Recuerdo que hacíamos temas de aniversarios especiales como todo lo que pasó en Amuay cuando explotó la refinería o el seguimiento al deslave en Vargas. Recuerdo, incluso, que mi compañera María Iginia Silva hizo un caso de una guerrilla que estaba reclutando gente en una zona fronteriza de Venezuela con Colombia. Ella fue hasta allá y entrevistó a los familiares de los secuestrados", detalló la reportera de Globovisión.

Llegó 2013

Para enero de 2013 Globovisión archivaba entre sus expedientes ocho procedimientos administrativos sancionatorios desde la aplicación de la Ley de Responsabilidad Social en Radio y Televisión. Abiertos todos por distintas causas, algunas más insólitas que otras, pero que de cualquier manera dejaban en evidencia la intención del Gobierno en controlar cualquier medio no alineado a la hegemonía comunicacional socialista.

No rendirse, ni bajar la cabeza era la premisa del canal de noticias que se posicionó fácilmente en la preferencia de sectores abiertamente disidentes, con una credibilidad tan alta en los sectores de la oposición, que algunos dirigentes se olvidaban de hacer política en los estratos más pobres (donde Chávez gozaba de una amplísima popularidad), para asistir a los programas más *trending* de esa pantalla: *Plomovisión, Primera Página, Yo Prometo, Aló Ciudadano, Grado 33, Entre Noticias* y *Buenas Noches*. Para eso y más daba Globovisión.

Con esta serie de limitaciones informaba el canal 33, coleccionista también de una larga lista de multas, procedimientos administrativos y sancionatorios. Por eso, para el año 2013, en medio de la ausencia por enfermedad del presidente Chávez, desde el Gobierno "se dictaron unas medidas cautelares provisionalísimas por las cuales nos prohíben transmitir los cuatro micros cuestionados, sino cualquier otro mensaje cuyo contenido pueda considerarse como una versión de estos, similares o parecidos", denunció el consultor jurídico del canal Ricardo Antela sobre unos micros censurados por el Gobierno que reiteraban el contenido de los artículos 231 y 233 de la Constitución.

"De manera que pareciera que se nos está prohibiendo que en la pantalla de Globovisión aparezca cualquier mensaje alusivo al artículo 231 de la Constitución (...) Se trata de los micros en los que se ofrecían imágenes del vicepresidente Maduro y el presidente Chávez en la cadena nacional del 8 de diciembre y se contrastaba lo que decían las disposiciones constitucionales con relación a los temas que ellos comentan".

En este sentido, "para Conatel comparar lo que dicen los funcionarios públicos con lo que dice la Constitución es un acto de alteración del orden público, incitación a la zozobra incluso a la intolerancia por razones políticas, y basados en esa consideración no sólo abren el proceso sino que además prohíben lo que constituye un acto de censura previa (...) Basta con saber que a las 4:00 pm Diosdado Cabello dio la apertura del procedimiento a Globovisión, y apenas dos horas después Conatel está aquí dándole cumplimiento al procedimiento. No parece del todo claro quién es el presidente encargado en Venezuela, si Maduro, Diosdado o Hugo Chávez", sentenció el abogado Ricardo Antela, ante las cámaras de Globovisión, NTN24 y RCN de Colombia.

Poco después de conocida la sanción fue entrevistado en el programa *Conclusiones* de CNN por la periodista Gabriela Frías, quien preguntó cómo difundir los mensajes de la Constitución podía, para el Gobierno, incitar al odio y alteración del orden público.

"Lo que en el fondo prohíbe el Gobierno a Globovisión es que se proponga a la opinión pública una interpretación de la Constitución diferente a la que haya establecido el Tribunal Supremo de Justicia (sobre la continuidad de Chávez en la Presidencia por ausencia temporal o absoluta del cargo)", destacó el consultor jurídico. Con este verbo de denuncia se manejaban no sólo los periodistas de Globovisión, sino también los abogados como Ana Cristina Núñez, Perla Jaimes y Ricardo Antela, que cobraron un rol protagónico en la defensa de la libertad y la democracia.

La difusión de los artículos 231 y 233 de la Constitución, sobre falta absoluta del mandatario en caso de enfermedad o incapacidad, se difundían en esa pantalla en un momento en el que el chavismo se negaba a una transición democrática.

Para ponerlo en contexto, Globovisión utilizó sonidos de la procuradora general Cilia Flores, el vicepresidente Nicolás Maduro y del propio Hugo Chávez, refrendando los principios de estos artículos, sin saber quizás que apenas semanas o meses más tarde sus palabras en el tiempo se devolverían en su contra. Este sería un momento estelar de la relación entre los medios y Chávez que aun cuando estaba aislado en La Habana, desde Caracas se seguían aplicando sanciones contra la prensa independiente.

El acoso fue tal, de las instituciones del Estado contra de Globovisión, que este canal se vio en la necesidad de abrirle una oficina, de un piso completo, a los funcionarios del Seniat que para ese momento insistían en buscar el más mínimo error para sancionarlos con multas mil millonarias que buscaban su asfixia económica.

"Estaban todo el día allí. Era un acoso constante del régimen porque querían una hegemonía comunicacional", añadió la periodista Nitu Pérez Osuna.

Autoreflexión

A pesar de lo combativo que siempre fue este medio de comunicación frente a la hegemonía comunicacional que imponía el Gobierno, desde diferentes sectores se señala que eventualmente Globovisión perdió el rumbo convirtiéndose en prácticamente un partido político opositor que imponía a los voceros de la oposición y discriminaba sobre otros.

Sin embargo, para Roland Carreño esto tiene una explicación. "El tema es que no había otro espacio. No había más medios y esto terminó convirtiendo (a Globovisión) en una caja de resonancia de lo que ocurría en la oposición. Por ejemplo, Ricardo Sánchez (dirigente opositor estudiantil que luego saltó a las filas del chavismo) fue hechura de Globovision. Él estaba ahí en la mañana y en la tarde porque Ravell decía que había que visibilizar a ese liderazgo.

Pero también para nadie es un secreto que Ravell tiene su corazoncito político y amistades de larga data en el mundo político, y a veces jalaba la balanza", al punto que había reuniones y desayunos con los partidos políticos y la directiva del canal donde los políticos trataban de fijar pautas para ellos.

Por su parte, Nitu Pérez Osuna recuerda al canal de noticias como una ventana abierta, que se fue deformando por la restricción de las fuentes oficiales. Llegó un momento en que fue imposible tener las dos versiones de los hechos porque desde el poder se negaban a declararle a este medio.

"Globovisión siempre trató de ofrecer imparcialidad. El tema es que el régimen no iba al canal ni permitía que entrevistaran a sus autoridades y eso deforma a cualquier medio porque no tiene las dos caras. Tú tienes que tener las dos caras para ser un canal equilibrado. Pero esa deformidad que tuvo Globovisión la tuvo a pesar del medio. El medio lo intentó de todas las maneras y no pudo", agrega la periodista.

Señala que el canal fue una plataforma importante para la oposición, que con el tiempo se revirtió en contra de los mismos factores disidentes. "El canal creó líderes de comunicación, líderes de medios, pero no líderes políticos de verdad. El que se sentaba en una silla de *Aló Ciudadano* podía convertirse en un ícono de un partido político porque había salido ahí. Yo creo que todo se deformó y los medios no escapan de esa deformidad", concluye con una gran moraleja Nitu Pérez Osuna.

Años 2011, 2012 y 2013
Chavismo sin Chávez

"Las sospechas resultaron ciertas: Hugo Chávez tiene cáncer. El presidente venezolano ha decidido decírselo él mismo al país, a través de un mensaje de 15 minutos que la televisión nacional transmitió en diferido este jueves por la noche (hora local). Casi tan delgado como cuando asumió el poder en 1998, Chávez ha confesado que los estudios médicos a los que fue sometido, después de que se le practicó una cirugía de emergencia el 11 de junio pasado en La Habana a causa de un 'absceso pélvico'", informó el 1 de julio de 2011 El País de España, en una nota firmada por la periodista Maye Primera.

El silencio, finalmente, se quebró. La enfermedad de Chávez, de cara a Venezuela y el mundo, fue tratado desde las vísceras de la censura, como si la salud de un mandatario no fuera un asunto de Estado. Como si el destino de los países no estuvieran directamente relacionado con la suerte de quienes los dirigen. Como si la muerte discriminara entre personas sin poder y con poder, como ese al que se aferró Chávez durante 13 años. De nada servía.

Pero como la tos o el embarazo, la verdad de la salud presidencial tampoco podía ocultarse. Al menos no por tanto tiempo. Eso lo sabe bien Ernesto Villegas, ministro de Comunicación e Información de aquel entonces: titular de un cargo cuyo nombre representaba un sarcasmo pues como ministro no comunicó ni informó. Sólo ocultó, tergiversó, mintió.

"Nosotros tuvimos que gerenciar comunicacionalmente un asunto tan delicado como ese (...) Nosotros acompañamos esos comunicados de expresiones para que el pueblo venezolano mantuviese su firmeza y serenidad (...) Si se hace una revisión desapasionada de ese tiempo el pueblo venezolano mantuvo esa serenidad gracias a esa política de información. Lo que yo recibo es muestras de solidaridad, no me he conseguido a nadie que me reclame algo porque le engañamos", afirmó el ministro censor en una entrevista concedida a Venezolana de Televisión, años después de la muerte de Chávez.

Pero como ocultar la verdad era difícil, en un mensaje televisado Chávez reconoció la aparición de un absceso pélvico que activó las alarmas comunicacionales del Gobierno. Meses después, con un desgarrador "Cristo no me lleves", desde su natal Sabaneta (en el estado Barinas), Chávez suplicó a Dios en una oración televisada por los medios oficiales. El miedo a morir era tan grande que suplicó más vida, así fuera dolorosa:

"Y le digo a Dios, si lo que uno vivió y ha vivido no ha sido suficiente, sino que me faltaba esto, bienvenido. Pero dame vida, aunque sea vida llameante, vida dolorosa, no me importa. Dame tu corona, Cristo, dámela que yo sangro. Dame tu cruz, cien cruces, que yo la llevo, pero dame vida porque todavía me quedan cosas por hacer por este pueblo y por esta patria. ¡No me lleves todavía, dame tu cruz!, ¡Dame tus espinas!, ¡Dame tu sangre, que yo estoy dispuesto a llevarlas, pero con vida!, ¡Cristo, mi señor!", elevó el Presidente en oración un Jueves Santo, el 6 de abril de 2012, acompañado de su entorno más cercano y la red de medios públicos.

Nada más alejado de ese Chávez no creyente en Dios quien, cuatro años antes, en mayo de 2008, señaló no creer en la vida eterna ni en nada parecido. "Yo interpreto a Cristo cuando dijo 'mi reino no es de este mundo'. Algunos dicen que Cristo lo que quiso decir es que el reino de la igualdad y la felicidad no era posible en este mundo sino en un mundo más allá, que después de que la gente muere el alma se va al cielo; y allá es que es posible el reino de Cristo... ¡Noooo mentira! No hay otro mundo más allá. Es aquí es el más acá o el más allá, es aquí", señaló incrédulo el presidente Chávez, divorciado de cualquier creencia religiosa.

Se trata del mismo mandatario cuya consigna "Patria, Socialismo o Muerte" cambió de pronto al "Patria, Socialismo y Vida" ante la cercanía de esa muerte que siempre invocaba en sus discursos... pero que al asomarse supo temer.

Son parte de los cambios que experimentó el mandatario tras la aparición del cáncer, explica Alberto Barrera Tyszka, autor de la novela política *Patria o Muerte*, quien considera que la enfermedad de Chávez fue utilizada como combustible de su propia campaña electoral. "Nadie contaba con eso, pero vino a traicionarlo su propio cuerpo", asegura.

"Chávez hizo política con su cuerpo, con su enfermedad, dijo que se curó, dijo que no, empezó a sacralizarse. Fue realmente fascinante cómo desde su natal Barinas empieza a hablar con Dios y le dice 'Dios, dame a mí todos los dolores'. Algo increíble, como si fuera del evangelio. Todo construido desde la narrativa religiosa. O sea, él el mesías. Chávez utilizó todo eso para garantizar su posteridad religiosa como 'el mártir de los pobres, el eterno'. Era el mito político-religioso en construcción. Algo espantoso como trabajo de Estado. Definitivamente, hizo campaña con su enfermedad", agrega convencido el dramaturgo venezolano.

¿Ministro Bocaranda?

En Venezuela lo que no hizo el Gobierno, lo hizo un periodista. Nelson Bocaranda seis días antes de que el propio jefe de Estado le confesara a Venezuela que debía someterse a una intervención quirúrgica producto del cáncer que sufría, este periodista le informó al país lo que estaba padeciendo y cuál era su tratamiento.

Se enteró la noche del 24 de junio de 2011 a través de una llamada telefónica que le hizo la fuente que decidió confiar en él y que hasta ahora no ha revelado su nombre. "Esta persona me llamó en un fin de semana largo, el viernes 24 de junio de 2011, yo estaba en la playa con Bolivia (su esposa) y recibo una llamada a las 11 de la noche. Se me entregó información importante, me dicen que Chávez tiene cáncer y la fuente era buena. Estaba en La Habana. Me llamó y estuvimos hablando hasta las cinco de la mañana, cinco horas y media por teléfono", contó Bocaranda en una entrevista realizada por un grupo de periodistas de su medio digital Runrunes en el año 2015. En esa llamada Bocaranda y su informante conversaron por horas. A penas oyó su voz lo reconoció. Al principio le ofreció a El Universal publicar todos los detalles en este medio, pero como no se atrevieron decidió hacerlo en el medio de comunicación que él dirige, Runrunes, y fue así como el 25 de junio de 2011 soltó la bomba: Chávez tenía cáncer.

Al día siguiente de este tubazo, El Universal se anima a publicarlo y salió una página entera con los detalles que hasta el momento él manejaba.

A partir de esta revelación cuenta Bocaranda en esta entrevista publicada en Runrunes se le abrieron "más fuentes (de Brasil, Estados Unidos, Venezuela y España) y cambió la adversidad con la gente del Gobierno, vinieron vítores y aplausos". Con el tiempo Bocaranda pasó a ser un vocero más creíble sobre la enfermedad y muerte de Chávez que el propio Ernesto Villegas, ministro de Comunicación e Información. La desconfianza hacia lo que este funcionario decía llegó a tal punto que luego de escuchar alguna información que él daba inmediatamente la gente revisaba la cuenta Twitter de Bocaranda para validar o no lo que el Gobierno decía. Sobre su fuente, Nelson es claro: ¿alguna vez revelará la fuente? Sólo en caso de que muera la persona. "si no, no".

Recta final

Poco oportuna fue la aparición de ese tumor cancerígeno, si se toma como referencia la cercanía de las elecciones presidenciales de 2012, donde se mediría con el gobernador de Miranda, Henrique Capriles: candidato electo por la oposición entre otros precandidatos como el exgobernador de Zulia Pablo Pérez, la exdiputada María Corina Machado y el exalcalde metropolitano Antonio Ledezma. También el exembajador de Venezuela ante la ONU, Diego Arria y el exalcalde del municipio Chacao perseguido político Leopoldo López, finalmente inhabilitado.

Todos estos dirigentes se sumaron a una maquinaria unitaria que enfrentaba a un Chávez que por primera manejaba niveles de desaprobación popular ante el deterioro del sistema eléctrico, de salud, inseguridad personal e infraestructura. Aspectos que el propio Chávez reconocía pero que se negaba a asumir.

"Si han fallado en entregarles sus casas, con los apagones, con la falta de agua; esas no son razones para no darme el voto. Me comprometo a hacer mi Gobierno más eficiente en los próximos seis años", regateó Chávez ante sus seguidores desde Maturín, capital del estado Monagas, durante su campaña electoral.

Así lo recogió el diario TalCual en una serie de cinco reportajes titulados *Sobre la ruinas de sus promesas*, firmado por el periodista Daniel Palacios Ybarra, quien en el marco de la campaña puso el acento a cómo un Presidente podía aspirar a la reelección con retrasos de cinco a ocho años en obras como el ferrocarril Caracas-La Guaira, los teleféricos de Macuto y Mérida, el oncológico infantil, el Metro Caracas-Guatire, el hospital de El Vigía, el Buscaracas, el segundo puente sobre el lago de Maracaibo y el parque metropolitano La Carlota.

Nada de esto, sin embargo, doblegó al mandatario quien bajo autorización médica se activó para conquistar otra victoria electoral, de las que estaba acostumbrado a ganar con facilidad. Por eso se apalancó en su espectacular carisma, acompañado con el eslogan Chávez corazón del pueblo, para contrarrestar la suma de liderazgos opositores, representados en la candidatura unitaria de Henrique Capriles. Era una campaña distinta, de grandes retos y oportunidades para el oriundo de Sabaneta.

¿La última victoria?

Franz von Bergen, reportero del diario Últimas Noticias para ese momento, recuerda una campaña hecha a la medida de las condiciones físicas del mandatario venezolano.

"En principio, Chávez ni si quiera llegó visitar los 23 estados de Venezuela. Faltó Nueva Esparta, Amazonas y Delta Amacuro. Por su condición de salud, no hacía actos todos los días. Los actos seguidos en un mismo día ocurrieron durante la última semana, en lo que ellos llamaron un recorrido de 'Sabaneta a Miraflores' que partió desde su pueblo natal, pasando por distintos estados hasta llegar a Caracas. Incluso se pensaba que iba a haber una caravana un poco más monumental con él acercándose a la gente desde un carro, pero al final no se hizo pues al parecer se sintió muy mal ese día". Ese fue uno de los rasgos fundamentales de la campaña, introduce Franz.

El segundo punto relevante, añade, "fue el de una campaña muy muuu-yy emocional. Recuerdo que había una serie de propagandas anterior a la campaña que tocaba la fibra de la gente con imágenes de personas más humildes, más campesinas; como para tratar de posicionar que si Chávez no estuviese él estaría presente en la gente. Eso funcionó muy bien para tratar de cimentar el legado histórico de Chávez más allá de su presencia física", añade el reportero, autor del libro *Auge y declive de la hegemonía chavista*.

El libro cita frases dichas por el presidente de cara a su reelección, donde nuevamente prevalecía el "yo" como eje discursivo. "Chávez ya no soy yo, Chávez es un pueblo. Chávez somos millones. Tú también eres Chávez, mujer venezolana. Tú también eres Chávez, joven venezolano. Tú también eres Chávez, venezolano. Tú también eres Chávez, soldado venezolano. Tú también eres Chávez, pescador, agricultor, campesino, comerciante. Porque Chávez no soy yo, Chávez es un pueblo", recoge su propaganda electoral.

Chávez una, dos, tres, cuatro y hasta 17 veces. Una y otra vez. Mencionado de manera expresa y metafórica, en un texto de apenas 53 palaras. Algo tan personalista como las 489 veces que dijo la palabra "yo" el 15 de enero de 2011 durante su discurso de memoria y cuenta y que fue reflejado como gran titular de apertura del diario venezolano El Universal, en una nota firmada por la periodista Sara Carolina Díaz, quien redactó estas líneas:

La primera persona prevaleció en el discurso que el presidente Chávez dio el pasado 15 de enero para informar sobre su gestión en 2010: "Yo", la palabra que más mencionó, lo dijo 489 veces, "Chávez" 52 veces (así, en tercera persona), "nosotros" 146 veces y "recuerdo" en 48 oportunidades.

La cuenta expone la visión que sobre el estado, el Gobierno y la persona/líder tiene esta revolución: todos fundidos en uno, según observa el sociólogo y profesor universitario, Ignacio Suárez.

"Primero vemos que hay un egocentrismo exacerbado pero eso que lo explique un sicólogo. Como sociólogo puedo decir que esa exaltación del yo en una memoria y cuenta refleja lo que muchas personas se temen ocurre en el país, que se exacerbe la confusión del Estado con el Gobierno e incluso con la persona.

Parece que está totalmente fundida la figura del Estado, sus instituciones con un Gobierno que se apropia de esas instituciones y todo bajo la imagen del presidente Chávez", explicó el sociólogo para esta noticia de El Universal sobre Chávez, quien se preparaba para su gran contienda electoral.

Los números

A doce días de la elección, la mesa estaba servida. Según la encuestadora Datanálisis, Chávez encabezaba la intención de votos con 49,4%, frente a 39% a favor de Henrique Capriles y otro 11% que no contestó. A Luis Vicente León, director de esta firma, le sorprendió el estrecho margen entre los adversarios a pocos días del definitorio día.

"León reconoció que es 'obvio el deterioro de Chávez' en comparación con la activa campaña que desplegó el mandatario en los comicios del 2006. El directivo de la encuestadora dijo que era evidente que el cáncer que enfrentó el gobernante, de 58 años, entre junio del 2011 y comienzos de este año afectó el desarrollo de su campaña que se ha centrado en 'apariciones controladas' en unas 18 ciudades, largos discursos trasmitidos en cadenas de radio y televisión, junto a una intensa promoción mediática", reseñó el diario venezolano El Universal.

Asimismo, "reconoció que por primera vez Chávez, tras casi 14 años en el Gobierno, enfrentará a un fuerte rival debido a que es el que más se le ha acercado en las encuestas", publicó El Universal el 25 de septiembre de 2012.

Contrario a los escenarios triunfalistas de sufragios anteriores, la prensa nacional e internacional fue testigo de una titánica campaña. Esa que colocó a un joven y atlético Capriles, frente a un candidato a la reelección diezmado por el cáncer que padecía. Pero con una energía y vigor que, frente a las cámaras, no correspondía a su enfermedad.

Sí, en ciertos momentos la vitalidad de Chávez parecía más fuerte que su propio cáncer, explica la periodista del diario TalCual Dayimar Ayala, quien señala que acompañó al mandatario "en 14 de 21 recorridos por el país en el marco de la gira presidencial", en la que Chávez comenzaba a acariciar los aires de su ansiada reelección.

Al preguntarle a la reportera si hubo rasgos de la enfermedad visibles en él, responde que no. "Esa fue una de las cosas que más me impresionaba, porque se mostraba como una persona súper fuerte. Me llamaba la atención que siempre estaba en zapatos de goma (tenis) y mono deportivo. El clima no lo ayudaba, donde iba le llovía, que no ayudaba a una persona con su cuadro médico. Pero a pesar de estar hinchado se veía enérgico de cara a sus seguidores, con mucha fuerza", dice Ayala.

Desmiente también que, de cara a sus simpatizantes, se mostrara un Chávez quebrantado, aunque su estado no era precisamente el mejor. "Que se bajó de una ambulancia directo a la tarima, que lo ayudaban a bajarse... ¡nada de eso! Él mismo se montaba y bajaba de los camiones. No requería ayuda, ni muletas, ni bombonas de oxígeno ante los ojos de sus seguidores, como también se dijo. Había ambulancias, como parte del protocolo de salud que siempre había existido en actos de masas, incluso cuando no padecía de cáncer", señala la reportera de TalCual.

Como ella Gemma Casadevall, corresponsal de la Deutsche Welle de Alemania, detalló en su viaje a Caracas el fin de la campaña a la segunda reelección del mandatario venezolano. "Fue el último gran mitin, el 4 de octubre de 2012", recuerda con precisión.

"Era su última batalla y creo que todos ahí, en el corazón de Caracas, lo teníamos de algún modo presente. Se trataba de mi primera cobertura electoral en Venezuela y decidí asistir al mitin no con el resto de los medios internacionales acreditados para ello, sino entre el electorado más fiel. Puro chavismo, pura devoción al líder que desplegó todo su poder de captación y energía, por encima de la enfermedad que estaba marcando su último mandato", comenta la reportera de origen español, egresada de la Universidad de Barcelona y con postgrado en Relaciones internacionales.

Casi mimetizada entre las masas que rendían devoción a Chávez, Casadevall confirmó lo que no siempre reflejaban los medios privados en Venezuela. "Era adorado por las masas, al menos por las suyas, en la misma medida en que las otras masas, las de la oposición, lo veían como casi imbatible. Mientras Chávez liderase había pocas opciones a romper la llamada hegemonía popular. Cualquiera de los muchos lamparones que iban aflorando en el aparato del Estado quedaba contrarrestado por su personalidad", dice Gemma.

Al igual que la periodista de TalCual Dayimar Ayala, la corresponsal de la Deutsche Welle no detectó rasgos visibles de fatiga en el Presidente. Ni si quiera bajo el aguacero que cayó ese día. "Yo estaba a 200 metros, efectivamente, y mi agudeza visual no es la mejor. No percibí a ese Chávez cabizbajo de las fotografías posteriores, sino al líder de los imposibles dispuesto a revalidarse. Fue un auténtico diluvio, también de sensaciones, entre ellas la de estar asistiendo a algo realmente histórico", explica Casadevall sobre su visita a Venezuela.

Bajo ese mismo diluvio se encontraba Franz von Bergen, reportero del diario venezolano Últimas Noticias. "Pasada la 1:00 de la tarde, el cielo de la ciudad empezó a caerse a pedazos. Ante la inclemencia del agua y la impaciencia de los participantes, que no encontraban cómo resguardarse de la lluvia en plena avenida, la aparición de Chávez debió apurarse. Pocos minutos, después de las 2:30 la voz del diputado Darío Vivas lo presentó por última vez: ¡Hugo Chááááavez, viva nuestro comandante", narró el reportero en el libro de crónicas *Desvelos y Devociones*.

Para protegerse de la lluvia, Chávez apareció en escena con una chaqueta cerrada hasta el cuello, describe en el libro. "Con el agua cayendo fuerte sobre su cabeza mojándole todo el cuerpo, recorrió la tarima (...) Saludó a la gente, con puños fingidos al aire, dio unos pequeños saltos y bailó al ritmo de las canciones de campaña. Seguidamente ofreció un discurso. Su cara termina con expresión de grandeza", resume el trabajo del periodista Franz von Bergen, seguido de otros detalles:

"Chávez se montó en su camión de campaña y empezó un recorrido en caravana. Sin embargo, la enfermedad se volvió a sentir. El cansancio acumulado de una semana intensa y la empapada en tarima parecieron influir en su decisión de cambiar el camioncito de campaña por una camioneta de vidrios oscuros y techada. Se dirigió a Miraflores sin que se le pudiera ver de nuevo en las calles de Caracas", continúa el relato.

"Así, su última pesca de votos terminó con un tono discreto, aunque su imagen hablando bajo la lluvia sería la que se robara el show. Ante una foto con semejante carga emocional, poco importaba que Chávez no hubiese desfilado esa tarde", cierra el reportero, detallando la imagen menguada de quien parecía una figura mítica y omnipotente. La enfermedad avanzaba "a paso de vencedores". Chávez ya no era el mismo.

"El populista"

Para Gemma Casadevall, Chávez trasciende como una figura carismática, que de cara a una audiencia internacional no era percibido desde los extremos de la polarización: ni dictador, ni demócrata. Estaba lleno de matices, explica. "En general se optó por un término algo más neutro: el de populista", agrega.

"Sólo los grandes medios más claramente decantados a favor de la oposición adoptaron el de dictador, que llevaba implícito el riesgo de tener que explicar por qué se aplicaba esa definición al presidente de un país donde se celebraban, año sí y año también, elecciones de todo tipo e incluso se contemplaban posibilidades de un proceso revocatorio (lo que en Europa, por ejemplo, no existe más que de modo realmente excepcional)".

Pero a diferencia de su colega de la Deutsche Welle, Amaro Gómez Pablos periodista chileno del canal TVN, encontró en Chávez un poco de cada cosa.

"Chávez lo era todo. Un mesías de los pobres, un caudillo carismático y hasta un dictador que hacía una apología de su democracia profunda, siempre citando su constitución de bolsillo y esa larga estela de victorias en las urnas", sostiene.

"Su omnipresencia en las calles, en gigantografías que estampaban su figura con los brazos abiertos y en uniforme militar o camisa roja, me recordaba a lo que ocurría con otros líderes, desde Sadam Husein a Muamar Gadafi", observa el periodista, quien también fue corresponsal en Medio Oriente para CNN y vivió parte de su infancia en Venezuela.

"Una ubicuidad calculada, planificada, en la herencia de hombres como Stalin pero adaptado a la idiosincrasia local. Una propaganda de la Guerra Fría para un socialismo del Siglo XXI", aporta para esta investigación el periodista chileno sobre el presidente Chávez, quien finalmente ganó las reelección con el 54,42% el 7 de octubre de 2012. Esto como antesala a una progresiva desaparición ante los micrófonos y las pantallas, por el avance de su enfermedad. La muerte rondaba a Chávez.

El desenlace

Pese a la censura de los medios públicos, la verdad de la salud Presidencial comenzaba a quedar en evidencia de cara al país, tal como reflejó el diario El Universal el 9 de diciembre de 2012: "Con un dejo de misterio, el presidente Hugo Chávez inició anoche una cadena nacional de radio y televisión, que duró exactamente 35 minutos y 40 segundos", informó este medio en una nota firmada por la periodista Alejandra Hernández, seguido del anuncio del Presidente:

"Lamentablemente, en una revisión exhaustiva (hecha en Cuba) surge la presencia, en la misma área afectada, de células malignas (cancerosas), nuevamente (...) y se ha decidido, es absolutamente necesario e imprescindible someterme a una nueva intervención quirúrgica y eso debe ocurrir en los próximos días. Incluso los médicos recomendaban que fuese a ayer (el viernes) a más tardar o este fin de semana", dijo Chávez en cadena nacional de radio y televisión.

"De esta forma el mandatario nacional no sólo confirmó que tiene cáncer sino que además reconoció que su estado de salud es delicado, pues la operación debe realizarse urgentemente. Por esa razón anunció además que viajará hoy a La Habana, Cuba, para someterse a dicha intervención", informó El Universal.

"Durante la transmisión, Chávez firmó la carta donde le solicita a la Asamblea Nacional la autorización para ausentarse del país por más de cinco días, tal como lo señala la Constitución, con el fin de practicarse la nueva operación", acotó el diario.

Pero esos cinco días se convirtieron en semanas, mientras el país seguía sumido en el mayor oscurantismo informativo sobre la enfermedad presidencial. En especial la noche del 23 de diciembre de 2012 cuando los diarios El Carabobeño y El Nacional se hicieron eco de una información que pocos medios reseñaron con inmediatez. Pese a la incertidumbre de un país expectante, la noticia pasó desapercibida por la celebración de las fiestas navideñas. La gente estaba en otra cosa, quería relajarse.

Diosdado Cabello, presidente de la Asamblea Nacional, informó que el 10 de enero de 2013 Hugo Chávez (todavía en Cuba) no estaba obligado a acudir al Parlamento para tomar posesión de su nuevo mandato como jefe del Estado, que se renovó el 7 de octubre de 2012, tras ganar en las urnas a Henrique Capriles.

Las palabras de Diosdado Cabello, verdugo de RCTV y más de 34 emisoras de radio, violaban los artículos 231 y 233 de la Constitución, esos por los que fue multado Globovisión.

Con condiciones para calificar la falta absoluta por incapacidad física, la Asamblea Nacional, el Tribunal Supremo de Justicia y el alto mando militar violaron la Constitución nacional ante la mirada vigilante de la prensa que, desde sus respectivos medios, hacían los análisis correspondientes.

Entre esos medios figura el canal de noticias colombiano NTN24, que en diciembre de 2012 entrevistó a la diputada María Corina Machado, quien pidió apoyo a la comunidad internacional. "Vivimos momentos de gran incertidumbre. Nuestra Constitución tiene los mecanismos claves y claros para superarlos. Estos momentos exigen una profunda conciencia y una activa participación", resume las palabras de la dirigente del partido Vente Venezuela.

Para diciembre de 2012 los rumores sobre la muerte de Chávez aumentaban cada vez más. En ese momento el entonces alcalde de Libertador Jorge Rodríguez suspendió las fiestas navideñas en Caracas y en La Habana hicieron lo mismo. Mientras tanto en Caracas nadie informaba nada.

Cuando llegó enero de 2013, el diario El Nuevo Herald tituló "Gobierno miente 'descaradamente' sobre salud de Chávez" en una cita atribuida al exgobernador del estado Miranda Henrique Capriles quien cuestionó la veracidad de la información oficial. "Una persona que puede firmar cartas, una persona que puede hacer chistes, ¿no va a poder hablarle al país? Entonces alguien está mintiendo descaradamente", cuestionó el también excandidato presidencial, del partido Primero Justicia.

Para ese mismo mes el ministro Ernesto Villegas informó sobre la evolución clínica del Presidente, con un pronóstico favorable.

"Tras 45 días de habérsele practicado una compleja intervención quirúrgica para la extirpación de una lesión maligna en la pelvis con complicaciones agudas severas, la evolución general del paciente es favorable. Para este momento la infección respiratoria ha sido superada, aunque persiste cierto grado de insuficiencia respiratoria que está siendo debidamente tratada", resumen las palabras de Villegas desde Santiago de Chile, en el marco de la segunda reunión de la Comunidad de Estados Latinoamericanos y Caribeños (CELAC).

Sin embargo, a pesar de que el Gobierno aseguraba que Chávez seguía en el ejercicio de sus funciones nadie lo veía, nadie lo escuchaba.

Los rumores aumentaban sobre su posible muerte en diciembre de 2012 en La Habana y para despejar todas las dudas y darle respuesta a la ola de rumores que indicaban que el presidente había muerto en esa fecha, el Gobierno hace pública, en febrero de 2013, una fotografía publicada en el diario cubano Granma donde se aprecia al mandatario sonriendo, supuestamente saludable, vestido de ropa deportiva, en compañía de sus hijas Rosa Virginia y María Gabriela.

Como queda en evidencia, el propio Gobierno informaba que Chávez seguía gobernando con las tareas propias de un jefe de Estado, situación que despertó la suspicacia de los periodistas que cubrían en la calle las reacciones contra ese secreto tan bien guardado entre Caracas y La Habana, donde permanecía aislado el Presidente.

Zozobra en el país

Precisamente el 14 de febrero de 2013, en las afueras de la embajada de Cuba, se encontraba una delegación del Movimiento Estudiantil que denunciaba la injerencia directa del castrismo en la política de Estado sobre la enfermedad del presidente Chávez.

Para ejercer presión, decidieron encadenarse ante el piquete de uniformados, hasta que fueron dispersados en una arremetida de la Guardia Nacional, que apeló a la fuerza para neutralizar la protesta que se desarrollaba de manera pacífica. Acto seguido se enciende la cámara de Televen para transmitirlo todo, en directo para todo el país.

Militares agredieron a reporteros cuando cubrían una protesta estudiantil reseñó el diario El Impulso, con sede en el estado Lara, para informar de los ataques contra el periodista Óliver Fernández de Televen, quien recibió repetidos golpes hasta el cansancio que venían desde la fuerza del brazo y un puño militar. "¡Maldito, maldito escuálido, vete de aquí maldito!", escupía su rabia un funcionario de alto rango contra Óliver, quien intentaba escapar de la cobarde agresión.

"El tipo me maldijo mil veces. También me decía 'oligarca, escuálido, golpista, vete de aquí'. Esas palabras eran las mismas que utilizaba el presidente Chávez. Eran sus palabras, sus calificativos, sus términos. Ahí estaba su legado, presente en cada ofensa, en cada golpe que derivaba de ese discurso oficial lleno de odio contra los medios y los periodistas", recuerda el reportero del canal 10, quien como pudo intentó escapar, incluso, correteando entre los carros por más de 10 minutos.

"Cuando llega Globovisión y los otros medios, cesó la agresión porque el tipo, cuyo nombre no recuerdo, quedó en evidencia. Eran golpes, golpes y golpes hasta decir basta. Eso sirvió para que varios estudiantes que habían metido en la camioneta, se escaparan. Otros sí quedaron presos y los liberaron al día siguiente", recuerda Óliver, quien no recuerda el nombre de su agresor, pero que una nota del Colegio Nacional de Periodistas lo identifica como el coronel Pimentel.

Y aunque su denuncia fue tomada en Fiscalía hasta ahora no hay justicia.

"Lo peor es que mis compañeros de trabajo me cuentan que en otras pautas periodísticas donde ese militar estaba presente, cuando el tipo veía el taco de Televen decía 'mándale saludos a Óliver', o sea, totalmente consciente de que la justicia nunca llegará a él, en medio de esta cadena de impunidad. Televen, por su parte, me respaldó en todo. En diez años que trabajé ahí jamás me dieron la espalda", subraya Óliver Fernández, periodista egresado de la Universidad Santa María.

Para ese mismo mes de enero de 2013, el diario El País de España publicó unas fotografías falsas de Chávez donde se mostraba al líder venezolano supuestamente entubado en una cama de un hospital durante el tratamiento de su enfermedad en Cuba. Esta foto resultó ser falsa y este periódico tuvo que quitarla automáticamente de su portal y hacer grandes esfuerzos en retirar todos los ejemplares impresos que estarían al día siguiente en los puntos de venta de España, Europa y América. La imagen sólo estuvo en su página web media hora, pero causó mucho interés y rápidamente otros portales la replicaron.

A los pocos minutos de colocar la imagen en Internet, El País supo gracias a las redes sociales que la imagen no pertenecía a Chávez, sino que se trataba de un video del año 2008 que mostraba a un paciente sin ningún tipo de relación con el mandatario.

A pesar del error, este periódico rectificó inmediatamente e informó de la situación y una nueva edición corregida sustituyó la anterior, pero dada la complejidad de retirar los ejemplares ya distribuidos la foto falsa llegó a algunos lectores. Este diario ofreció disculpas y aseguró que revisaría su procedimiento de verificación de la información.

De espalda al país

Pasado menos de un mes del episodio ante la embajada de Cuba, una gran verdad seguía oculta, a espalda de un pueblo chavista que también exigía al Gobierno la veracidad en los informes oficiales de la salud del líder caribeño. No era un favor, ni una concesión. El país era vulnerado en su legítimo derecho a estar informado.

Eran pasadas las 5:00 pm de un martes 5 de marzo de 2013, en la sede del diario El Nacional, cuando una terrible noticia cortó en seco el ruido propio de una sala de redacción tan concurrida en plena de cierre.

"A las 4:25 de la tarde de hoy 5 de marzo ha fallecido el comandante presidente Hugo Chávez Frías (...) luego de batallar duramente con una enfermedad durante casi dos años, por el amor del pueblo, con las bendiciones de los pueblos y con la lealtad más absoluta de sus compañeros, compañeras de lucha", informó Nicolás Maduro en cadena de radio y televisión.

La noticia que enmudeció a fotógrafos, periodistas y diseñadores gráficos, activó el protocolo de publicación de la denominada "caja negra": una edición especial que se prepara (investiga, redacta y diagrama) con mucha antelación, antes de que una figura pública relevante con pronóstico predecible, finalmente muere.

Así como pasó con el rockero argentino Gustavo Cerati, quien sufrió durante un concierto en Caracas un accidente cerebro vascular que lo condujo a la muerte cuatro años después en su natal Argentina. De igual manera pasó con Chávez.

Pese a lo poco que se sabía de su enfermedad los medios ya estaban prevenidos. Casi todo estaba listo, sólo faltaba actualizar la publicación del día siguiente con las informaciones que se refrescaban al momento en la calle, con las reacciones de la gente.

Anticipados también a la noticia, TalCual se cubrió las espaldas con la redacción de la "caja negra". Mucho se discutió, internamente, si su portada tendría un titular interpretativo como los que acostumbraba TalCual a su audiencia. Pero la decisión fue dar una lectura más sencilla: *Falleció Hugo Chávez*, por respeto a sus seguidores, amigos y familiares. Los otros medios de todo el mundo, entretanto, preparaban sus respectivas informaciones:

Presidente Chávez muere a los 58 años publicó el diario The NewYork Times en su sitio web. *Muerte de Chávez abre etapa incierta en Venezuela* encabezó el diario El Mercurio de Chile.

El diario El Tiempo, del estado Anzoátegui abrió con *Chávez no pudo vencer el cáncer*. Mientras que El Mundo de Venezuela tituló *Comienza el chavismo sin Chávez*. Últimas Noticias, periódico de mayor tiraje nacional, informó: *El pueblo llora a Chávez*. Al tiempo que el diario Los Andes, que circula en el estado Trujillo, resumió en una sola palabra: *¡Descansó!*

Pero uno de los titulares más asertivos y noticiosos se redactó fuera del país, en territorio azteca: *Sólo la muerte lo sacó del poder* destacó como el gran titular de apertura del diario La Razón de México, en alusión al fallecido mandatario, quien se aferró a costa de lo que sea al poder. Ese del que juró separarse cuando terminara su primer período.
Y para sorpresa de su propia lectoría el sitio web venezolano Noticias 24 informó *Murió Hugo Chávez, el Cristo de los pobres de América Latina*, editorializando así sobre la figura del Presidente.

La noticia

Con una editorial de apertura en portada (titulada *Chávez o el atardecer populista*) el diario 5 Días de Paraguay informó sobre la noticia con un enfoque que desnudaba a este sujeto noticioso como un caudillo con ansiedad de protagonismo.

"Chávez entendía la política como un acto teatral representado en alocuciones televisivas maratónicas donde para mantener el interés cantaba, recitaba o bailaba. Como en Santa Marta y Bolívar, Chávez se fue al caer la tarde pero nunca sabremos la verdad hasta que años después alguien rescate su figura para volver a rizar el rizo de esta América Latina impenitentemente repetida", resume la editorial del medio paraguayo que puso el acento sobre las maratónicas cadenas nacionales de radio y televisión.

Precisamente, hablando de alocuciones, de acuerdo con investigaciones del comunicólogo venezolano Marcelino Bisbal, durante 13 años de Gobierno, Chávez ocupó 99.000 minutos de transmisiones oficiales, en cadenas obligatorias de radio y televisión. 99 mil minutos, que traducen 1.650 horas y que calculados en días representan 68.75 días enteros de alocuciones presidenciales. Sí, casi 69 días hablando a lo largo de 13 años, hasta sus últimos días.

El periodista paraguayo Benjamín Fernández Bogado, editor el diario 5 Días, al igual que el dramaturgo venezolano Alberto Barrera Tyszka, miró con estupor la manera en la que Chávez usó a los medios para hacer campaña con su enfermedad. "Su muerte en condiciones de sufrimiento y angustia hizo encarnar en el imaginario colectivo mucho de lo que él vendió como mercadería política", responde Fernández Bogado para esta investigación.

Agrega que "los pueblos desprovistos de racionalidad terminan escogiendo a sus opresores y no a sus libertadores. Chávez fue furúnculo para terminar el chavismo siendo gangrena. Para nosotros (paraguayos), especialistas en dictadores, Chávez era uno más de ellos sin ninguna vuelta", sentencia el intelectual paraguayo.

Periodismo y juventud

Los teclados de la prensa internacional resonaban sin parar, en Paraguay y todo el mundo, mientras el periodista Javier Guerrero, productor de Radio Caracas Radio (RCR), estaba a pocos minutos de terminar la faena en Caracas. Pero la muerte de Chávez lo tomó por sorpresa, lo que lo llevó a extender su jornada. Un hecho cotidiano para alguien que elija el Periodismo como opción de vida.

Pero nada comparable con lo inédito del fallecimiento de un mandatario en ejercicio. Además tan avasallante, tan elocuente en su escena como Chávez. Algo realmente significativo en la vida jóvenes comunicadores sociales como Javier, Dayimar y Franz, aún lejos de pisar los 30 años en aquel momento.

Cada uno desde su propia tribuna hizo frente a la hegemonía comunicacional del chavismo para romper el cerco de censura levantado por el ministro Ernesto Villegas. "Cuando uno hace su trabajo no siempre da tiempo para detenerse a pensar sobre esas cosas. Pero, ciertamente, sabía que tenía una responsabilidad histórica de informar. Todo esto mientras que el ministro Ernesto Villegas ocultaba información sobre los detalles de la muerte del Presidente", detalla Javier Guerrero, quien comenta que RCR activó la denominada "caja negra" con notas póstumas que fueron redactadas semanas antes de que se diera a conocer el deceso del presidente caribeño.

Concluida su jornada, Javier salió de la emisora en el sector El Paraíso hasta la avenida Fuerzas Armadas, hacia el norte de la ciudad, donde residía. En el trayecto, comenta que observó una especie de toque de queda, donde los ciudadanos empezaron a replegarse temprano ante el temor de que hubiera un vacío de poder o ¿por qué no?, un golpe de Estado.

"¡Se murioooó Chávez, saqueeeo, saqueeeeo!", escuchó Javier en las voces irresponsables de algunos ciudadanos que aprovecharon la situación para alterar el orden público, despertando el temor de las personas que todavía circulaban en la calle, entre las 6:00 y 7:00 de la noche.

De inmediato se bajaron las santamarías y se cerraron las rejas y puertas de algunos locales ante el temor de que sus tiendas fueran saqueadas, "porque ciertamente había mucha tensión en el ambiente, con motorizados circulando en actitud amenazante y escenas de llanto, de gente que lloraba a moco tendido en las principales calles de la ciudad.

"Personas que decían, '¿por qué se murió Chávez? eso es mentira, ¡Chávez no puede estar muertoooo!' A mí me sorprendió mucho eso, hasta el punto de llegar a pensar que ni si quiera por un familiar esas señoras habrían llorado tanto como lo hicieron por Chávez. En RCR, entretanto, seguíamos informando con mucha responsabilidad, pese a la censura oficial", destacó el periodista egresado de la Universidad Católica Santa Rosa.

La violencia como legado

Al otro lado del mapa, en el vecino país Colombia, se dictaban pautas para la cobertura de la noticia. El equipo de RCN de Colombia se preparaba para ir directo a la fuente en el Hospital Militar, para registrar los primeros momentos de dolor de los ciudadanos que permanecían alrededor del lugar donde se dijo que había muerto el Presidente.

El equipo conformado por el camarógrafo venezolano Samuel Sotomayor y la reportera colombiana Carmen Andrea Rengifo se trasladó hasta el lugar para dar una lectura del arraigo popular que dejó el Presidente entre sus bases, hasta que su trabajo fue interrumpido por la violencia. Esa que alimentó tanto Chávez contra la prensa, y que todavía estando su cuerpo frío, formaba ya parte de su legado.

- "¡Digan la verdad, salgan de aquí!", ¡¿Aahh, RCN?, ustedes siempre criticando a nuestro comandante, siempre burlándose!", gritaban los simpatizantes del chavismo.

- "No, no, nosotros vinimos a hablar con ustedes", intentó conciliar el camarógrafo

Samuel Sotomayor, quien fue el primero en recibir la turba de golpes, para luego tocarle el turno a su compañera, quien recibió empujones, puños y jalones, en todas parte de su cuerpo. Incluso el cráneo, donde sintió un líquido que corría por su frente.

Embriagados de odio, los simpatizantes de Chávez creían vengar su muerte a través de la violencia. "Nuestros agresores estaban tomados, se les sentía el tufo a alcohol. Había gente llorando, pero también con rabia, mucha rabia. Mi camarógrafo me agarró duro el brazo para no alejarse de mí, pero nos dividieron", recuerda Carmen Andrea.

Cada uno recibía su golpiza. Ese "líquido" que corría por la cara de la reportera no era agua ni cerveza, como pensó. "Cuando paso la mano por mi frente, noto que es sangre, producto de la herida que me hicieron en la cara", comenta la periodista colombiana quien como pudo intentó escapar, en medio de detonaciones que tambié escuchaba. Pero no estaba dispuesta a irse sola. No se iba a ir sin Samuel, su camarógrafo.

"Lo empecé a buscar con la mirada y lo veo del otro lado, mientras recibía más patadas. Escuché también disparos al aire. No sé si era la Policía o la Guardia que hicieron las detonaciones para que la gente se dispersara. Me les acerqué para pedir ayuda, pero ellos me ignoraron completamente", señala la reportera.

"Se me acercó un muchacho de camisa roja que me dijo 'venga, yo la llevo, yo la llevo'. En eso repente apareció Samuel, le dije que se fuera con él, mientras yo en el medio del desespero le pido a otro escolta que iba en moto, que por favor me trasladara al sector La Florida, donde estaba RCN en la sede de Globovisión", recuerda la comunicadora social quien insistía con la cara ensangrentada que la ayudara a escapar del lugar.

- "No puedo, no puedo llevarla", le decía el escolta oficial, cuya posición era difícil. Cualquier gesto de compasión hacia un periodista podía costarle su trabajo.

- "Si la llevo me meto en problemas", le decía. Pero Carmen Andrea le insistía:

- "Por favor lléveme y me deja dos cuadras antes de llegar a Globovisión y así no se mete en problemas", le dijo la periodista quien lo abrazó para ejercer presión sobre él, logrando con su gesto de protección conmoverlo y convencerlo.

Con rapidez la noticia se propagó entre medios internacionales que no pasaron por alto cómo para honrar la memoria de Chávez sus simpatizantes agredieron salvajemente al equipo de RCN, entre ellos una dama. Así lo reseñaron El Universo, de Ecuador; Todo Noticias, de Argentina y ABC, de España. *Periodista colombiana de RCN fue agredida en Caracas*, reseñaron. Otra vez la prensa era la noticia.

Consultada sobre si el discurso agresivo de Chávez contra la prensa tiene alguna relación con la agresión que sufrió, asegura que sí. "No es un hecho aislado" dice Carmen Andrea, quien recibió una llamada del ministro de Comunicación e Información, Ernesto Villegas.

"Me dijo que aunque no avalaba lo que nos pasó, yo tenía que entender que eso era producto de la imagen que se proyectaba de Chávez desde medios colombianos. O sea, Villegas intentó hacerme sentir responsable de mi propia agresión, algo que me pareció muy feo. Es un discurso que ellos han reforzado durante muchos años, que deriva en una agresiones permanentes".

A esto se suma las amenazas de seguidores chavistas en redes sociales. "Me dijeron de todo, que debí haberme muerto, que por qué no me mataron. El choque emocional fue fuerte. Me costó recuperarme. Yo no podía ver en la calle a alguien de franela roja, porque sentía miedo a ser agredida. Acudí a un psicólogo, fui a terapia. Ahora puedo hablar de esto más tranquila, lo he superado", comenta Carmen Andrea, quien a cuatro años después de su agresión seguía en Venezuela.

"Son casi ocho años acá como corresponsal, es lo que me gusta hacer. Siempre me preguntan en Colombia cuándo me devuelvo. Sobre por qué sigo, pienso que no es el momento de irme, cuando llegue el momento lo sabré: mi conciencia y mi alma lo sabrán. Venezuela ha sido maravillosa en términos profesionales y personales. Acá aprendí a conocer lo mejor y lo peor del ser humano", recuerda agradecida la periodista de RCN.

En otros incidentes ese 5 de marzo resultaron agredidos el camarógrafo del canal Univisión César Fuentes, despojado de su equipo. Resultaron también lesionados el camarógrafo Alberto Porras y el periodista Luis Alfonso Fernández del canal América Tevé.

El temor a ser agredido

Con esta serie de ataques a la prensa la periodista de TalCual Dayimar Ayala entró en nervios, producto de su tercer mes de embarazo. "Para mí fue bastante complicado, porque estaba bajo el secretismo de los tres primeros meses", comenta. Pero ella quiso seguir trabajando.

"Luego empecé a temblar porque me imaginé que esta noticia podía derivar en situaciones violentas (como la de RCN) que podía afectarme a mí y a mi bebé. ¿Por qué reaccioné así? Porque no hay un esquema de cómo reaccionar cuando la muerte de un Presidente en ejercicio. Eso tampoco lo enseñan en la universidad. Es la primera vez que pasa en Venezuela, al menos en la era democrática", expresa la periodista.

Dayimar sintió un vacío particular, tal como pasa cuando una persona cercana se muere. "Me tocó asimilar que esa persona había sido mi fuente durante tantos años ya no iba a estar. No sentí dolor, ni sentimiento, pero sí el proceso de asimilar su ausencia", detalló la reportera, quien se dejó llevar por la adrenalina del momento para ir a la sede del Hospital Militar, donde se concentraron los seguidores chavistas para ver salir el cuerpo del Presidente al siguiente día.

"Con la bandera bolivariana hasta el final, el féretro del Presidente comenzó un recorrido de 6 kilómetros desde el Hospital Militar: el mismo lugar donde agonizó durante estas últimas dos semanas", narraba para la audiencia de TVN en Chile el periodista Amaro Gómez Pablos, quien se unió a sus colegas venezolanos en una cobertura que formaba parte de un momento histórico para el continente.

"Las masas, simpatizantes u opositoras, gravitaban alrededor de un hombre singular, magnético e irrepetible, que hizo de su movimiento una oda al personalismo. Chávez era un hombre de contradicciones vitales que pasaban por alto -para algunos-, gracias a su magnetismo", añade el corresponsal chileno para esta investigación.

Para sorpresa de seguidores y adversarios a Chávez, desde el Gobierno se propuso la posibilidad de embalsamarlo para rendirle culto no sólo a su memoria, sino también a su cuerpo.

Ramiro Pellet Lastre, corresponsal argentino del diario La Nación, observó impresionado esta noticia que se regó como pólvora en el mundo. Al ser consultado sobre si Chávez merecía ser embalsamado como Eva Perón en su país, respondió: "Nadie debería ser embalsamado, no estamos en el antiguo Egipto. Lo de Evita fue pura necrofilia, y lo mismo de cualquier líder al que se quiera perpetuar como una imagen a venerar, como una figura sagrada a quienes los seguidores van a adorar o a pedirle milagros. Se supone que un Presidente está para servir al pueblo y no al revés. Lo demás es puro culto a la personalidad", explica.

"Yo había seguido a Chávez durante un día entero en una visita a Montevideo. Recuerdo que hizo cuatro o cinco discursos, en distintos escenarios: una escuela rural, una refinería de petróleo, etcétera. Al tercer discurso me di cuenta de que todos tenían la misma estructura, casi calcada, sólo que cambiaba cosas como 'esta escuela revolucionaria' por 'esta refinería revolucionaria'. A mí Chávez no me convencía antes y me convenció menos aún al llegar a Venezuela en las elecciones de 2012", dice el reportero argentino.

Amado por unos, odiado por otros

Angélica Lugo, periodista de El Nacional y FM Center, estaba de vacaciones cuando la noticia la tomó por sorpresa. Pero su instinto de reportera pudo más que su zona de confort, de la que no dudó en salir para hacer lo que ningún otro medio había logrado hasta ese momento: arraigarse en las entrañas del duelo chavista para pernoctar por más de 30 horas para ver de cerca, a menos de un metro de distancia, el cuerpo del Presidente. Angélica estaba clara: el reto era inmenso.

"¡Chávez era un *rockstar*!", fue lo primero que pensó la reportera cuando recogió en su pluma la suma de emociones que desataba el último adiós a un personaje tan *trending* como Chávez. "¡Ese era él, un *rockstar*!", añade convencida la periodista, quien durante su pauta pasó hambre, fatiga, calor y frío. Pero se mantuvo tan firme y de pie como el pueblo chavista que, testimonio tras testimonio, le dio un pase VIP a la historia que supo aprovechar.

Caída la noche, era imposible dormir viendo todo lo que ocurría alrededor, al lado de Josefina, una ferviente chavista que fue la protagonista de la crónica que redactó para El Nacional. "Con Josefina y sus sobrinos vi de todo: llanto, dolor, personas en silla de ruedas, discapacitadas, epilépticos convulsionando, embarazadas, la gente dormía en el piso arropada con la bandera de Venezuela", señala Lugo, periodista egresada de la Universidad Santa María y profesora de la Católica Andrés Bello.

Pero el cansancio hizo mella en Josefina, quien se retiró más temprano. "No soportó el cansancio, tuvo que irse porque no tenía dinero para cubrir la permanencia en esas condiciones. Ella fue una de esas pocas personas que creyó la historia que tuve que ingeniar, para hacerles creer a todos que yo sí era chavista. A la gente le costaba entender cómo una mujer de cabello rubio y ojos claros podía estar entre los dolientes de Chávez", señala la reportera de El Nacional quien con la mirada lamenta la segregación clasista que instauró el chavismo.

Pero sin Josefina a su lado, Angélica no era la misma. Sin embargo, no se podía ir sin ver a Chávez. "De aquí no me voy", se repetía la reportera una y otra vez hasta convencerse de que podía sola, pese al calor, la fatiga y la deshidratación que empezaba a experimentar su cuerpo.

Para ella significaba un reto profesional permanecer ahí. "Siempre quise entrevistar a Chávez, al menos hacerle una pregunta. No por admiración, sino como un reto profesional", repasa la reportera de El Nacional, quien se las ingenió como pudo para llegar adonde quería, a escasos pasos del féretro. Fue así como coronó su gran desvelo periodístico: cubrir a Chávez de forma presencial.

"Recuerdo que estaba vestido con un traje negro, su cuerpo lucía un poco hinchado como suele ser natural en esos casos. Si hay una lección importante de esta historia es que, independientemente del daño que causó en el país y los medios, la muerte de Chávez confirmó que era un líder mediático, pero que no pudo con los periodistas", concluye Angélica Lugo con una importante moraleja sobre el controversial caudillo que terminó sus días sin poder doblegar ni arrodillar a la prensa.

El 5 de marzo de 2013, día en que el Gobierno anunció la muerte de Chávez, también existió un país que, aunque no celebró su muerte, sintió la tranquilidad de saber que así fuera por una enfermedad este hombre que había gobernado a Venezuela por 14 años finalmente abandonaba el poder.

Para otro sector del país, con su fallecimiento se acababa un capítulo oscuro de la historia venezolana marcado por represión, censura y falta de libertades. Fue así como en medio de todo este contexto los periodistas y medios de comunicación fueron noticia y cada vez fue más común leer titulares, reseñas y entrevistas que describían cómo iban siendo víctimas del cerco mediático, exilio, atentados, agresiones físicas y verbales.

Para ser exactos en el transcurso del año 2011 se registraron 139 casos con 224 denuncias de violaciones a la libertad de expresión, lo que representó un incremento del 16 % con respecto al año anterior, cuando se registraron 194 violaciones, según la ONG venezolana Espacio Público. Pero entre 2002 y 2011 el promedio fue de 201 violaciones por año. Una cifra que describe las historias de los testimonios que en este libro se presentan como muestra de los tiempos difíciles que se vivieron con Chávez a la cabeza de Venezuela.

Durante todos estos años, decenas de periodistas resultaron heridos, otros perdieron sus puestos de trabajo por resistirse a doblegarse y otra parte tuvo que irse al exilio al ser acusados de delitos que no cometieron y hasta sus propiedades fueron arrebatadas. A muchos dueños de comunicación les salió caro haber subestimado a Chávez en 1992.

Las violaciones a la libertad de expresión tuvieron dos objetivos: controlar las ideas e imponer el silencio en Venezuela. Entre los periodistas que fueron procesados por la justicia se encuentran Gustavo Azócar, condenado a dos años y seis meses de prisión, y Francisco Pérez, columnista del diario El Carabobeño, sentenciado a tres años y nueve meses de prisión e inhabilitado política y profesionalmente por difamación e injuria a funcionario.

Sin contar las agresiones a la corresponsal de Cadenatres de México, Johanna Álvarez sometida por colectivos armados en la Universidad Central de Venezuela. Asimismo, los puños, patadas y amenazas de desaparecerlo que recibió el camarógrafo chileno Cristián Dubó de Canal 13, por parte de militares de la Guardia Nacional en el sector Altamira de Caracas. Ambos sucesos ocurridos en marzo y abril de 2014, como una muestra del asedio del chavismo contra la prensa internacional.

Con la muerte de Chávez se cerró un capítulo y se abrió otro. Este líder venezolano dejó un legado que perdura aún después de haber fallecido: la confrontación, un país polarizado y reducido en la pobreza. Pero sobretodo con la libertad de expresión herida de muerte.

Después de su fallecimiento el Consejo Nacional Electoral convocó elecciones y Nicolás Maduro resultó electo presidente a pesar de todas las denuncias de fraude que ocurrieron en esa elección. Su sucesor comenzó su mandato siguiendo sus pasos y poco tiempo pasó en perfeccionar su hegemonía comunicacional con la compra de la Cadena Capriles, El Universal, Notitarde y Globovisión, y la neutralización de otros medios que aún siguen sobreviviendo, pero que no son ni la sombra de lo que eran.

Todo esto dio origen a un ecosistema de nuevos medios de comunicación: El Estímulo, Crónica Uno, Vivo Play, Efecto Cocuyo, Contrapunto, Runrunes, Prodavinci, El Pitazo, Caraota Digital, Armando Info, Hispano Post, IVC y Venezolanos por la información (VPI) que hicieron frente a la hegemonía comunicacional chavista; sumados a las novedosas plataformas de acceso a la información pública Vendata y Poderopedia.

Esto de la mano de marcas pioneras como El Impulso, El Nacional, El Carabobeño, La Nación, El Tiempo (Trujilllo), Correo del Caroní, La Verdad, Los Andes, Quinto Día, El Nuevo País, 2001, El Tiempo (Anzoátegui), Versión Final, El Siglo, TalCual y RCR, que han sobrevivido sin arrodillarse ante las presiones del régimen de Nicolás Maduro, Diosdado Cabello y Hugo Chávez.

De igual manera en el régimen de Maduro fueron sacadas del aire las señales de Todo Noticias, de Argentina; CNN, de Estados Unidos; Caracol Televisión, El Tiempo TV, RCN y NTN24 de Colombia, así como el bloqueo al medio digital Infobae de Argentina, censurados todos por el régimen de Maduro.

De acuerdo con el Instituto Prensa y Sociedad, en el régimen de Maduro dejaron de circular más de 40 medios impresos, muchos de ellos reducidos a sus páginas web o a ediciones semanales o interdiarias.

Justamente durante las primeras elecciones que se hacían después de la muerte de Chávez se registraron 46 ataques solamente entre el 14 y 26 de abril de 2013, según la ONG Espacio Público. De estas agresiones, se negó información electoral en al menos 32 centros de votación, hubo cuatro periodistas detenidos,

33 agresiones físicas, ocho ataques a las sedes de medios de comunicación social, al menos seis casos de censura y tres *hackeos*, dos hurtos de equipo reporteril y al menos 296 protestantes detenidos. El daño ya estaba hecho. Chávez hizo su trabajo y su sucesor lo continuaba.

La censura se prolongó, los ataques igual y las agresiones aumentaron, pero los periodistas venezolanos se mantienen firmes combatiendo el totalitarismo de Maduro y la fuerte represión con la que empezó el mandato del nuevo Presidente, que cobró la vida de cientos de venezolanos.

Los periodistas siguen informando por otros medios a pesar de todos los espacios cerrados para advertir a la sociedad sobre los riesgos de un Gobierno que comenzó Chávez y que continuó Maduro. Cada uno de ellos sigue mostrando la verdad sin añadidos ni recortes porque cuando la verdad es alterada el Periodismo se convierte en una mentira.

Sin embargo, cada ataque que sufrió tanto un periodista como un medio de comunicación no sólo afectó a la persona o a la empresa, sino que perjudicó a la sociedad venezolana impidiéndosele acceder a una información veraz y oportuna. Cuando se silencia a los medios se golpea a la democracia, a la libertad y se evita tener una sociedad crítica que rete al poder.

Ellos contaron lo que pudieron decir o quizás lo que el miedo les permitió recordar. Cuando los medios son noticia reunió las voces de profesionales de la comunicación, seres humanos ante todo que conocieron la censura y autocensura, el éxito y la frustración, la valentía y el miedo, la libertad y la tiranía en la Venezuela de Hugo Chávez.

"Gritemos con brío, ¡muera la opresión!".

EL PERFIL

Alberto Barrera Tyszka

Dramaturgo. Licenciado en Letras de la Universidad Central de Venezuela (UCV). Columnista de Prodavinci, Letras Libres y El Nacional. Autor de la serie política *Nada Personal*, para TV Azteca de México, y de los libros *Patria o muerte* y *Hugo Chávez sin uniforme*, inspirados en Hugo Chávez. Premio Tusquets 2015.

Chávez jamás dejó de tener uniforme. Nunca dejó de ser un militar. Cuando llegó a la presidencia pensó que estaba ascendiendo a un rango y no a un cargo, y que ese rango era para siempre como los generales vitalicios. La televisión le cambió la vida. Lo que no hizo con las armas el 4 de febrero de 1992 lo hizo en 17 segundos por televisión ese mismo día. Chávez tuvo una gran relación con los medios, con una hiperconciencia de lo trascendente que son. Sin duda, manejaba mejor los medios que las armas.

Raquel García

Periodista de la Universidad Central de Venezuela. Productora ejecutiva. Reportera de la fuente sucesos en Televen y Omnivisión. Fue la primera periodista en develar a Venezuela y el mundo el rostro de Hugo Chávez el 4 de febrero de 1992, tras su intentona golpista. Premio Nacional de Periodismo 1996.

En una sola frase retrató el malestar que sentía una población. Cuando lo oí decir el 'por ahora' intuí como periodista que podía cambiar los destinos de la nación, como en efecto pasó. En su rostro no hubo el más mínimo arrepentimiento. Era un falso mesías que, ese 4 de febrero, parecía por encima de lo humano y lo divino. Chávez era un totalitario camino a la dictadura.

Enrique Krauze

Historiador mexicano. Autor del libro *El Poder y el Delirio*, inspirado en Chávez. Director del medio digital Letras Libres en México y España. Miembro de la Academia Mexicana de la Historia.

Chávez es un coctel atómico de los liderazgos de Eva Perón, Juan Domingo Perón y Fidel Castro. Los medios, que le dieron espacio, no se dieron cuenta lo que significaba la llegada de un líder populista. No entendieron que la fuerza de un líder populista está en el micrófono. Esa responsabilidad de los medios es compartida con Rafael Caldera, algunos empresarios y partidos políticos. Será recordado con la más absoluta reprobación, como la figura de un dictador, con muchas votaciones ganadas, pero que desde un principio ahogó las libertades.

Dynalba Salas

Periodista de Venevisión, CMT y Economía Hoy. Egresada de la Universidad Católica Andrés Bello, con postgrado de Comunicación política y Opinión Pública de la Universidad Simón Bolívar. Profesora de la Universidad Santa María. Gerente de comunicaciones en el sector bancario.

Por formación los periodistas somos muy descreídos. Nos cuesta creer en figuras mesiánicas que dicen querer cambiarlo todo. Por eso la candidatura de Chávez me generó desconfianza. Luego ganó la presidencia, pero no sólo porque los transmitieron aquel "por ahora". Además de los sectores populares, la clase media quedó seducida por su discurso y le dio el voto. En este sentido los medios tienen cuota de responsabilidad, pero no toda.

Franz von Bergen

Periodista de la Universidad Central de Venezuela. Magíster en Ciencias Políticas de la Universidad Simón Bolívar. Reportero de los diarios Últimas Noticias, El Nacional, El Mundo y El Nuevo País. Autor del libro *Auge y declive de la hegemonía chavista*. Coautor del libro *Desvelos y devociones*.

Sin los altos precios del petróleo Chávez no habría sido tan querido, pues en 2003 cayó en sus peores niveles de popularidad con la baja de los precios del crudo. Luego logra recuperarse en 2004 por un alza en el mercado que tuvo un impacto directo en el financiamiento de sus misiones sociales. Será recordado entonces como el mandatario que dio los más grandes pasos a la hegemonía comunicacional, dominando a los medios privados, con prácticas absolutamente cuestionables.

Ramiro Pellet Lastra

Periodista argentino de la Universidad del Salvador, con maestría en Relaciones internacionales de la Universidad de Belgrano. Reportero del diario La Nación, en Buenos Aires y de la agencia AFP en Uruguay. Cubrió la gira internacional de Chávez en su paso por Montevideo.

Lo suyo era pirotecnia verbal. Muchas anécdotas, chistes y canciones, poca sustancia. Pero sabía llegar a las emociones. Su discurso era seductor por la simplicidad de sus fórmulas y lo fácil que hacía parecer las soluciones. Chávez aprendió mucho de Cuba y no me extrañaría que los Kirchner hayan aprendido a su vez de él. Era un caudillo carismático en el marco de una creciente concentración de poder. La dictadura estaba a la vuelta de la esquina.

Dayimar Ayala Altuve

Periodista de la Universidad Católica Santa Rosa, con estudios de postgrado de Opinión Pública y Comunicación política en la Universidad Simón Bolívar. Reportera de la fuente Gobierno en TalCual, 2001 y Efecto Cocuyo. Cubrió procesos electorales y la muerte de Chávez.

La calle no miente. La gente vivía el chavismo como una religión. Eso me cambió el concepto que yo tenía, pues pensé que Chávez tenía más rechazo que apoyo, y no era así. Pudo no haber resuelto sus problemas, pero le dijo a los pobres lo que querían escuchar. Alimentó el discurso de estratificaciones y el resentimiento social. Enfrentó a los medios. Cerró a Radio Caracas Televisión y 34 emisoras de radio.

Teodoro Petkoff

Economista (cum laude) de la Universidad Central de Venezuela. Director de la Oficina Central de Coordinación y Planificación (Cordiplan). Político, exguerrillero y excomunista. Fundador del partido Movimiento al Socialismo. Director del vespertino El Mundo. Fundador y director de TalCual. Premio Ortega y Gasset 2015. Autor de los libros *Checoslovaquia: el socialismo como problema*; *Dos izquierdas;* y *Hugo Chávez, TalCual.*

No sé si la llegada de Chávez a la presidencia determinó la fundación de Tal-Cual, pues no tiene sentido especular sobre un hecho imaginario. Chávez podía ser muy irritante, a veces lo hacía al propósito, con retrechería en su relación con los medios. Sin embargo, gustaba del debate, él no rehuía a la confrontación con sus adversarios. Maduro, en cambio, tiene un talante un poco distinto. No tiene el sentido periodístico de Chávez en el ejercicio de la presidencia.

Mariana Bacalao

Comunicadora social de la Universidad Central de Venezuela. Especialista en Opinión Pública. Profesora de postgrado en las universidades Metropolitana, Simón Bolívar y Católica Andrés Bello. Con maestría en Comunicaciones de la Universidad George Washington, en Estados Unidos.

La relación de Chávez y los medios fue contradictoria, injusta, impredecible. Avasallante, irrespetuosa, sin contención. Al conocerse como poseedor de un gran poder, atacó a la prensa. El tema de la relación de Chávez con los medios es sólo entendible desde la comprensión o desde la luz que arroja saber que todo esto pasa cuando no existe una verdadera democracia. O mejor dicho, cuando no hay democracia, porque si no es verdadera no existe. Lo que subyace es el poder por el poder. No era un demócrata.

Óliver Fernández

Periodista de la Universidad Santa María. Con estudios de postgrado en Derecho y Política Internacional de la Universidad Central de Venezuela. Reportero de Televen y Unión Radio. Corresponsal de NTN24 de Colombia.

Chávez, aún después de muerto, sigue siendo una amenaza para los medios y periodistas. Y eso sí que es un legado, porque incluso en su ausencia, en el esquema de Nicolás Maduro, se siguen materializando cierre de medios en Venezuela como Caracol Televisión, RCN, CNN y NTN24. El legado de Chávez sigue estando en cada golpe, cada insulto, cada agresión que recibe un periodista.

Amaro Gómez-Pablos

Periodista chileno, egresado de la Universidad Gabriela Mistral en Santiago. Reportero y presentador de TVN y Mega. Corresponsal en jefe para Europa de CNN. Premio Rey de España por el reportaje *Guantánamo y las cárceles secretas de la CIA*. Entrevistó a Chávez en su paso por Chile, en el año 2007. Enviado especial a Caracas durante las exequias del mandatario.

Chávez era un político exótico y magnánime. Literalmente encantador, lleno de vitales contradicciones y narcisista. Con él los polos ideológicos convergían en una misma persona. Algo parecido a lo que fue Mussolini: socialista y fascista. Si aquel fue "il Duce", éste otro era "el Comandante". De las camisas negras pasamos a las camisas rojas, y todo ello en un régimen de fuerte impronta militar y nacionalista, con fuertes medidas de censura y propaganda estatal. Siempre recordaré la descripción que me hizo un acérrimo allendista chileno sobre su figura: "Chávez era un fascista disfrazado de izquierda". Su muerte fue el detonante del destino incierto de un país que sabía que sin Chávez no hay chavismo posible.